Pavlo Kazarin

AF211791

Der Wilde Westen Ost-Europas

Der ukrainische Weg aus dem Imperium

Aus dem Ukrainischen übersetzt von Christian Weise

UKRAINIAN VOICES

Collected by Andreas Umland

The book series "Ukrainian Voices" publishes English- and German-language monographs, edited volumes, document collections, and anthologies of articles authored and composed by Ukrainian politicians, intellectuals, activists, officials, researchers, and diplomats. The series' aim is to introduce Western and other audiences to Ukrainian explorations, deliberations and interpretations of historic and current, domestic, and international affairs. The purpose of these books is to make non-Ukrainian readers familiar with how some prominent Ukrainians approach, view and assess their country's development and position in the world. The series was founded, and the volumes are collected by Andreas Umland, Dr. phil. (FU Berlin), Ph. D. (Cambridge), Associate Professor of Politics at the Kyiv-Mohyla Academy and an Analyst in the Stockholm Centre for Eastern European Studies at the Swedish Institute of International Affairs.

Pavlo Kazarin

DER WILDE WESTEN
OST-EUROPAS

Der ukrainische Weg aus dem Imperium

Aus dem Ukrainischen übersetzt von Christian Weise

Bibliografische Information der Deutschen Nationalbibliothek

Die Deutsche Nationalbibliothek verzeichnet diese Publikation in der Deutschen Nationalbibliografie; detaillierte bibliografische Daten sind im Internet über http://dnb.d-nb.de abrufbar.

Bibliographic information published by the Deutsche Nationalbibliothek

The Deutsche Nationalbibliothek lists this publication in the Deutsche Nationalbibliografie; detailed bibliographic data are available on the Internet at http://dnb.d-nb.de.

Ins Deutsche übersetzt auf Basis der ukrainischen Ausgabe Дикий Захід Східної Європи (Vivat, Kharkiv, 2022) von Christian Weise.

Covergestaltung: Dmytro Podolianchuk

УКРАЇНСЬКИЙ ІНСТИТУТ //ІІІКНИГИ

Dieses Buch wurde mit Unterstützung des Translate Ukraine Translation Program veröffentlicht.
This book has been published with the support of the Translate Ukraine Translation Program.

ISBN (Print): 978-3-8382-1843-4
ISBN (E-Book [PDF]): 978-3-8382-7843-8
© *ibidem*-Verlag, Hannover • Stuttgart 2024
Alle Rechte vorbehalten

Inhalt

Vorwort

Ich gelte nicht als korrekt.

Ich überschreite das Tempolimit. Ich telefoniere mal beim Fahren. Ich parke unter Verbotsschildern.

Ich könnte schreiben, dass ich Steuern zahle, aber seien wir mal ehrlich: Meine Arbeitgeber zahlen sie für mich. Ich musste mich einfach nicht entscheiden, mein bitter verdientes Geld dem Staatshaushalt zuzuführen oder es für mich zu behalten. Meine starke ethische Haltung in dieser Sache hatte ihren Preis – mir wurde einfach der Möglichkeit eines Kompromisses erspart.

Ich habe schon toxische Arbeitgeber abgelehnt. Aber ich habe keine kranken Verwandten oder hohe Schulden auf den Schultern. Ich stand nicht vor einer schwierigen Entscheidung, bei der das Leben eines anderen Menschen auf der anderen Seite der Skala lastete. So fiel es also relativ leicht, auf viel Geld zu verzichten.

Ich gehe nicht zu Wohnungseigentümerversammlungen und gehöre keiner Bürgerbewegung an. Ich verlange nicht immer eine Quittung und bin bereit, für Dienstleistungen bar zu bezahlen. Man kann mich nicht als Freiwilligen bezeichnen, und ich verbringe meine Zeit so, wie ich es für richtig halte, ohne dass mir dadurch ein besonderer Schaden entsteht.

Ich war nicht an der Front. Lange Zeit habe ich mich hinter einer regionalen Krim-Identität versteckt. Um nach der Annexion auf der Halbinsel bleiben zu können, war ich bereit, mit Papieren der Besatzer zu leben. Meine innere Krim-Identität ist nicht von heute auf morgen meiner inneren ukrainischen gewichen.

Viele meiner Bekannten aus jenem Jahr verhielten sich prinzipientreuer als ich. Während ich versuchte, meine kleine Welt aufrechtzuerhalten, gingen sie an die Front. Während ich versuchte, »unterhalb des Radars« zu leben, wurden sie Freiwillige. Ich kann auf mein Jahr 2014 nicht stolz sein. Meine Freunde haben mir einfach Zeit verschafft, Zeit, die ich zum Nachdenken verschwendet habe.

Aber das Letzte, was ich tun möchte, ist, mich hinter den Umständen zu verstecken. Ich schreibe meine eigene Geschichte, und so liegt die Verantwortung für die Fehler bei mir. Obwohl jener frühere Kazarin ohne diese Fehler kaum der heutige Kazarin geworden wäre. Und ich habe nicht die geringste Absicht, meine Biografie im Nachhinein zu retuschieren.

Es hat ziemlich lange gedauert, bis ich zu meinen heutigen Ansichten gekommen bin. In meinen alten Texten erkenne ich nicht immer mein altes Ich wieder. Ich weiß, dass Menschen sich ändern können, und ich erinnere mich, dass es eine undankbare Aufgabe ist, die Vergangenheit von der Gegenwart aus zu beurteilen. Denn in dieser Vergangenheit waren wir andere.

Ich versuche, mir keine Illusionen über mich selbst zu machen. Ebenso wenig über andere. Ich neige auch nicht dazu, die Wirklichkeit zu überschätzen. Sie ist genau das, was ich verdiene.

Ich glaube nicht an Wunder und mag es nicht, wenn Politiker so tun, als wären sie Zauberer. Ich bin mir der Grenzen meiner eigenen Kompetenz bewusst und vertraue nicht denen, die auf alle Fragen Antworten haben. Ich weiß, woher das Geld kommt, und deshalb reagiere ich empfindlich auf Versprechungen, meine Steuerabgaben zu Gunsten der politischen Karriere von jemandem zu verschenken.

Ich glaube nicht an die Weisheit des Volkes. Denn ich bin selbst Teil des Volkes. Und ich habe große Zweifel an meiner eigenen Weisheit. Ich habe mich geirrt, und das werde ich nicht vergessen. Ich habe mich in meinen Vorhersagen geirrt, und meine Gegner können mich daran erinnern. Ich war auch schon bei Fußballspielen und weiß, wie leicht es ist, Menschen in eine Masse zu verwandeln.

Ich spreche nicht gerne über »einfache Menschen«. Ich bevorzuge die »schwierigen« Menschen. Solche, die mehr können als ich, die mehr wissen als ich, die das Leben besser verstehen als ich. Ich weiß, wie man Ratschläge von denen annimmt, die sie wirklich geben können, und ich verschmähe Dilettanten. Denn ich bin in vielen Bereichen selbst ein Dilettant.

Ich mag kein Gequatsche über Propheten und Messiasse. Ich glaube nicht, dass ein Politiker ein Gerechter sein muss. Ich habe mich daran gewöhnt, dass ein Kreuzchen auf dem Wahlzettel eine Entscheidung für das kleinere Übel ist. Denn ich selbst kann mich unter bestimmten Umständen in ein kleineres oder größeres Übel verwandeln.

Ich habe es nicht eilig, dieser Welt Vorwürfe zu machen. Ich habe mein Leben aus den Würfeln gebaut, die zu sammeln ich nicht zu faul war. Ich habe nicht die Absicht, anderen die Würfel wegnehmen. Doch ich mag es nicht, wenn sich jemand an meinen vergreift.

Ich mag auch keine Leute mit Dackelblick. Alles, was in meinem Leben geschieht, ist mein Werk. Meine Siege und Fehler. Meine Faulheit und meine Disziplin. Wenn ich mit etwas nicht zufrieden bin, suche ich nicht nach jemandem, dem ich die Schuld geben kann. Ich weiß, dass ich ihn jeden Morgen im Spiegel sehen kann.

Und dieses Buch ist nur ein Versuch, die Menschen und Umstände zu verstehen, die uns verändert haben.

1 Krim

Nicht Blut und nicht Boden

Es ist leicht, Ukrainer zu sein, wenn die Mutter aus Lwiw und der Vater aus Poltawa stammt. Wenn die Sprache deiner Wiegenlieder ukrainisch ist, und zuhause der Schewtschenkos Kobsar und bestickte Tücher sind.

Wenn man nicht seit der Kindheit zwischen verschiedenen Identitäten hin- und herpendelt und klar weiß, wo man im Land hingehört.

Bei uns auf der Krim aber war es genau andersherum.

Nur wenige unserer Eltern waren auf der Halbinsel geboren. Wir waren eine Generation von Umgesiedelten. Hinzu kommt, dass das »goldene Zeitalter« der Krim in den 70er und 80er Jahren der Sowjetunion lag. Unter dem Eisernen Vorhang und einer Planwirtschaft war die Halbinsel der attraktivste sowjetische Urlaubsort. Das machte sie nach 1991 zu einem Jahrzehnt der Nostalgie.

Diese Nostalgie war allgegenwärtig. Das Verhältnis von Ursache und Wirkung war gestört. Meine Landsleute sahen den Zusammenbruch des sowjetischen Systems nicht als natürliche Folge der Niederlage im Kalten Krieg oder als Ergebnis der Ineffizienz der sozialistischen Wirtschaft, die dem Wettbewerb nicht standhalten konnte. Stattdessen zogen es viele vor zu glauben, dass die Hauptursache für all das Elend die unabhängige Ukraine sei, die die Krim mit dem Trysub, dem Dreizack, an den sozialen Abgrund nagelte.

Es ging nicht um die Sprache der alltäglichen Kommunikation. Ein viel größeres Problem war, dass die Halbinsel weiterhin in der Vergangenheit lebte. Sie klammerte sich an die Vergangenheit. Sprach das Sowjetische heilig. Sich unter solchen Bedingungen zurechtzufinden war schwierig. Dennoch versuchten einige Menschen, einen Raum gemeinsamer Bedeutungen zu schaffen. Solcher, die die Halbinsel mit dem ukrainischen Festland verbinden könnten.

Und dann kam der Majdan.

Das war eine Geschichte über Werte. Darüber, dass die persönliche Entscheidung wichtiger ist als »Blut und Boden«. Und dass die ukrainische Nation bereits nicht mehr auf ethnische Kategorien beschränkt ist.

Für mich war der Majdan auch eine Geschichte über einen ukrainischen Zug, der versucht, aus dem postsowjetischen Depot auszubrechen. Einer der Waggons dieses Zuges sollte unsere Krim sein. Vielleicht würde von Zeit zu Zeit jemand die Notbremse ziehen, aber am Ende würde er zusammen mit den anderen Waggons ins »westliche« Depot fahren.

Doch dann kam Russland, koppelte meinen heimischen Waggon ab und hängte ihn an seinen Zug, der nicht nur nicht gen Osten fuhr, sondern in die Vergangenheit. In jene Vergangenheit, die nicht mehr Perspektiven hat als ein Segelschiff. Das heißt, überhaupt keine.

Der Unterschied zwischen den Krimbewohnern und den Bewohnern von Donezk und Luhansk besteht darin, dass wir aus politischen Gründen aus unseren Häusern vertrieben wurden. Wir wurden nicht von Granaten getroffen, wir sind nicht vor dem Krieg geflohen. Wenn wir Landsleute in irgendeiner Region des Landes treffen, wissen wir im Voraus, dass wir Gleichgesinnte sind. Ein prorussischer Krimbewohner hat in der Ukraine nichts zu suchen. Unser Wohnungsberechtigung ist zu einem Identitätsmerkmal geworden.

Eine böse Ironie. Die Annexion meiner Heimat war eine Art Defibrillation für das Land. Es musste aus seinem postsowjetischen Koma erwachen. Die Besetzung der Halbinsel hat uns eine kleine Heimat genommen und uns eine große gegeben. Eine, in der weder »Blut« noch »Boden«, weder die Endungen der Nachnamen noch die Sprache der Wiegenlieder wichtig sind. Man kann nicht nur als Ukrainer geboren werden, sondern auch Ukrainer werden.

Und jetzt weiß ich mit Sicherheit: die Zukunft darf nicht Geisel der Vergangenheit sein. Dreißig Jahre habe ich gebraucht, um das zu erkennen. Eine ziemlich späte Erkenntnis, muss ich zugeben.

Aber besser spät als nie.

Nur Persönliches

Im Oktober 2014 warf ich meine Sachen in den Kofferraum und fuhr nach Kyjiw.

Die besetzte Krim glich damals dem Zentrum eines Wirbelsturms. Auf dem Festland hatten bereits MH-17, Ilowajsk und Minsk I stattgefunden. Und auf der Halbinsel war es ruhig.

Ich habe von Februar bis Oktober 2014 über die Krim geschrieben. Dreißig Jahre Erfahrung mit dem Leben in der »abgelegenen Provinz am Rande des Meeres« waren plötzlich kein Ballast mehr. Anfang 2014 wurde die Halbinsel zu einem prominenten Ort auf dem Planeten, der plötzlich das Interesse aller auf sich zog. Das bekannte Reservat postsowjetischer Gefühle verwandelte sich in journalistische Schwarzerde. Stecken Sie einen Stock hinein, und er bekommt Blüten.

Im Oktober war der erste Schock des Flaggenwechsels bereits überwunden. Die ersten Tragödien hatten sich bereits ereignet. Die erste Auswanderungswelle hatte sich bereits auf dem Festland niedergelassen. Doch mobile Kommunikation blieb weiterhin verbreitet, und die Züge überquerten weiterhin die Grenze zum Festland.

Auch rein visuell gab es nur wenige Veränderungen. Das Monopol ukrainischer Waren wurde nach und nach durch russische Waren aufgeweicht. Die Preise wurden aus Trägheit in Hrywnja umgerechnet. Diejenigen, die blieben, wurden in drei Gruppen eingeteilt. Die erste bereitete sich auf die Ausreise vor. Die zweite bereitete sich auf die innere Emigration vor. Und die dritte Gruppe legte endgültig die Heuchelei ab.

Letztere schwenkten wagemutig neue Fahnen. Sie fluchten in den sozialen Medien. Bald würden ihre Stimmen die einzigen sein, die von der Halbinsel kämen. Alle anderen werden entweder wegziehen oder ihre Accounts in anonyme Konten umwandeln. Sie liken noch gelegentlich, kommentieren noch seltener, lesen umgekehrt aber alles.

Die Vorahnung eines globalen Krieges verschwand allmählich. Russland sprach nicht mehr vom »Russischen Frühling«, sondern vom »Krim-Frühling«. NATO-Soldaten tauchten nie auf. Ebenso wenig wie der Landkorridor zur Krim. Es gab immer weniger ausländische Journalisten auf der Halbinsel. Der russische Akzent wurde immer stärker.

Freunde vom Festland riefen jeden Tag an. Aber die Frage »Wie geht es dir?« hörte ich immer seltener. Stattdessen fragte ich sie immer öfter selbst. Die sozialen Medien wurden zur Hauptinformationsquelle, und dort konnte ich das Echo der Kämpfe hören, die jede Woche die Frontlinie im Donbas veränderten.

Es ist lustig, wenn ich zurückdenke. Vor dem Krieg galt als Top-Blogger, wer die Grenze von fünftausend Freunden auf Facebook ausgeschöpft hatte. Doch als der Krieg begann, entstand in der Ukraine plötzlich die Blogosphäre. Die traditionellen Medien konnten das Informationsbedürfnis nicht befriedigen, und Zuckerbergs Geistesprodukt wurde plötzlich zum heimischen CNN.

Ich packte meine Sachen und dachte darüber nach, dass ich keine Ahnung von meinem Land hatte. Für mich beschränkte sich die Geografie des Festlandes auf den Majdan, ein wenig Kyjiw und sehr wenig Lwiw. In meinen Mitdreißigern kannte ich die Ukraine nur sehr wenig. Die traditionelle Einsiedelei der Krim war offensichtlich. Die Inselmentalität. Krim-Identität.

Und seit Februar 2014 schmilzt sie Tag für Tag dahin. Durch die Annexion war jeder gezwungen, über seine eigene staatsbürgerliche Identität zu entscheiden. Zu entscheiden, welche Flagge man für die eigene hält. Zu welcher Hymne man aufstehen wird.

Gespräche mit Landsleuten glichen zunehmend einem Minenfeld. Jeder unbedachte Schritt führte zu einer Explosion. Es wurden immer mehr Themen, die uns trennten, und immer weniger, die uns einten. Allmählich verwandelte sich dieses Minenfeld in eine echte Frontlinie.

Ich musste gehen.

Ich hatte keine Ahnung, was mich erwartete. In jenem Jahr war keine Zeit, etwas zu planen. Das Einzige, was klar war, war, dass ich und meine Mitschüler in der Geschichte leben mussten. In der Geschichte, die uns in all den Jahren zuvor vorenthalten worden war. Und es hatte keinen Sinn, diese Dublonen gegen Kupfer zu tauschen.

Ich werde noch zweimal auf die Krim zurückkehren. Das erste Mal, Ende 2014. Das zweite Mal, im Sommer 2015. Und dann wird der FSB meinen Kollegen verhaften, der auf der Krim geblieben war und geschrieben hat, dass die Halbinsel zur Ukraine gehört. Er wurde wegen Aufrufs zur Verletzung der territorialen Integrität der Russischen Föderation verurteilt. Danach habe ich die Krim nur noch von der Arabat-Nehrung aus gesehen. Ich prahle nicht mit meinem Wohnsitz. Ich will kein »Krimbewohner von Beruf« werden. Ich träume nachts nicht von der Halbinsel, und ich mag es nicht, bemitleidet zu werden. Ich betrachte alles, was mir widerfahren ist, als eine Erfahrung, nicht als ein Trauma.

Und genau sie war es, der mir geholfen hat zu entscheiden, was ich tun wollte. Im Oktober 2014 setzte ich mich ans Steuer, mit einer klaren Vorstellung davon, welche Art von Zukunft ich nicht wollte. Und ich bin mir ziemlich sicher, dass ich nicht noch einmal die Sachen packen werde.

Davon habe ich genug.

Ein Zeitalter der wiederentdeckten Verschwörungstheorien

Ich erinnere mich an einen Flug auf die Krim einige Tage vor dem »Referendum«.

Die IL-96, die in Richtung Krim umgeleitet wurde, war bis auf den letzten Platz gefüllt. In der Kabine saßen hauptsächlich russische Beamte und Journalisten: vor mir Franzosen, hinter mir Italiener, links von mir ein Serbe und rechts von mir ein Matrose aus Sewastopol, der die Nachricht von der Invasion der Halbinsel während der Fahrt auf hoher See gehört hatte. Er ging in Curaçao an Land und war nun seit einer Woche auf dem Heimweg.

Ich unterhielt mich während des gesamten Fluges mit dem Serben. Er war konsequent und erzählte mir eine ganze Weile lang, dass seine Kollegen in einer Sackgasse stecken. Sie sagten: »Wir sind für ein starkes Russland, denn Moskau ist ein Verbündeter Belgrads, aber wie können wir die Abtrennung der Krim von der Ukraine unterstützen? Schließlich unterstützen wir auf diese Weise indirekt die Abspaltung des Kosovo.«

Noch vor der Landung auf dem Flughafen von Simferopol begann mein Belgrader Reisegefährte über den hundertsten Jahrestag des Ersten Weltkriegs zu sprechen. Er erzählte mir, dass die Menschen in seinem Land sehr besorgt darüber sind, dass die Serben in vielen europäischen Ländern für den Ausbruch des Krieges verantwortlich gemacht werden. Er erzählte mir, dass in Serbien eigens Konferenzen und Symposien organisiert werden, um zu erklären, dass der Erste Weltkrieg aufgrund der Anhäufung von Widersprüchen begann und nicht wegen einer bestimmten »Mlada Bosna«-Bewegung und eines Gavrilo Princip.

Ich hörte ihm zu und dachte, dass ich in eine Region fliege, die der Welt in hundert Jahren das Gleiche beweisen wird.

In dem Hollywood-Film »The Day After Tomorrow«, in dem die Welt plötzlich von einer Klimakatastrophe heimgesucht wird, gibt es einen Moment, in dem der US-Vizepräsident aus dem Weißen Haus evakuiert wird und seine Wagenkolonne eine Kreuzung passiert, an der ein örtlicher Verrückter mit einem Schild steht: »Tut Buße, das Armageddon kommt«. Der Vizepräsident sieht ihn an und sagt: »Das Frustrierendste ist zu erkennen, dass diese Leute Recht hatten.«

Im Jahr 2014 hatte ich genau das gleiche Gefühl. Früher hielten wir alle, die uns mit »russischen Panzern« Angst einjagten, für Freaks. Wir waren überzeugt, dass sie in der Vergangenheit feststeckten, dass dies in der modernen Welt unmöglich war. Aber es stellte sich heraus, dass diese Leute die ganze Zeit in der Realität lebten, während alle anderen sich beruhigenden Illusionen hingaben.

Nach der Krim erwachte die Welt in einem Zeitalter der wiederentdeckten Verschwörungstheorien. Jetzt scheint keine Vermutung mehr in die Kategorie »zu viel« zu fallen.

Seltsam. Als die sowjetische Armee 1968 in Prag einmarschierte, hat die tschechische Armee nicht geschossen. Nicht nur, weil es keinen Befehl gab, sondern auch, weil die Erinnerung daran, wie die UdSSR das Gebiet der Tschechoslowakei von der Wehrmacht befreit hatte, noch lebendig war. Damals waren 23 Jahre seit dem Ende des Zweiten Weltkriegs vergangen, und der sowjetische Soldat wurde in der Tschechischen Republik immer noch als »brüderlicher Befreier« wahrgenommen. Doch nach dem Prager Frühling änderte sich das Bewusstsein des Landes.

Das Gleiche geschah in der Ukraine.

Sie war ebenfalls 23 Jahre alt, als Moskau beschloss, die Halbinsel zu annektieren. Und als die russische Armee auf der Krim einmarschierte, hat die ukrainische Armee das Feuer nicht eröffnet. Ja, es gab keinen Befehl, ja, Militärs handeln nicht ohne Grund, aber der Hauptgrund war auch, dass damals, im Februar 2014, viele Menschen die russischen Soldaten nicht als Feind ansahen. Nach der Besetzung der Halbinsel wird ihnen ein Licht aufgehen. Denn der Vorrat an »Gemeinsamkeit« und »Brüderlichkeit« wurde im Frühjahr dieses Jahres verspielt.

Die Büchse der Pandora

Es war schwer für mich, an die Unumkehrbarkeit der Ereignisse zu glauben. Alles, was geschah, widersprach dem, was ich über die Nachkriegswirklichkeit wusste.

Man hatte uns gelehrt zu glauben, dass der Zweite Weltkrieg das i-Tüpfelchen war. Dass von Zeit zu Zeit neue Grenzen auf der politischen Landkarte auftauchen und neue Staaten entstehen könnten. Gleichzeitig glaubten wir aber auch, dass niemand es wagen würde, bestehende Grenzen von der Landkarte zu tilgen und fremde Territorien seinem Land anzugliedern.

Moskau zieht gerne Parallelen zwischen der Krim und dem Kosovo. Aber der Kosovo wurde nie an Albanien angegliedert. Ihm wurde die Unabhängigkeit gewährt, die man in Anführungszeichen setzen kann oder nicht. Im Jahr 2008 hat niemand die alte Grenze von der politischen Weltkarte getilgt – es ist einfach eine neue entstanden. Aus völkerrechtlicher Sicht ist das ein viel kleineres Problem als das, was mit der Halbinsel passiert ist.

Der Kreml wollte die Krim im März 2014 nicht in einen »unabhängigen Staat« verwandeln. Er musste alle an die Geschehnisse im Jahr 1938 erinnern.

Im Oktober desselben Jahres annektierte Deutschland das Sudetenland in der Tschechoslowakei, das zu 90 % von Deutschen bewohnt war. In dieser Region vertrat die Sudetenlandpartei unter der Führung von Konrad Henlein die deutschen Interessen.

Diese Partei vertrat die Auffassung, dass die slawische Mehrheit der Tschechoslowakei die deutsche Bevölkerung in der Region unterdrückte. Weder die Vertretung der Sudetendeutschen in der Nationalversammlung noch die Tatsache, dass sie in ihrer Muttersprache unterrichtet wurden, änderten ihre Rhetorik.

England und Frankreich stimmten den deutschen Forderungen zu, ohne sich zu wagen, in den Krieg einzutreten. Nach der Unterzeichnung des Münchner Abkommens, in dem die Teilung der Tschechoslowakei festgelegt wurde, flog Chamberlain nach London und erklärte auf der Flugzeugrampe, er habe »unserer Generation den Frieden gebracht«. Winston Churchill sagte daraufhin: »England wurde vor die Wahl zwischen Krieg und Unehre gestellt. Es hat die Unehre gewählt und wird Krieg bekommen«. Weniger als ein Jahr später begann der Zweite Weltkrieg.

Der globale Fleischwolf erzwang die Formulierung von Regeln. Die Annexion wurde als einer der schwersten Verstöße gegen das Völkerrecht angesehen. In den folgenden sechzig Jahren ließen sich Vorfälle dieser Art an den Fingern abzählen.

Einige von ihnen hatten zu tun mit dem Zusammenbruch des Kolonialsystems. So übernahm im Dezember 1961 die indische Armee die Kontrolle über die portugiesische Kolonie Goa und erklärte sie anschließend zu einem »Unionsterritorium«. Lissabon erkannte die Souveränität Indiens über Goa erst 1974 an. Ein Jahr darauf marschierte die indische Armee in die ehemalige britische Kolonie Sikkim ein.

Die nächste Geschichte begann in der portugiesischen Kolonie Osttimor, nachdem das autoritäre Regime von Salazar-Caetano in der Metropole zusammengebrochen war. Am 28. November 1975 erklärte Osttimor seine Unabhängigkeit. Neun Tage später marschierten jedoch Einheiten der indonesischen Armee in das Land ein, und Osttimor wurde zu einer Provinz des Landes erklärt. Hunderttausende von Einwohnern wurden Opfer der 27-jährigen Besatzung. Erst 2002 erlangte die Region ihre Unabhängigkeit.

Einige Annexionen erfolgten als Folge eines Krieges. Zum Beispiel der Sechstagekrieg, als Israel 1967 die Kontrolle über die Golanhöhen und Ostjerusalem übernahm. Vierzehn Jahre später wird die Knesset diese Gebiete zum Teil des Landes erklären.

Umgekehrt begannen einige Kriege wegen eines Annexions-versuchs. So zum Beispiel 1982, als Argentinien versuchte, die Kontrolle über die Falklandinseln, die einst zu ihm gehörten, mit Gewalt zurückzuerlangen. Das Vereinigte Königreich entsandte eine Marineflotte zu den Inseln und konnte sie zurückschlagen.

Manchmal kommen aber auch andere Länder den Opfern zu Hilfe. Dies geschah zum Beispiel während der Besetzung Kuwaits durch den Irak. Am 2. August 1990 wurde das Emirat besetzt, und am 7. August erklärte eine Marionettenregierung die Unabhängigkeit der »Republik Kuwait« und bat um den Anschluss an den Irak. Am 28. August wurde Kuwait zur 19. Provinz des Irak unter dem Namen »Al-Saddamiyya« erklärt. Doch die Geschichte endete mit der anti-irakischen Koalition, dem »Desert Storm« und der Befreiung des Landes.

Aber all diese Geschichten spielten sich ab weit weg von uns. Wir dachten, dass Europa vor solchen Dingen geschützt sei. Wir verließen uns auf Vereinbarungen, gesunden Menschenverstand und unsere eigene Friedfertigkeit. Und im Frühjahr 2014 brachen unsere Vorstellungen davon, was »erlaubt« und »verboten« war, zusammen.

Die einzige Frage, die Sinn machte, war einfach: Wo endet nun Russland und wo beginnt die Ukraine?

Die Horizonte der »Russischen Welt«

Im Jahr 2016 fragte Wladimir Putin einen neunjährigen Jungen, wo Russland endet. Der antwortete: an der Beringstraße. Putin sagte: nirgendwo.

Und das ist nicht gerade ein Scherz. Es ist unbewusst. Ein Imperium ist immer bereit zu expandieren, bis es die Grenzen eines anderen Imperiums erreicht.

Das ist die Besonderheit der russischen Weltwahrnehmung. Nach Ansicht der Mehrheit seiner Bürger nahm Moskau 2014 in der Ukraine nicht »Fremdes«, sondern holte nur »sein eigenes« zurück. Ähnlich wird das Eigentum bei einer Scheidung aufgeteilt. Und bei diesem Ansatz wird die gesamte Ukraine nicht als eigenständiger souveräner Staat wahrgenommen, sondern als ein Koffer mit

Dingen. Darin gibt es »unser« und »dein«. Und, so heißt es, solange in dem gemeinsamen Koffer »unser« ist, haben wir irgendwelche Rechte an dem Gepäck.

Das Problem ist, dass die Grenzen des »Unsrigen« für den Imperialisten immer verschwimmen. Und es ist schwer zu verstehen, an welchem Punkt er aufhört, verächtlich auf die Grenzposten zu schauen.

Selbst wenn man sich vorstellt, dass es Moskau gelungen ist, die Ukraine in eine Pufferformat-Existenz zurückzuführen, bedeutet dies, dass hinter Uschhorod für die Russen der Raum des »Fremden« beginnt? Der das Recht hat, nach eigenem Ermessen zu existieren, ohne auf Moskau zurückzublicken? Wie viele Territorien sollte man dem Kreml überlassen, damit die mentale Waage des ressentimentgeladenen imperialen Egos endlich ins Gleichgewicht kommt?

Manche glauben, dass die Kategorie des »Eigenen« für ein Imperium dort endet, wo sie abgewehrt wird. Dass die Bereitschaft eines Territoriums, sich selbst zu verteidigen, sein Format in das von »einem Fremden« ändert. Aber es ist sehr wahrscheinlich, dass die ukrainischen Soldaten, die ihr Land verteidigen, für die Anhänger des Imperiums nur ein physisches, keineswegs aber ein mentales Hindernis für die Rückholung des »Eigenen« bedeuten.

Ist Polen »fremd«? Und Rumänien? Oder die baltischen Staaten? Ist Finnland »Tschuktschenland« oder sind sie weiter noch Bewohner eines souveränen Staates, die das Recht haben, so zu leben, wie sie es für richtig halten?

»Nicht unsere«, ist das dort, wo sie kein Russisch verstehen? Oder wo sie sich nicht zur Orthodoxie bekennen? Oder wo kein Soldat des Imperiums jemals seinen Fuß hingesetzt hat? Sind das die Grenzen der UdSSR, des Warschauer Pakts? Des Russischen Reiches? Vielleicht ist es dort, wo keine Christen leben? Oder Europoiden? Oder aufrecht gehende Menschen?

Vielleicht hat Alexej Balabanow in seiner Dilogie »Buder« und »Bruder 2« einen Fehler in der Reihenfolge gemacht. Denn so ist ist verdreht: Die Ereignisse des zweiten Films hätten dem ersten vorausgehen müssen. Erst wird versprochen, »Euer Amerika wird bald am Ende sein«, und dann treibst du dich obdachlos auf den Hinterhöfen herum und bist auf der Flucht vor Banditen.

Offenbar war die russische Gesellschaft verurteilt zur Revanche.

Schließlich entstand in Russland das Imperium, bevor sich der Nationalstaat bilden konnte. Die Werte der Vertikalen haben immer dominiert. Das Sowjetsystem vernichtete zunächst all jene, die behaupteten, eine »Sondermeinung« zu haben, und zähmte dann deren Kinder. Darüber hinaus besteht der Hauptunterschied zwischen den Russen und ihren Nachbarn darin, dass sie 1991 nach ihrer Selbstwahrnehmung nicht die Unabhängigkeit von einem fremden Imperium erlangt, sondern ihr eigenes verloren haben.

All dies konnte nicht anders, als ein Verlangen nach Größe zu wecken. Das verallgemeinerte »Wir« hat über den Raum des privaten »Ich« gesiegt. Die russische Opposition behauptet, Wladimir Putin habe dem Land seine Agenda aufgezwungen und der Durchschnittsbürger wolle Wohlstand und Ruhe. Aber jetzt sieht das nach Selbstgefälligkeit aus.

Wladimir Putin hat keine Forderung nach Größe gestellt – er hat sie erfüllt. Er hatte außerdem Glück mit den Ölpreisen und der politischen Ära. »Wenn Zwerge so lange Schatten werfen, bedeutet das, dass wir in der Abenddämmerung des Zeitalters leben. In der Tat hat sich Europa im letzten Jahrzehnt als ein Kontinent der politischen Zwerge erwiesen. So sahen wir zu, wie der ehemalige deutsche Bundeskanzler der Antrittsrede von Wladimir Putin als leitender Angestellter Russlands zuhörte.

Das Problem mit imperialem Appetit ist, dass er nur wachsen kann. Er ist wie eine Droge, deren Dosis ständig erhöht werden muss. Die Münchner Rede, der Krieg in Georgien, die Zerschlagung der Demonstration vom Bolotnaja-Platz, der Einmarsch in der Ukraine, der Krieg in Syrien, die Einmischung in Wahlen auf der ganzen Welt: Moskau testet ständig die Stärke der Welt. Und wenn es nicht auf Widerstand stößt, weitet es die Grenzen des Erlaubten aus.

Es gibt nur ein »aber«. Der Versuch, die Sowjetunion zu rekonstruieren, ist gefährlich, weil die Lektionen nicht gelernt wurden. Moskau hat sich bei der Wahl seines Ziels geirrt. Es wollte in den siebziger Jahren landen, in der Zeit der Konferenz über Sicherheit und Zusammenarbeit in Europa. Aber es landete in den achtziger Jahren: Afghanistan, eine sich verschärfende Wirtschaftskrise, ein Wettrüsten und Sanktionen.

Der Durchschnittsrusse vergisst ständig die Formulierung von Merab Mamardaschwili: Dass Russland nicht für die Russen da ist, sondern um einigen Russen zu dienen. Es ist schön sich selbst für den Sinn des Imperiums zu halten. Und es ist eine doppelte Schande festzustellen, dass man für das alles nur Treibstoff ist.

Der Streit zwischen Fernsehen und Kühlschrank wird in Russland weitergehen müssen. Die Staatsmajestät wird in der Kategorie »wir« operieren. Und sie wird von einem ganz konkreten gewöhnlichen »Ich« bezahlt werden.

Der Ukraine fiel die Rolle eines Prüfers für den imperialen Narzissmus zu. Doch die Begehrlichkeiten des Kremls beschränken sich keineswegs auf die Halbinsel und auch nicht auf die gesamte Ukraine. Denn 2014 zog die »Russische Welt« in den Krieg. Sie, die, wie wir uns erinnern, keine Grenzen hat, nur Horizonte.

Lancelots Entwicklung

Der Film »Den Drachen töten« wurde 1988 gedreht. Es war der Höhepunkt der Perestrojka: Die Strafpsychiatrie wurde verboten, die Stadt Breschnew erhielt ihren früheren Namen Nabereschnyje Tschelny, und die sowjetische Armee begann, sich aus Afghanistan zurückzuziehen.

Das Stück von Jewgenij Schwartz, das während des Zweiten Weltkriegs geschrieben wurde, hatte einen prophetischen Klang. Der sowjetische Drache hatte noch zwei Jahre zu leben, aber wir wissen heute, dass es nur zwei Jahre waren, aber damals war die Zukunft genauso vage wie die Vergangenheit. Der Regisseur dachte vielleicht, er würde einen Film über seine Zeit machen, aber er hat einen Film über die Zukunft gemacht. Im Jahr 2021 klingt sein Film härter, als Mark Sacharow selbst es sich wünschen konnte.

Der Drache in Russland ist nicht wirklich tot. Er wurde vielmehr durch das Chaos und den Bürgermeister ersetzt. Und die

Menschen, die von Ersterem und Letzterem genug hatten, wollten sehr schnell wieder den Drachen. Und Mark Anatoljewitsch selbst schloss sich schließlich den »Bürgern« an und erklärte 2016, er unterstütze die Annexion der Krim und den »erzbegabten Wladimir Putin«.

Aber er war nicht der Einzige. Lancelot verlor den Kampf um die Herzen der Kinder. Die Bürger wollten den Drachen in sich selbst nicht besiegen. Schwartz konnte so tun, als würde er ein Stück über die Weimarer Republik und das 3. Reich schreiben, aber er schrieb über die Sowjetunion und Russland. Diejenigen, die in den 1990er Jahren die Wälle des Imperiums niedergerissen haben, mauern nun wieder seine Fundamente. In Russland kann sich in fünf Jahren alles ändern und in hundert Jahren nichts. Der Kreis hat sich geschlossen.

Und man kann lange Zeit darüber nachsinnen, dass alle Imperien Phantomschmerzen haben. Dieser Rückfall in die Herzen seiner Bürger lässt sich nicht vermeiden. Dass nur der Anstieg der Ölpreise in den frühen Nullerjahren die Wiederbelebung des Systems ermöglichte. Dass die russische Elite nur durch Superprofite und Superprivilegien motiviert ist. All das ist wahr, und völlig falsch.

Denn jedes historische Muster kann beschrieben werden als eine Reihe von Zufällen. Man kann es zerlegen, destillieren, als Summe von günstigen Umständen darstellen. Aber unterm Strich ist die Logik der Existenz Russlands einem sehr einfachen Muster verhaftet.

Die Russische Föderation bleibt – auch nach all den »Schrumpfungen« und »Erschütterungen«, die ihr im Laufe des 20. Jahrhunderts widerfahren sind – jedoch ein Land, das dazu verurteilt ist, unter supranationalen Gesetzen zu existieren. Sie ist kein Nationalstaat geworden, und in ihrer jetzigen Form kann sie auch keiner werden. Es gibt zu viele Unterschiede zwischen ihren Rändern, zu viele gewaltige Unterschiede zwischen den Bewohnern von Burjatien und Dagestan, Nenzen und Tschetschenen. Sie ist dazu verurteilt, inklusiv zu sein und die Bewohner der zuvor unterworfenen Gebiete davon zu überzeugen, dass die Existenz in einem gemeinsamen Staat für sie ein Segen ist.

Folglich sind alle Eliten, die sich an der Spitze des Staates befinden, dazu verurteilt, immer wieder von »geistigen Banden« zu sprechen. Die das Land mit imperialem Bewehrungsstahl zusammenhalten sollen. Daher das ganze Gerede über den multinationalen Charakter des Landes und die Beschwörung der Ereignisse des Zweiten Weltkrieges als Hauptnenner der Verwandtschaft und Einheit.

Wer es schafft, den Drachen in Russland zu besiegen, steht für immer und ewig vor einem unüberwindbaren Problem: Das Land ist wie ein Flickenteppich. Es ist eine Geisel der Widersprüche: zwischen den nationalen Republiken und den russischen Oblasten, zwischen den Geberregionen und den subventionierten Territorien, zwischen denen, die von Moskau ernährt werden, und denen, die Moskau ernähren. Erschwerend kommt hinzu, dass (anders als 1991) die Grenzen potenzieller Bruchstellen nicht auf administrativen Landkarten eingezeichnet sind, so dass die Zentrifugalkraft in ihrer Geografie und ihren Folgen chaotisch sein kann.

Und das ist die Realität, mit der sich jeder russische Politiker auseinandersetzen muss, der sich durch die Launen des Schicksals und durch Putsche an der Spitze der Nahrungskette wiederfindet. Seine liberale Vergangenheit wird ihm an einer einfachen Weggabelung von Optionen nicht helfen: entweder wird er ein zweiter Gorbatschow oder in zweiter Putin.

Jede Reform wird zum Auftauchen systemfremder Akteure führen. Jedes wirtschaftliche Tauwetter wird zu politischen Forderungen der Wirtschaft führen. Jede Dezentralisierung wird ein Fundament für Zentrifugalität legen. Die Kastration des Sicherheitsapparats wird dessen Loyalität verringern. Der Verzicht auf Propaganda wird unbequeme Fragen aufwerfen. Der Abbau von Korruptionsschlupflöchern wird zur Zerstörung des Konsenses innerhalb der Elite führen.

Die Besonderheit des russischen Systems besteht darin, dass es grundsätzlich nicht für Reformen offen ist. Jegliche Änderungen werden das System mit Sicherheit verändern, und es gibt keine Garantie dafür, dass diese Änderungen den Status quo des Staates bewahren werden. Am anderen Pol der Entscheidung geht es darum, den gegenwärtigen Stand der Dinge zu erhalten. Um soziopolitisches Formalin. Um betonierte Einheit und monumentale Einstimmigkeit.

In diesem Sinne ist »Wladimir Putin« nicht der Architekt des Systems, sondern seine Funktion. Wer auch immer an seine Stelle tritt, wird vor der gleichen Wahl stehen. Das Problem ist nicht, dass Lancelot den Drachen nicht besiegen kann. Das Problem ist, dass er sich anschließend verwandeln muss in seine Reinkarnation.

Oder aber er wird das Land in einzelne Häuser auflösen müssen.

Spiele der Patrioten

Wir jonglieren immer noch mit den Konjunktiven. Die ukrainische Armee hat das Feuer auf der Krim nicht eröffnet. Was wäre, wenn sie es getan hätte? Wäre Kyjiw in der Lage gewesen, die Halbinsel zu verteidigen?

Um diese Frage zu beantworten, müssen wir uns daran erinnern, wie Russland im Februar 2014 dastand. Der Ölpreis lag bei über hundert Dollar pro Barrel. Russland hatte seine eigenen Olympischen Spiele gewonnen. Der russische Kühlschrank versuchte nicht einmal, dem Fernsehen zu widersprechen, und Moskau hatte den Vorsitz beim G8-Gipfel.

Außerdem, so der Kreml, war die gesamte Geschichte des Majdans eine Spezialoperation des Westens gegen Russland. Und nach dieser Logik war die Annexion der Krim nicht der Erstschlag: Für die Architekten der russischen Invasion war dies eine Geschichte darüber, wie man »einen Schlag pariert«.

Die Ukraine wurde von einem Land angegriffen, dessen Präsident seit anderthalb Jahrzehnten kein Bargeld mehr in den Händen hält, nicht einkaufen geht und keine öffentlichen Verkehrsmittel benutzt.

Er nutzt das Internet nicht, weil er überzeugt ist, dass es als CIA-Projekt geschaffen wurde. Er hält den Zusammenbruch der UdSSR für eine große geopolitische Katastrophe.

Im Februar 2014 begann er, einen Artikel über sich selbst in künftigen russischen Geschichtsbüchern zu schreiben. Er marschierte auf der Krim ein, damit sich sein Name auf Katharina die

Große reimt. Er dachte, er verteidige Russland gegen Angriffe auf seine »angestammten Territorien«. Warum also sollte er in einer solchen Situation militärische Kosten in Betracht gezogen haben?

Wahrscheinlich hätte die Entschlossenheit Kyjiws die Pläne Moskaus nicht beeinflusst. Denn für den Kreml standen ganz andere Kategorien auf dem Spiel. Putin hat sich auf der Krim einen Rodion-Raskolnikow-Test gegeben. Er hätte wohl kaum die Rolle einer »zitternden Kreatur« angenommen, wenn er sich bereits darauf eingestellt hatte, dass er »Recht habe«.

Theoretisch hätte ein Gegenbeschuss das russische Szenario vereiteln können. Oder im Gegenteil, er hätte Moskau noch entschlossener machen können, bis zum Äußersten zu gehen. Denn Eitelkeit ist für einen Diktator eindeutig wichtiger als das Leben seiner Soldaten.

Und doch ist es sinnlos, die Vergangenheit von der Zukunft aus zu beurteilen.

Heute sind der Majdan, die Annexion der Krim und der Einmarsch in den Donbas für uns zu einer ununterbrochenen Abfolge von Ereignissen geworden. Für uns heutige wäre der Abschuss der Boeing ohne die Schießerei in der Instituts-Straße nicht möglich gewesen. Und das besetzte Donezk nicht ohne das Auseinandertreiben der Studenten im November 2013. Für uns sind alle tragischen und heroischen Ereignisse der letzten Jahre Kapitel desselben Buches. Doch zum Zeitpunkt, als die einzelnen Ereignisse stattfanden, hatten wir keine Ahnung, was als Nächstes passieren würde.

Im Frühjahr 2014 war es einfach zu sagen: »Ich wusste, dass der Majdan gewinnen würde«. Im Herbst 2013 konnte man nur darauf hoffen. Denn die Geschichte des Protests wurde in Echtzeit geschmiedet. Und nur die Beharrlichkeit derjenigen, die nicht von der Straße gingen, rettete das Land vor Wiktor Janukowytsch.

Im Frühjahr 2015 war es einfach zu sagen, dass der Donbas eine Fortsetzung der Krim war. Doch als die russischen Truppen über die Halbinsel zogen, ahnten wir noch nicht, welch blutiges Chaos sich zwei Monate später im Osten des Landes zusammenbrauen würde.

Im Frühjahr 2016 war es ein Leichtes, die Minsker Vereinbarungen zu verurteilen. Im Jahr 2015 wurden sie jedoch nur getroffen, um dem Land eine Atempause zu verschaffen und die täglichen Verluste an der Front nicht in zweistelligen Zahlen zu messen.

Die Zeit hat uns und unsere Sichtweise verändert. Und diese unmerkliche Veränderung vermittelt uns den Eindruck, dass wir schon immer so gewesen sind wie jetzt. In Wirklichkeit erinnern wir uns einfach nicht mehr an uns selbst, auch nicht an uns in der jüngsten Vergangenheit. Und wenn jeder die Gelegenheit hätte, sich mit sich selbst aus dem Jahr 2013, 2014 oder sogar 2015 zu treffen, würde er dann eine gemeinsame Basis finden?

Während der Annexion der Halbinsel hing die gesamte Ukraine an den Bildschirmen und sah zu, wie ihr Militär auf der Krim die Fahnen hochhielt. Nachdem Janukowytsch geflohen war, befand sich die Armee in einer rechtlichen Falle. Sie tat das Einzige, was ihr zu diesem Zeitpunkt zur Verfügung stand, sie leistete angesichts der totalen Verwirrung keinen neuen Schwur. Wir hielten das für heldenhaft.

Für uns, die wir vergessen hatten, dass das Land über eine eigene Armee verfügte, erschien selbst ein solcher passiver Widerstand wie eine Heldentat und ein Akt. Das Land wird sich erst viel später an den Krieg gewöhnen, nämlich als Ilowajsk und Debalzewe, der Flughafen von Donezk und Sawur Mohyla fallen. Die aktive Phase wird uns lehren, dass die Armee nicht nur in der Defensive bleiben, sondern auch in die Offensive gehen kann. Nicht nur zähneknirschend stillstehen, sondern auch Druck auf den Feind ausüben kann. All diese langen Schlachten werden in den Köpfen vieler Menschen die »Krim-Belagerung« entwerten. Sie werden dazu führen, dass der einfache Mann sie als unzureichend betrachtet.

Manche werden anfangen, die Offiziere, die auf das Festland gegangen sind, für ihre Feigheit und Unentschlossenheit zu verurteilen. Doch im Februar 2014 sagte und schrieb der Großteil derer, die später Steine werfen sollten, etwas ganz anderes.

In Wirklichkeit handelte es sich um eine psychologische Substitution. Am Vorabend des Krieges waren wir alle von Illusionen und Zweifeln erfüllt, die wir in den folgenden Jahren loswerden mussten. Aber es ist unangenehm, über sich selbst zu urteilen, also urteilt der Durchschnittsmensch über die anderen. Als wäre er heute noch genau so wie früher und alle anderen nicht.

Es gibt keinen Grund, sich selbst zu belügen. Vor ein paar Jahren waren wir alle noch anders. Und wir werden uns weiter verändern. Und meistens steckt unter jedem inquisitorischen Mantel ein Sammler seiner eigenen Fehler, die er bei anderen zu verurteilen versucht.

Interne Deportation

Als Russland auf der Krim einmarschierte, wurden die Krimtataren erneut zur Zielscheibe für Moskau. Denn ihre gesamte Geschichte leugnet die vom Kreml dominierten »geistigen Bande«. Zum Beispiel die Geschichte des »Großen Vaterländischen Krieges«: Vom 9. bis zum 18. Mai sind es nur neun Tage. Das erste Datum wird auf der annektierten Krim laut und pompös gefeiert. Mit Paraden, Feuerwerk und staatlichen Feiern. Das zweite Datum wird lieber nur beiläufig erwähnt. Denn es ist der Tag der Deportation der Krimtataren.

Neun Tage nachdem die Rote Armee die Halbinsel von der Wehrmacht befreit hatte, wurde die einheimische Bevölkerung der Krim nach Zentralasien deportiert. Und sie durfte ein halbes Jahrhundert lang nicht in ihre Heimat zurückkehren. Die Sowjetunion löschte die Krimtataren nicht nur aus ihrer eigenen Nachkriegsgeschichte aus. Sie verurteilte sie auch zur Rolle der Parias – selbst, nachdem sie den »Kalten Krieg« verloren hatten.

Denn nach 1991 verwandelte sich die Krim in einen Zufluchtsort für postsowjetische Nostalgie. Für eine Region, in der die Mehrheit der Bevölkerung vertrieben wurde, war das nur natürlich. Die sowjetische Ethik und Ästhetik wurden hier in ihrer ursprünglichen Reinheit bewahrt. Die Menschen gingen zu Kundgebungen mit Fahnen gefallener Imperien und Porträts toter Diktatoren. Sie versicherten alle, dass ihre Entscheidungen und Handlungen richtig waren. Sie lebten in einem Raum mit umgeschriebenen Ortsnamen und retuschierter Geschichte. Sie überzeugten alle, dass sie ein Monopol auf die Krim hätten. Und sie wehrten sich gegen die

Vorstellung, dass »Simferopoler Würstchen« nur ein umbenannter Lula Kebab und »Belogorsk« ein umbenannter Karasubasar sei.

Die sowjetische Mythologie war für sie sehr praktisch. Sie erlaubte es ihnen nämlich, die einheimische Bevölkerung der Krim aus der Geschichte der Halbinsel zu löschen. So konnte sie zum Verräter erklärt werden, um ihr anschließend das Recht auf ihre eigene Heimat zu nehmen. Den Krimtataren wurden sogar die sowjetische »religiösen Kommunion« verweigert, die Jahr für Jahr am neunten Mai stattfand.

Als in den Städten der Krim Blumen an der Ewigen Flamme niedergelegt wurden, sagte niemand, dass man nicht nur der Heldentaten der russischen Soldaten gedenken sollte, sondern auch an Andrej Wlassow und die ROA, die Russische Befreiungsarmee, an das 15. Kosaken-SS-Kavalleriekorps und die 29. Grenadier-Division. Russische Kollaborateure wurden überhaupt nicht erwähnt, und es wurden keine Artikel über ihre Beteiligung am Krieg geschrieben. Wenn die Krimtataren jedoch an den Feierlichkeiten zum 9. Mai teilnehmen wollten, mussten sie zumindest öffentlich Buße tun.

Denn in der Sowjetunion war es üblich, alle Völker als Siegervölker zu bezeichnen, einschließlich einiger Kollaborateure. Nur bei den Krimtataren war dies nicht der Fall. Sie wurden zu einem Volk von Kollaborateuren erklärt, in dem es einzelne Helden gab.

Als obligatorischer Refrain erklang die These, dass der »Prozentsatz der Verräter« unter den Krimtataren höher sei als bei anderen Völkern. Doch all diejenigen, die die Zahl der Russen und Krimtataren, die auf verschiedenen Seiten der Frontlinie kämpften, vergleichen, vergessen eine einfache Sache: Kollaboration ist nur in besetzten Gebieten möglich. In Tomsk oder Wladiwostok konnte es weder Polizei noch freiwillige Verteidigungsbataillone geben: die Deutschen waren nicht dorthin vorgedrungen, und deshalb stand die örtliche Bevölkerung nicht vor einer solchen Wahl. Wer also den »Verratskoeffizienten« berechnen will, sollte daher die Zahl der Menschen zugrunde legen, die in den von der Wehrmacht besetzten Gebieten leben. Dies würde zu völlig anderen Zahlenverhältnissen führen.

Aber jeder Versuch, dieses Thema zu diskutieren, wurde mit dem Vorwurf der Ketzerei beantwortet. Das ist kaum verwunderlich. Denn die Deportation zerstörte den Eckpfeiler des »geistlichen Bandes« des Sowjetimperiums, den Mythos vom Großen Vaterländischen Krieg.

Im Rahmen dieses Mythos wurden alle Ereignisse von 1941 bis 1945 als ein Kampf zwischen dem absolut Guten und dem absolut Bösen dargestellt. Und wenn Deportation ein Verbrechen ist, dann folgt daraus, dass das »Gute« 1944 ein Verbrechen begangen hat. Und entweder war es gar nicht so »gut«, oder was es tat, war kein »Verbrechen«. Die zweite Variante war für einen Sowjetmenschen bequemer und vertrauter.

Denn dann brauchte man sich bei niemandem zu entschuldigen. Es bestand keine Notwendigkeit, die dogmatische Logik der Ereignisse in ihrer Einfachheit zu in Frage zu stellen. Man muss nicht über die Weisheit der Kommando- und Parteiführung nachdenken. Der feste Boden, von dem aus wir gewohnt sind, auf die Vergangenheit, die Gegenwart und die Zukunft zu blicken, wird einem nicht unter den Füßen wegrutschen

Sie waren in der Minderheit – diejenigen fünfzehn Prozent, gegen die es so bequem war, Freunde zu sein. Dieselbe einheimische Bevölkerung, die man in Kyjiw kurz vor den Wahlen rituell erwähnte, um sie gleich danach wieder zu vergessen. Aus diesem Grund blieb die Krim eine Wahldomäne der prosowjetischen Parteien. Dies endete schließlich mit der Annexion der Halbinsel.

Danach wurden die Krimtataren wieder in die Schranken verwiesen. Denn nach 2014 stürzte Russland in den Raum der heftigen Pro-Sowjetismus. Es erklärte der ganzen Welt den Krieg das Recht, das Jahr 1991 zu wiederholen. Und im Rahmen dieses Krieges wurden die sowjetische Ethik und Ästhetik in der gesamten Russischen Föderation auf die Fahnen geschrieben.

Und die Krimtataren waren auf der fast durchweg prosowjetischen Krim schon immer die am wenigsten sowjetischen. Sie konnten gar nicht anders sein: Es ist unmöglich, die Ethik und Ästhetik eines Staates zu übernehmen, der dein Volk aus seiner Heimat vertrieben hat und ihm über vierzig Jahre lang nicht erlaubt hat, zurückzukehren. Und auch jetzt bezeichnet Russland die

Krimtataren als Rebellen. Als potenzielle Verletzer der territorialen Integrität. Als die Hauptrebellen in der Region, die Moskau geklaut hat.

In den dreiundzwanzig Jahren vor dem Krieg haben die Krimtataren auf der Halbinsel eine dichte Struktur horizontaler Interaktion aufgebaut, die sie gegen die allgegenwärtige Willkür der traditionellen Vertikale absicherte. Es ist kein Zufall, dass dieses System der Mejlis als erstes von den russischen Sicherheitskräften angegriffen wurde: Der Kreml duldet keine Konkurrenz. So wurden die krimtatarischen Mejlis schließlich als »extremistische Organisation« verboten.

In Kyjiw wird die Halbinsel nur selten erwähnt. Sie ist eine Art Region des Verschweigens. Während das Schicksal von Donezk und Luhansk in den Medien diskutiert wird, bleiben Simferopol und Sewastopol im Medienghetto. Vielleicht, weil die Zahl der Vertriebenen von der Krim relativ gering ist und dieses Thema denjenigen, die es aus der Vergessenheit holen wollen, keine Punkte und Wähler bringt. Fakt ist jedoch, dass die Probleme des krimtatarischen Volkes nicht nur eine Frage der politischen Logik sind. Es ist eine Frage der generellen nationalen Ethik.

Diejenigen, die es gewohnt sind, die Krimtataren durch ein Komma getrennt mit den in der Ukraine lebenden nationalen Diasporas zu erwähnen, demonstrieren lediglich ihre Unwissenheit. Jede Diaspora hat ihren eigenen Mutterstaat außerhalb des Landes, in dem sie lebt. Die Krimtataren haben kein Heimatland außerhalb der Krim. Die Halbinsel, die zur Ukraine gehört, aber von Russland annektiert wurde.

Das Schlimme ist, dass wir hinter all der Anhäufung von Taktischem, Situativem und Flüchtigem das Wesentliche übersehen. Der Krieg begann nicht im Donbas, er begann auf der Krim. Und es ist eben dieser Krieg, der seitdem auf Europa übergegriffen hat.

Ein Krieg, in dem die malaysische Boeing stattfand. Die Vergiftung der Skripals. Die Einmischung in die amerikanischen Wahlen. Ein versuchter Staatsstreich auf dem Balkan. Kriegshandlungen in Syrien. Russische Söldner in Afrika und Spionageskandale in aller Welt.

Der Fahnenwechsel auf der Krim war die Erklärung dieses Krieges. Und er wird erst enden, wenn die Flaggen über der Halbinsel erneut ihre Farben wechseln. Und das dürfen wir nicht vergessen. Ebensowenig diejenigen, die all die Jahre auf der anderen Seite der Schützengräben leben mussten.

Denn das ist nicht nur eine Frage der Ethik. Es ist auch eine der Logik.

Drei Mythen für die eine Krim

Jedes Land hat seine eigene mentale Landkarte. Manchmal ist sie wichtiger als die offiziellen Grenzen. Vor allem, wenn es sich um ein Imperium von gestern handelt, dessen Bewohner sich nicht an die neue Wirklichkeit gewöhnen können.

Mentale Landkarten wecken Nostalgie, Nostalgie schafft politische Nachfrage, und die Nachfrage erzeugt politische Vorschläge. Hätten die Russen die Halbinsel in den letzten dreiundzwanzig postsowjetischen Jahren nicht als ihr Eigentum betrachtet, wäre ihr Schicksal nicht viel anders verlaufen als das der Region Cherson. Daher ist es an der Zeit, dass die Ukraine einen Mental Map Test macht.

Wenn die mentale Landkarte größer ist als die politische, gebiert sie eine Nachfrage nach Invasion. Das Ziel wird die Region, die seit der letzten Grenzziehung außerhalb der Landesgrenzen liegt. Ist die mentale Landkarte kleiner als die politische, so fällt ein Teil des Landes aus dem gemeinsamen Körper heraus. Es wird etwas im Format »+1«. Es wird außerhalb der Klammern gesetzt und löst keine emotionale Reaktion aus.

Schließlich wurde das Schicksal der Krim nicht im Februar 2014 entschieden. Die russische Präsenz dort hat sich in den Jahren nach der Sowjetunion nicht abgeschwächt. Moskau hat diese Region nie »für immer« aufgegeben, denn sie war in seinen kollektiven Mythos eingebettet war.

Im russischen Mythos ist die Krim Ort der Taufe der Rus und der beiden Verteidigungsanlagen von Sewastopol. Der Sommerresidenz der russischen Zaren und von »Schwarzmeer-Nizza«. Die letzte Zuflucht der Weißen Armee am Vorabend des Exodus nach

Biserta. Und Puschkins » Brunnen von Bachtschissaraj«. Die Asso-
ziationsreihe ist aufgestellt und betoniert. Sie ist das Fleisch und
Blut der russischen Selbstwahrnehmung, weshalb sie so nachhallt
und Nostalgie hervorrufen kann. Sie ist dank Tolstojs »Sewastopo-
ler Geschichten« und der Belagerung der Steinbrüche von Ad-
schimuschkai im imperialen Unbewussten verankert. Dank des
Krimkriegs und der Schwarzmeerflotte. Dank der Konferenz von
Jalta und der Paläste an der Südküste.

Der russische Mythos über die Krim ist stark und stabil. Wie
jeder Mythos lässt er sich nicht mit Fakten widerlegen. Man kann
die ethnische Zusammensetzung der Regimenter recherchieren, die
im Krimkrieg bei Sewastopol kämpften, ihre ukrainischen Wurzeln
nachweisen und auf die Herkunft des Matrosen Petro Kischka verweisen. Aber all das wird nichts an der Situation ändern. Denn
wenn der Krimkrieg nicht Teil der offiziellen ukrainischen Ge-
schichtsschreibung ist, wenn Kyjiw diese Geschichte nicht angenommen hat, dann bleibt der Mythos über diese Ereignisse in Moskaus ungeteiltem Besitz.

Man kann den Mythos zerlegen in seine Bestandteile. Die Zahlen bestreiten. Die Interpretation der Ereignisse in Frage stellen.
Aber nichts davon stellt für den Mythos eine Bedrohung dar. Denn
er lebt in den Köpfen derer, die ihn vertreten. Seine Irrationalität ist
vergleichbar mit dem Raum des Glaubens. Beide werden bedingungslos akzeptiert und bedürfen keines Beweises. Daher stellt die
logische Dekonstruktion des Mythos keine Gefahr dar.

Man kann mit Fug und Recht behaupten, dass der russische
Mythos über die Krim eher ein sowjetischer Mythos ist. Die uns
vertraute Version wurde nach der Deportation der Krimtataren geschaffen. Dieser Mythos wurde unter anderem auch benötigt, um
das krimtatarische Konzept der Halbinsel zu verdrängen und die
Vertreibung der einheimischen Bevölkerung zu rechtfertigen.

Denn jedes Imperium lebt auf fremden Territorien. Jedes Imperium existiert auf Kosten der Eroberten. Und jede Eroberung erfordert die »Umdeutung« des Eroberten. Und von den Einheimischen bleiben bestenfalls Ortsnamen. Den Krimtataren auf der
Krim wurde selbst dies genommen.

Die Deportation löschte sie aus dem Gedächtnis und von der Landkarte. Um sein eigenes Verbrechen zu rechtfertigen, baute das Kaiserreich ein mehrstufiges Schutzsystem auf. Die neue Mythenbildung musste zu allererst die Frage beantworten: Was haben all die Menschen, die nach 1944 dort auftauchten, auf der Halbinsel zu suchen?

Das krimtatarische Konzept der Halbinsel ist der Hauptkonkurrent des russischen Mythos. Sein Kern ist die Geschichte einer gestohlenen Heimat. »Das zertrampelte muslimische Paradies«. Jahrhundertelange eigene Staatlichkeit innerhalb des Krim-Khanats. Es ist eine Geschichte der einheimischen Bevölkerung, die nach der Deportation durch Zugezogenen und Herbeigebrachten ersetzt wurde. Eine Geschichte der Vorkriegskrim mit ihren gemeinsamen multinationalen Höfen und der krimtatarischen Sprache, einer Sprache des Basars und damit des Alltags.

Die krimtatarischen und russischen Konzepte unterscheiden sich nicht nur inhaltlich. Sie unterscheiden sich auch in ihrem Grad der Universalität. Der imperiale Mythos ist dazu verdammt, inklusiv zu sein – man kann ihm beitreten, indem man als Eintrittskarte mit seiner nationalen Identität bezahlt. Der Treueschwur besteht darin, der russischen Version der Geschichte und der Einschätzung der Wirklichkeit durch den Kreml zuzustimmen. Das Konzept der Krimtataren hingegen ist zwangsläufig exklusiv. Es ist von Natur aus defensiver Natur und zielt darauf ab, die Grenzen der Gruppe zu bewahren, anstatt sie zu erweitern.

Das ist logisch: Nach ihrer Rückkehr aus der Deportation befanden sich die Krimtataren auf der Halbinsel in der Minderzahl. Sie standen vor der Aufgabe, sich selbst wiederzufinden und zu versuchen, ihre eigene Assimilierung und Auflösung zu verhindern. Dabei half ihnen das Konzept, das es ihnen ermöglichte, die Grenzen zwischen »uns« und »den anderen« mehr oder weniger klar zu definieren. Aber genau darin liegt das Problem: Es ist schwierig, Teil dieses Mythos zu werden, wenn man nicht zu dieser ethnischen Gruppe gehört. Daher mobilisierte dieses Konzept in den postsowjetischen Jahren nicht nur seine Anhänger, sondern auch seine Feinde. Bis 2014.

Und dann geschah etwas Wichtiges. Die Annexion der Krim zwang die Ukraine, sich an die Halbinsel zu erinnern. Sie wurde auf der mentalen Landkarte des Landes verankert, der Dreiklang aus »Meer, Berge und hohe Kosten« wurde durch die Geschichte einer Invasion und eines Dolchstoßes in den Rücken ersetzt. Und in dieser neuen Realität bestand die Notwendigkeit, laut über die Halbinsel zu sprechen. Um uns selbst und der Welt die Bedeutung der Region erklären. Wir brauchten eine Sprache der Beschreibung, so eine, die die Halbinsel in den Raum des »Unsrigen« einwebt. Und in diesem Moment wurde klar, dass es praktisch keinen ukrainischen Mythos über die Halbinsel gab.

Sechzig ukrainische Jahre Krim bedeutete Bau des Nord-Krim-Kanals, Aufbau der Versorgung und Schaffung von Infrastruktur. Das wirtschaftlich-politische Narrativ ist konstruiert, profan und bodenständig, und deshalb ist es wahrscheinlich weniger spannend als das der militärischen Eroberung oder der historisch-religiösen Erzählung. Die ukrainische Geschichte der Krim kann nur schwer mit dem Pathos des »russischen Jerusalems« und dem historischen Gedächtnis der einheimischen Bevölkerung mithalten. Und alle modernen Versuche, den ukrainischen Mythos über die Halbinsel um Schlachtenepisoden (wie Petro Bolbotschans Krimfeldzug von 1918) zu erweitern, werden sich wohl kaum rückwirkend in den Herzen festsetzen können.

Kyjiw brauchte einen weltanschaulichen Mythos über die Krim. Rechtsnormen legalisieren die Macht vom Standpunkt des Rechts aus, aber nur die Mythologie kann diese Macht legitimieren. Denn Legitimität ist keine Sache des Rechts, sondern der Zustimmung der Menschen zur Macht, der freiwilligen Unterwerfung. Und es ist nicht verwunderlich, dass die Ukraine letztlich das Konzept der Krimtataren verwendet.

Wenn Kyjiw heute über die Halbinsel spricht, erwähnt es die politischen Gefangenen der Krim, von denen die meisten Krimtataren sind. Es spricht über die indigene Bevölkerung und ihre Rechte. Er spricht über den russischen Mejlis und die Diskriminierung. Kyjiw betont das gemeinsame Schicksal und die gemeinsame Zukunft von Krimtataren und Ukrainern. Und die krimtatarische Flagge ist tatsächlich zu einer neuen Flagge für die Ukraine geworden – anstelle der früheren Krimtrikolore, die die russischen Behörden nach der Annexion unverändert in ihre eigene Heraldik übernommen haben.

Im Großen und Ganzen sind es die Krimtataren, die das Bindeglied zwischen der Halbinsel und dem Festland geworden sind. Der Faktor, der die Frage der Rückkehr der Region in den Augen der Ukraine relevant macht. Das Phänomen, das es Moskau nicht erlaubt, von einem Raum der totalen Einigkeit auf der Krim zu sprechen.

Die Akzeptanz des krimtatarischen Konzepts verleiht der Ukraine eine starke ethische Position. Sie übernimmt die Rolle des Verteidigers der Schwachen gegen die Starken. Die Rolle eines Menschenrechtsverteidigers, der die einheimische Bevölkerung schützt. Die Rolle eines Landes, das nicht nur an seine eigenen Interessen denkt, sondern auch an die seiner Nachbarn.

Doch um dies zu konsolidieren, muss die Ukraine über Worte hinausgehen. Es ist an der Zeit, dass Kyjiw seine ethno-nationale Politik definiert. Es muss die Mejlis und Kurultai in den rechtlichen Rahmen einbinden. Es muss ein Gesetz über den Status des krimtatarischen Volkes verabschieden. Und lernen, Fragen zu den Aussichten auf nationale und territoriale Autonomie der Krimtataren direkt zu beantworten. Es ist an der Zeit, dass Kyjiw alles unternimmt, um diese »freien Beziehungen« endlich in die Form eines »Ehevertrags« zu bringen.

Die Ukraine hat sich an das erinnert, was die Krim hat, als sie sie verlor. Es war diese Tragödie, die den Krimtataren den Zugang zum ukrainischen Festland eröffnete. Denen, die den blockierten Militäreinheiten Lebensmittel und Vorräte brachten. Denen, die nach Kyjiw auf den Majdan kamen und mit ukrainischen Fahnen auf die Straßen der Krimstädte gingen. Denselben Krimtataren, die nach der Besetzung der Region mit dem Land, das versucht, sie aus der Geschichte der Halbinsel auszulöschen, allein gelassen wurden.

Wenn die Ukraine will, dass die Halbinsel auf ihrer mentalen Landkarte erscheint, kann sie auf die Krimtataren nicht verzichten.

Das Schweigen der Okkupierten

All das Gerede über die Stimmung in den besetzten Gebieten hat einen gemeinsamen Fehler. Wir haben von dort keine vernünftigen soziologischen Daten.

Mehr noch, es wird keine geben. Das Problem ist nicht einmal, dass ukrainische Soziologen dort keine Umfragen durchführen können. Und auch nicht, dass die russische Soziologie unzuverlässig ist. Das Problem ist, dass die Idee, in den besetzten Gebieten zu forschen, von Natur aus zum Scheitern verurteilt ist. In einer Situation, in der Offenheit unter Strafe steht, wird ein Teil der Befragten natürlich schweigen oder ausweichend antworten.

Das sollte man auch bedenken, wenn man versucht, aus den sozialen Medien auf die Stimmung in den besetzten Gebieten zu schließen.

Das verallgemeinerte Bild eines Befragten von der Krim und aus dem Donbas ist recht einfach. Er liebt Russland, verachtet die Ukraine und wartet darauf, dass über dem Chreschtschatyk russische Fahnen wehen. Außerdem sagt er den Zusammenbruch der Europäischen Union voraus, freut sich über die Probleme der USA und ärgert sich über den Erfolg von Elon Musk. Er argumentiert aggressiv und neigt dazu, im Namen der gesamten Region zu sprechen.

Ihm zuzuhören ist ein großer Fehler.

Der Grad der Radikalisierung des menschlichen Verhaltens in den sozialen Medien wird durch einen einfachen Faktor bestimmt. Welches Schicksal erwartet einen Menschen, wenn ukrainische Flaggen in seine Region zurückkehren? Diejenigen, die dazu verurteilt sind, in den besetzten Gebieten zu leben, lassen sich heute in zwei Gruppen einteilen. Die einen haben bereits alle Brücken zur Ukraine abgebrochen. Die anderen nicht.

Einige haben vielleicht gegen die ukrainische Armee gekämpft. Sie dienten in den Besatzungsverwaltungen. Sie haben sich durch Plünderungen im Donbas hervorgetan oder machen in den Machtorganen der Krim Karriere. Andere leben ihr Privatleben. Sie haben nichts mit der Verwaltungsvertikale zu tun. Sie behalten die Möglichkeit, die Demarkationslinie zu überschreiten.

Erstere wissen sehr wohl, dass sie im Falle einer Rückkehr der Ukraine die Region verlassen müssen. Ihnen drohen Strafverfolgung und Gerichtsverfahren. Ein ukrainischer Sieg würde für diese Menschen eine persönliche Niederlage bedeuten. Deshalb nehmen sie kein Blatt vor den Mund, wenn sie sich in den sozialen Medien äußern. Sie brüsten sich mit ihrer Unnachgiebigkeit und versuchen, so radikal wie möglich zu klingen. Die russische Besatzung ist ihre einzige Chance für ihre eigene Zukunft.

Die zweite Gruppe ist anders. Sie haben nicht gegen ukrainische Gesetze verstoßen. Sie haben ihre Eide nicht gebrochen – weder militärische noch offizielle. Außerdem müssen sie keine glühenden Patrioten der Ukraine sein. Viel wichtiger ist, dass das offizielle Kyjiw keine Anzeichen für ein Verbrechen in ihrer Lebensweise findet.

Und genau deshalb sind sie in den sozialen Medien auch viel weniger aktiv. Denn ein Flaggenwechsel auf der Halbinsel oder im Donbas wird für sie nicht mit der Notwendigkeit einhergehen, nach Russland zu fliehen. Einige von ihnen warten auf die Rückkehr der Ukraine. Andere konzentrieren sich einfach auf das tägliche Überleben. Aber ihre Stimmen werden nicht gehört, gerade weil sie nicht gehört werden wollen. Sie sind »unterhalb des Radars« verschwunden und alles, was sie sich leisten können, sind anonyme Berichte und Gespräche in Küchen.

Daher sprechen nur diejenigen laut für die besetzten Regionen, die es geschafft haben, alle Brücken abzubrechen. Sie können sich nirgendwohin zurückziehen, und jetzt unterstützen sie vehement den Kreml. Sie haben keine Alternativen mehr und drohen jetzt der Ukraine mit Repressalien. Es ist ein Fehler, sie ausnahmslos alle als »Bots« zu bezeichnen. Diese Leute verteidigen einfach die Wirklichkeit, in der sie einen Platz für sich gefunden haben. Wenn sich die Wirklichkeit ändert, gibt es vielleicht keinen Platz mehr für sie.

Das Monopol auf Publizität haben sie nur zufällig bekommen. Nur weil alle anderen zum Schweigen gezwungen sind. Pro-ukrainische Stimmen werden in den besetzten Gebieten verfolgt, und deshalb klingen pro-russische Stimmen wie ein alternativloser

Chor. Deshalb sollten sie nicht als Ausdruck allgemeinen Denkens betrachtet werden.

Das ist die Besonderheit der Situation. Wir kennen die Stimmungen auf der Krim und im Donbas nicht. Wir können uns in dieser Frage nicht auf die Soziologie verlassen. Wir können die sozialen Medien nicht auswerten. Wir können nur Vorhersagen treffen und Vermutungen anstellen, mehr nicht. Deshalb amüsiert mich das Gerede von sogenannten »soziologischen Untersuchungen« und »Wählerstimmungen« so sehr.

Das Wort »Okkupation« beinhaltet vielerlei. Was aber definitiv keinen Platz darin hat, ist Aufrichtigkeit.

Beurteilt Feinde nicht nach euch selbst

Was uns als Ausdruck der Weitsicht eines anderen erscheint, ist nicht unbedingt so. Sonst hätte Russland die Krim nicht angerührt und die gesamte Ukraine unversehrt gelassen.

In den ersten fünfzehn Jahren der postsowjetischen Ära hat Russland die Ukraine nicht weggetrieben. Im Gegenteil, es hat sie mit allen ihm zur Verfügung stehenden wirtschaftlichen Mitteln an sich gebunden. Der gesamte ukrainische industrielle Osten war auf den russischen Markt ausgerichtet, und so blieben diese Regionen ein natürliches Reservat prosowjetischer Stimmung.

Die Ukraine war so eng mit Russland verbunden, dass der Gedanke an einen Bruch für ihre Finanz- und Industriekonzerne fast undenkbar schien. Die Wirtschaft bestimmte die Politik: Kyjiw versuchte, auf allen Stühlen gleichzeitig zu sitzen. Und selbst der erste Majdan wurde von Moskau ganz einfach zunichte gemacht: Es reichte aus, die Ukraine nicht in die Enge zu treiben und ihre Eliten zu zwingen, den Weg des geringsten Widerstands zu gehen.

Und das taten sie auch. Es gab wieder Gasrabatte, wieder Kooperation und Produktionsketten. Und dann kam die Revanche der Partei der Regionen bei den Parlamentswahlen. Der Vorrat an öffentlicher Leidenschaft ging zur Neige. Fünf Jahre nach der Vereidigung von Wiktor Juschtschenko gewann Wiktor Janukowytsch die Präsidentschaftswahlen. Die Wirtschaft siegte über die Politik und ordnete sie sich selbst unter.

Genau das Gleiche hätte der Kreml auch 2014 tun können. Jetzt erscheint es uns unmöglich, aber das ist genau der Punkt, es scheint nur so. Denn bis zum Einmarsch auf der Krim wurde Russland nur als potenzielle Bedrohung wahrgenommen. Es wurde als ein Akteur gesehen, der mit Bestechungsgeldern um Kyjiw kämpfen würde. Als eine Partei, die Druck auf den Westen ausüben würde, um seine Interessen zu berücksichtigen. Aber nicht als ein Staat, der es wagen würde, direkt militärisch zu intervenieren. Das ist das Paradoxe an der Situation. Wir haben den Eindruck, dass sich Moskau 2005 durch seine Zurückhaltung und Gerissenheit auszeichnete. Aber für den Kreml selbst zeugte die Reaktion auf den ersten ukrainischen Majdan von Schwäche und mangelnden Willen.

Was uns wie ein Muster an Besonnenheit erscheint, war für die politische Führung der Russischen Föderation nur erzwungene Untätigkeit. Die Gründe dafür waren das Fehlen einer reformierten Armee in Russland und das mangelnde Vertrauen in die eigenen Fähigkeiten. Hätte Moskau damals mit anderen Karten in der Hand gehabt, hätten wir riskiert, zehn Jahre früher russische Flaggen über der Krim zu sehen.

Eine bittere Ironie. Genau das, was es dem Kreml 2004 ermöglichte, die Ukraine in seinem Einflussbereich zu halten, sieht für Russland selbst wie eine Manifestation inakzeptabler Schwäche aus. Und das, was Kyjiw von Moskau weggetrieben und gezwungen hat, alle möglichen Fäden und Verbindungen zu kappen, wird vom Kreml als angemessene und richtige Reaktion auf die Straßenproteste in der ukrainischen Hauptstadt angesehen.

Russische Untätigkeit wäre eine weitaus effektivere Antwort auf den Majdan gewesen. Denn die Annexion der Krim und der Einmarsch in den Donbas haben die Ukraine von Illusionen befreit. Sie schufen eine öffentliche Forderung, auf die das offizielle Kyjiw nicht anders konnte als zu reagieren. Moskau verpasste Kyjiw eine diplomatische Ohrfeige und musste zusehen, wie die ehemalige Sowjetrepublik zu einer Armee, einem Selbstbewusstsein und einer politischen Nation aufwartete. Aber es hätte nichts tun und fast alles gewinnen können.

Menschen sind keine Rechenmaschinen. Sie machen Fehler. Manchmal sind diese Fehler historisch.

Negative Auswahl

Im postsowjetischen Raum hat Moskau immer wieder denselben Fehler begangen.

Es setzt auf Eliten. Es investiert in Großunternehmen, korrumpiert Politiker und schließt Geschäftsketten kurz. Der Grund dafür ist vielleicht, dass der Kreml nicht an die Subjektivität des Durchschnittsbürgers glaubt. Er glaubt nicht, dass ein Protest »basisdemokratisch« sein kann. Anstatt ehrliche und wettbewerbsfähige Verbündete zu schaffen, wählt er situative und diebische Verbündete.

Der Westen hingegen zieht es die ganze Zeit über vor, mit der Zivilgesellschaft zusammenzuarbeiten. Er investiert in die Bildung, finanziert Austauschprogramme und organisiert Seminare. Seine Methoden unterscheiden sich vom Umfang her, er investiert in diejenigen, die imstande sind, die Meinungsführer von morgen zu sein und das Rückgrat der Zivilgesellschaft zu bilden. Der Westen muss nichts erfinden, es genügt, junge Menschen mit ihm, mit seiner Logik und Architektur vertraut zu machen, damit sie später Lust haben, die westlichen Regeln auf den Boden ihres eigenen Landes zu übertragen.

Das Szenario der Straßenproteste ist also unverändert. Auf der einen Seite stehen politische Strippenzieher mit zweifelhaftem Ruf. Auf der anderen Seite steht eine Gesellschaft, die neue Spielregeln fordert.

Moskau spricht man gerne von »farbigen Revolutionen«. Von der Ähnlichkeit der Szenarien in verschiedenen Ländern. Es kommt zu dem Schluss, dass dies alles von außen inspiriert ist. Aber an diesem Punkt ist es wie bei einer Person, die ständig auf den Außenseiter setzt, aber lieber dem Wettbüro die Schuld gibt.

Manchmal werden in der Russischen Föderation selbst Stimmen laut, dass Moskau einige Lektionen lernen sollte. Es sollte anfangen, mit der »Basis« zusammenzuarbeiten. Sich weigern, toxische Politiker zu unterstützen. Eine Gruppe von klugen und aufrichtigen Fürsprechern für sich selbst bilden. Aber das ist das Problem, der Kreml kann nichts von alledem tun.

Denn in Russland gibt es kein attraktives Bild der Zukunft. Er hat kein Bild von morgen, das begeistern und mobilisieren kann. Es hat keine zivilisatorische Idee, wie sie im kollektiven Westen zu finden ist. Im heutigen Russland geht es um Preisschilder, nicht um Werte. Um Monetarisierung von Überzeugungen und Prinzipien. Was kann es seinen Nachbarn anbieten?

Investitionsprojekte? Niemand wird davon profitieren, außer den russischen Monopolen. Einzigartige Technologien? Russland kauft sie selbst. Regionale Sicherheit? Nach der Krim macht es keinen Sinn mehr, darüber zu reden.

Moskau setzt regelmäßig auf jene Eliten, die seinen eigenen Werten nahestehen. Das führt dazu, dass seine Partner diejenigen sind, die sich wie Plünderer in besetzten Gebieten verhalten. Mit allen anderen kann es nicht verhandeln – die russische Elite traut niemandem, der anders ist als sie.

Russland kann sich Verbündete kaufen, aber es kann sie nicht schaffen. Es kann Sex gegen Geld anbieten, aber mit Liebe hat das nichts zu tun. Seine Massenkultur ist zweitrangig, seine Interpretation von »Russischsein« gleicht einer Matrjoschka aus dem Duty-Free-Shop, und sein einziges universelles Angebot ist das Repertoire des Senders »Chanson«.

»Rom wurde nicht wegen seiner Größe geliebt – Rom wurde groß, weil es geliebt wurde.« Diese Formulierung Chestertons ist auf das moderne Russland nicht anwendbar. Es ist in den Kämpfen um die Zukunft zur Niederlage verurteilt, weil es einfach kein Bild von der Zukunft hat. Es verliert den Kampf um die Herzen, weil es nicht weiß, wie man sich verliebt.

Aber Moskau wird auch keine Konsequenzen aus seinen Niederlagen ziehen. Ganz einfach, weil diese Schlussfolgerungen für es zu enttäuschend klingen würden.

Wenn es keinen Krieg gegeben hätte

Wäre die Annexion nicht gewesen, hätten die Dinge auch anders laufen können.

Jetzt sind wir davon überzeugt, dass der Majdan zu einem Punkt des Abschieds vom Imperium werden sollte. Dass es nach der »Himmlischen Hundertschaft« keine Beziehungen mehr zu Moskau geben konnte. Dass ein Bruch unvermeidlich war und dass die Wege der Ukraine und Russlands auseinandergehen mussten.

In Wirklichkeit war der Punkt des Abschieds der Ukraine von Russland nicht der Majdan. Dieser Punkt wurde die Krim und der Donbas. Außerdem – hätte Moskau im Februar 2014 ein anderes Verhaltensmuster gewählt, hätte es viel mehr erreichen können, als es mit den Waffen erlangt hat.

Wäre die russische Invasion nicht gewesen, sähe die heutige Ukraine viel mehr wie die Ukraine von 2013 aus. Der Sturz Janukowytschs bedeutete nicht sofort das Abdriften Kyjiws in Richtung Westen. Schließlich wären all die Leute, die ihn kurz zuvor an die Macht gebracht hatten, auf der Wahlliste des Landes geblieben. Und ihre Sehnsucht nach der UdSSR wäre nicht verschwunden.

Ich schlage ein Gedankenexperiment vor. Stellen wir uns vor, Moskau hätte die neue Regierung von dem Moment an, als die Demonstranten erschossen wurden, anerkannt. Es hätte das Janukowytsch-Regime verurteilt. Es hätte angekündigt, dass es bereit sei, dem »brüderlichen Land« ein zinsloses Darlehen zu gewähren. Es hätte zur Bildung einer »Regierung der nationalen Rettung« aufgerufen. Es hätte sich in ihr neben den Vertretern der Opposition ein Platz für Moskaus Anwälte gefunden.

Wahrscheinlich würden die humanitär-mitmenschlichen Ministerien gewohnheitsmäßig an die ukrainische Rechte übergeben werden. Und alles, was mit echtem Geld zu tun hat, wäre zwischen der Opposition und den Politikern im »Südosten« aufgeteilt worden. Der ukrainische Präsident würde zu Gesprächen nach Moskau fliegen, um die Gaspreise auszuhandeln. Und der Kreml würde Rabatte gegen Präferenzen bei der Privatisierung wichtiger ukrainischer Vermögenswerte eintauschen.

Bei den Parlamentswahlen im Herbst würde die gleiche Partei der Regionen (nach entsprechender Umbenennung) in die Werchowna Rada gewählt werden. Donbas und Krim wählen »die Ihren« – sie sind durch den Sieg des Majdan verängstigt und gehen diszipliniert zu den Wahlen. Die ukrainische Elite, die

Janukowytsch abgelöst hat, sieht keinen Grund, die wirtschaftlichen Beziehungen zu Moskau zu kappen. Sie begründen dies mit der Notwendigkeit, die Krise zu überwinden. Moskau räsoniert über die Unverletzlichkeit der Grenzen. Das wichtigste Ereignis des Jahres waren die von Russland gewonnenen Olympischen Spiele. Der Kreml erörtert die Bedingungen des ukrainischen Assoziierungsabkommens mit der EU. In Europa werden Stimmen laut, die darauf hinweisen, dass die Interessen Moskaus berücksichtigt werden müssen. Iosif Kobzon gibt ein Konzert im Olympiastadion.

Die Ferienzeit auf der Krim ist in vollem Gange. Lokale Politiker behaupten wieder einmal, die Halbinsel sei eine Brücke der Freundschaft zwischen der Ukraine und Russland. Mehrere kleinere Posten in der Regierung der Krim werden ostentativ an Krimtataren vergeben.

Die Freiwilligenbewegung kommt zum Stillstand. Die Armee verkümmert leise in ihren Kasernen, und ihr Eigentum und ihre Grundstücke werden weiterhin versteigert. Die patriotische Stimmung weicht langsam der sozialen Stimmung – das Sinken des Einkommens und des Hrywnja-Kurses beunruhigt die Menschen mehr als umgekommene Demonstranten.

Der Ölpreis sinkt, aber Russland, ein Land mit geringer Staatsverschuldung, erhält im Westen bereitwillig Kredite. Es gibt keine Sanktionen. Die malaysische Boeing erreicht ohne Zwischenfälle ihr Ziel. Der Donbas bittet Kyjiw um Subventionen für die Kohleindustrie. Russland bespricht mit westlichen Hauptstädten eine Strategie zur Bekämpfung von Ebola und dem IS.

Die meisten Ukrainer haben noch nie etwas von Slowjansk, Ilowajsk und Debalzewe gehört. Touristen kommen zum Maifeiertag nach Odesa. Igor Girkin besucht ein Reenactment-Festival zum hundertsten Jahrestag des Ersten Weltkriegs. Das Kyjiwer Patriarchat träumt weiterhin hoffnungslos von Anerkennung. Über den Verbleib von Wiktor Janukowytsch ist nichts bekannt.

All dies ist ein sehr wahrscheinliches Szenario unserer jüngsten Vergangenheit. Und es hätte eintreten können, wenn Moskau auf den zweiten Majdan ähnlich reagiert hätte wie auf den ersten. Die Trägheit des bisherigen Existenzmodells war zu stark, und die ukrainischen Eliten hätten jede Gelegenheit genutzt, um in ihrer Komfortzone zu bleiben.

Aus dieser Komfortzone wurden sie von Russland selbst herausgedrängt. In dem Moment, als es beschloss, dass der Majdan eine Sonderoperation der EU und der USA war, auf die es mit einer Invasion reagieren musste. Wäre die russische Politik nicht gewesen, sähe die heutige Ukraine viel mehr wie ihr früheres Selbst aus. Und diejenigen, die von einem drohenden Krieg sprechen, würden weiterhin als Panikmacher und Marginale wahrgenommen werden.

Im Winter 2013 war der ukrainische Protest ein Aufstand gegen die Usurpation der Macht, und erst die russische Invasion hat ihn in einen nationalen Befreiungskrieg verwandelt. Und wenn die Krim nicht annektiert worden wäre, wer weiß, wie die Ukraine heute aussehen würde.

Requiem für mich selbst

Ich schreibe nur noch selten über die Krim. Vielleicht ist mir im Laufe der Jahre einfach die Luft ausgegangen. Alles, was ich sagen wollte, ist gesagt worden.

Ich erinnere mich, dass ich 2015 in einem Interview nach meiner Lieblingsstadt gefragt wurde. Zuerst suchte ich in meinem Gedächtnis nach Schönem und Albenartigem, und dann nannte ich Simferopol. Nein, ich war nicht verrückt. Ich weiß alles über meine Heimatstadt. Ich weiß, dass sie klein, schäbig und unordentlich ist. Aber gerade sie hat das Monopol auf meine Kindheitserinnerungen. Du könntest den Rest deines Lebens in Brügge verbringen, aber sie würden dort nicht auftauchen.

Ich erinnere mich deutlich an das Vorkriegsjahr 2013. Am Vorabend des Majdan schien die Halbinsel wie die Peripherie des ehemaligen Imperiums. Vergessen und überflüssig, wie Großmutters Konserven. Vielleicht hat das russische Geschwader in Bizerta 1930 so ausgesehen. Sechs Jahre waren seit der Anerkennung der Sowjetmacht vergangen, aber es ist noch nicht 1936, als das letzte Schiff, das Schlachtschiff General Aleksejew, abgewrackt wird. Bei den Hotelportiers ist die militärische Haltung noch zu erkennen, aber die Bajanspieler mit komplizierten slawischen Namen lernen bereits neue Lieder.

Moskau beschäftigte sich mit dem Pogrom in Birjuljowo, diskutierte über illegale Migration und beklagte sich über die Dominanz des Kaukasus. Und die Krim lebte die sowjetischen Mythen in ihrer ursprünglichen Reinheit weiter. Sie hetzte gegen die NATO, entlarvte den »Dulles-Plan« und spekulierte karikierend über die »Freundschaft der Nationen«. Es schien, als gäbe es fast keine Gemeinsamkeiten zwischen der letzten sowjetischen Bastion und dem neuen Russland.

Und dann kam der Februar 2014. Und es stellte sich heraus, dass das ganze Russland nach der Perestrojka nur Kosmetik war, dass sich darunter das gleiche alte Imperium verbarg. Die Krim fand Anklang in Moskau: Es war nicht Moskau, das die Halbinsel auf die Tagesordnung brachte, sie war es, die sich ihm aufdrängte.

Ich erinnere mich an die Verrückten in der Stadt. Sie liefen mit roten oder trikolorefarbenen Fahnen herum. Sie sprachen sowjetische Worte und dachten sowjetische Slogans. Unter ihnen gab es sogar Karikatur-Monarchisten. Wie nicht anders zu erwarten, waren sie Antisemiten. Sie arbeiteten mit einem jüdischen Nachnamen für eine Lokalzeitung, was sie nicht daran hinderte, in ihrer Freizeit von »Zionisten« und »Verschwörungen« zu sprechen.

Diese Leute wohnten auf einem Friedhof. Für sie war das Heute nur ein Sprungbrett, um zum Gestern zurückzukehren. Mit ihnen war es langweilig und stumpfsinnig. Selbst auf ihren Auslandsreisen hielten sie in erster Linie Ausschau nach Zeichen des Niedergangs. Sie waren dumm, ungebildet und zurückgeblieben.

Ich habe dreißig Jahre lang auf der Krim gelebt. Zehn Jahre lang habe ich im Journalismus gearbeitet. Die ganze Zeit über haben wir versucht, das Festland und die Halbinsel miteinander zu verbinden. Nach Berührungspunkten zu suchen. Auf den Landkarten andere Horizonte zu finden als die, an denen die UdSSR endete. Wir wollten auf das Morgen zugehen, und sie versuchten, uns ins Gestern zu ziehen. Und es schien uns, dass die Zeit auf unserer Seite spielte. Einfach weil wir jung waren und sie nicht. Wir haben uns geirrt.

Im Jahr 2014 wurden all diese Leute plötzlich zum Mainstream. Es schien, dass wir Russland überschätzt hatten. Wir dachten, es sei klüger, moderner, fortschrittlicher. Und es stellte sich heraus, dass es genauso wie diese ist. Orwell als die neue Normalität.

Ich blieb bis zum Herbst 2014 in Simferopol. Von Februar bis Oktober schrieb ich darüber, was Russland mit meiner Heimat anstellte. Manchmal fühlte man sich wie in dem Roman »Die Insel Krim« – in dem Kapitel, in dem sich das Imperium das Gebiet der Halbinsel einverleibt. Alles, woran man glaubte, kam unter das Messer. Unabhängige Medien, unabhängige Menschen, das Recht, anderer Meinung zu sein. Im November waren sogar die Wellen im Wasser verschwunden. Es wurde klar, dass es vorbei war. Es war an der Zeit, fortzugehen.

Heute ist mein Zuhause gezwungen, gegen alles zu leben, woran ich glaube. Aber ich glaube ja auch nicht mehr an alles.

Während dieser Zeit habe ich viele Illusionen abgelegt. Zum Beispiel, dass Erwachsene immer eine Einigung erzielen können. Wenn einem die Kapitulation als einzige Option angeboten wird, ist ein Dialog unmöglich. Die Macht der Worte wirkt dort, wo Menschen in der Lage sind, zuzuhören. Doch wenn sie dazu neigen, »gekreuzigte Jungen« zu erfinden, hat es keinen Sinn, mit ihnen zu reden. Alles, was Sie sagen, wird gegen Sie verwendet werden.

Es hat sich herausgestellt, dass das Leben nicht alles richtet. Dass die Zeit, die sich selbst überlassen bleibt, uns nicht unbedingt ins »Morgen« führt. Sie kann uns durchaus alle ins »Gestern« zurückbringen. Die Generation der Eltern drängt die Generation der Kinder zurück, um ihren Enkeln die Zukunft zu nehmen.

Fakten können gegenüber Lügen den Kürzeren ziehen. Derjenige, der die Wahrheit sagt, ist an die Grenzen dieser Wahrheit gebunden. Derjenige, der lügt, ist durch nichts gebunden. Erwachsensein ist keine Frage von Alter, sondern von Infantilismus. Wenn ein Mensch ein Narr ist, dann verschwende keine Perlen an ihn.

Ich glaube nicht mehr daran, dass »sie sich selbst regeln werden«. Sobald eine Region zu einem Hort der Nostalgie wird, geht sie zum Teufel. Menschen mit rückwärts gerichtetem Kopf können es nicht anders. Dante hat darauf hingewiesen.

Ich weiß nicht, ob ich im Jahr 2013 mit mir selbst hätte klarkommen können. In den letzten Jahren habe ich mich »verbessert«. Ich bin härter geworden. Ich habe aufgehört, an den Markt der Ideen und an die Rationalität der Entscheidungen zu glauben. Um vorwärtszukommen, muss man sich anstrengen. Abstieg erfordert nichts. Es ist sehr einfach, nach unten zu rutschen in die Vergangenheit zu gehen.

Ich habe gelernt, dass die Motive der Menschen nicht von der Realität bestimmt werden, sondern von ihrer Wahrnehmung dieser Realität. Der Kampf um das »Bild im Kopf« ist ein Weg, Kriege zu gewinnen. Oder um sie zu beginnen. Das hat das russische Fernsehen bewiesen. Ich habe diese Lektion gelernt.

In all den Jahren habe ich erkannt, dass die demokratischen Grundsätze nur denjenigen gewährt werden sollten, die bereit sind, sie anzuerkennen. Man sollte nur mit denen nach den Regeln spielen, die sie nicht ändern werden, nachdem sie gewonnen haben. »Ich habe die Bedingungen der Lizenzvereinbarung gelesen und stimme ihnen zu. Richtig?

Meine Krim dringt manchmal zu mir durch. In Blitzen, wie ein Traum von gestern. Alte Fotos zeigen die, die den Eid auf die neuen Fahnen geschworen haben. Die, die in die innere Emigration gingen. Die, die gegangen sind.

An Schneemänner kann ich mich immer noch nicht gewöhnen. Den Wechsel der Jahreszeiten markiert der Übergang vom Madeira zum Cabernet. Überall, wo Berge am Horizont zu sehen sind, fühlt man sich zu Hause. Meine Dinge sind unterteilt in solche, die »von dort« sind, und solche, die schon »von hier« sind. Von ersterem gibt es immer weniger. Letztere werden immer mehr.

Dort, auf meiner Krim sind drei Jahrzehnte geblieben. Und Illusionen.

Um beides tut es mir nicht leid.

2 Russland

Rockmusik

Als ich von der Krim nach Kyjiw ging, habe ich meine Gitarre nicht mitgenommen. Nach der Annexion war mir nichts mehr geblieben, was ich zu ihr singen konnte.

Alles, was wir als russischen Rock bezeichnen, entstand aus einem Protest heraus. Es gab eine große Welt der offiziellen Propaganda, und dann kam ein Musiker heraus und diagnostizierte seine Zeit. In den Texten ging es um Rebellion, Gegen-das-System-sein und den Unwillen, mitzuhalten.

Und dann kamen die Nullerjahre, und jeder russische Sid Vicious beeilte sich, Iosif Kobson zu werden. Auch der Autor dieser prophetischen Formulierung, Konstantin Kintschev. Sie wurden domestiziert: Surkow schrieb Texte für die Gruppe »Agatha Christie«, Putin nahm Tschaif-CDs mit auf Reisen. Der russische Rock wandelte sich vom Protestbösewicht zum Bourgeois, wo das Recht, die Wahrheit zu sagen, durch lyrische Erfahrungen ersetzt wurde. Statt eines freiliegenden Nervs gab es eine betäubende Injektion sorgfältig dosierter Emotionen, dick vermischt mit Nostalgie für vierzigjähriges Büroplankton.

Russischer Rock wurde zur Mainstream-Musik, ein Geschäft, das auf dem Wunsch nach einer sicheren Fassade beruhte. Während die Musiker über Einsamkeit und Missverständnisse sangen, wurden sie innig geliebt, fleißig verstanden und ihnen nie mit dem Finger auf die Tür gewiesen. In der Rockmusik mitzumischen, bedeutete das Recht, mit einer intellektuellen Minderheit identifiziert zu werden.

Es war eine Zeit des totalen Spottens, der Verantwortungslosigkeit und des Herumhängens. Viele Menschen konnten dieser Versuchung nicht widerstehen.

Im Jahr 2014 brach die alte gemütliche Welt zusammen. In dieser neuen Realität musste sich jeder für eine Barrikadenseite entscheiden. Mehr noch: Es gab Fragen, die nur eindeutig beantwortet werden konnten. Und in diesem Moment standen auch die ehemaligen Rocker vor einer Entscheidung.

Denn Rock ist immer ein Gegensystem. Wenn man ein Rebell ist und eine Barrikade vor sich hat, muss man sich logischerweise wieder in Opposition zur Vertikalen stellen. Aber es ist unangenehm, in die eigenen Zwanziger zu schlüpfen, wenn man kurz davor ist, fünfzig zu werden. Und viele haben sich für eine Alternative entschieden.

Schließlich ist der gesamte Medienkrieg der letzten Jahre ein Streit darüber, wer hier schwach ist. Normalerweise sympathisieren wir mit denjenigen, deren moralische Größe sich umgekehrt proportional zu ihrer körperlichen Größe verhält. Mit den Davids gegen die Goliaths, mit den Spartanern gegen die Perser, mit der polnischen Kavallerie gegen die Guderian-Panzer – in solchen Verhältnissen gilt die moralische Unterstützung immer den Schwachen. Denn der Kampf gegen eine überwältigende Übermacht ist ein Sieg des Geistes über die Umstände. Und genau um diesen Maßstab dreht sich der Informationskrieg zwischen Kyjiw und Moskau.

Wenn Moskau behauptet, es sei nicht am Krieg im Donbas beteiligt, geht es nicht nur um Geopolitik. Es handelt sich auch um einen Kampf um Ethik. Um das Recht, die Ereignisse als Kampf zwischen dem ukrainischen Drachen und dem Lancelot von Donezk und Luhansk darzustellen. Denn wenn man die Dinge beim Namen nennt, dann wird sich herausstellen, dass nicht ein ukrainische Goliath gegen einen David von Donezk und Luhansk kämpft, sondern dreihundert ukrainische Spartaner, die mit zweiköpfigen Adlern auf ihren Bannern die Thermopylen gegen das Heer von Xerxes verteidigen.

Und genau aus demselben Grund wird in den Kommentaren der Kreml-Anhänger alles nicht als Krieg zwischen dem großen Russland und der kleinen Ukraine dargestellt, sondern als epische Schlacht zwischen der »Russischen Welt« und der »westlichen Welt«. Als heldenhafter Widerstand einer Festung während einer Belagerung, die die liberalen Tentakel des Welthegemons zu stürmen versucht.

Und der Kelch dieser Entscheidung ging nicht an der russischen Rockmusik vorbei. Die Entscheidung war einfach: sich mit der Minderheit zu solidarisieren und sich dem kriegslüsternen russischen Leviathan entgegenzustellen. Oder Russland selbst zu einem Gegensystem zu erklären, das sich dem großen Westen entgegenstellt. Und sich weiterhin wie ein Rebell zu fühlen, wenn man bei einem Konzert anlässlich des Tages der Polizei auf der Bühne steht.

Die Leute, deren Lieder ich vor dem Krieg gesungen habe, haben diesen Test nicht bestanden.

One way ticket

Krieg hat keine Halbtöne. Meistens lässt er den Gesprächspartner mit einer einzigen bohrenden Frage zurück: Wessen Sieg und Niederlage wünschst du dir. Und wer sich auf die Suche nach Kompromissen begibt, stößt notwendigerweise auf Dante, der denjenigen, die versuchen, in Zeiten des moralischen Zusammenbruchs neutral zu bleiben, die heißesten Plätze in der Hölle verspricht.

Das Problem ist, dass der hybride Krieg in den Köpfen von Russen und Ukrainern unterschiedlich reflektiert wird. Für uns stellt er sich in Form von Gefühlen dar. In sechs Wellen der Mobilisierung. In Beerdigungen an der Front. In den täglichen Märtyrerlisten in allen Medien des Landes. Die Russen indes leben weiterhin in einer Welt, in der es keinen Krieg gibt, und verstehen wirklich nicht, warum sich das Nachbarland entschieden weigert, Empathie zu zeigen.

Im Laufe von dreiundzwanzig postsowjetischen Jahren haben wir uns daran gewöhnt, dass sich Russland und die Ukraine so ähnlich sind, dass sie nicht mehr zu unterscheiden sind. Wo auf beiden Seiten der Grenze ein Zustand der Zeitlosigkeit der Werte herrscht. Wo Identitäten verschwommen, Überzeugungen an Bedingungen geknüpft sind. Totale Mimikry überall und in allem.

Für die Ukraine endete all dies in dem Moment, als Russland die Krim annektierte und in den Donbas einmarschierte. Kyjiw hatte keine andere Wahl: Der Atem des Krieges war hier in täglichen Berichten von der Frontlinie und durch das Auftauchen von anderthalb Millionen Binnenflüchtlingen zu spüren. In Russland blieb dieser Krieg virtuell. Keine offiziellen Veranstaltungen, keine öffentliche Berichterstattung. Der Krieg wurde allenfalls im Fernsehen gezeigt, aber selbst dort wurde er als etwas dargestellt, das mit Russland selbst nichts zu tun hatte. In Russland sind keine Straßen nach den im Donbas Gefallenen benannt und keine Denkmäler für sie errichtet. Den Dokumenten zufolge sterben russische Soldaten und Offiziere auf Übungsplätzen und bei Übungen.

Der Ukraine-Feldzug ist in den russischen Alltag nicht eingewoben, der Blick des einfachen Mannes stolpert nicht über Grabkreuze. Es ist, als gäbe es sie nicht, und wenn doch, können sie kein Faktor auf der innenpolitischen Agenda sein.

Blut sakralisiert jede Konfrontation. Danach bleiben Fotos mit schwarzen Bändern in den Schränken, verstauben Angelruten auf den Balkonen, und in der Garage rosten Ersatzteile. Der Tod rückt die Ursachen in den Hintergrund und stellt sich selbst in den Vordergrund. Ein Nachruf ist nicht wegen seines Inhalts wichtig, sondern wegen seines Erscheinens. Schon heute wachsen in der Ukraine Kinder heran, die vor allem Bilder vom Krieg malen.

Außerdem wurde das russische Gerede von »Banderaleuten« und »Junta« irgendwann zu einer Art sich selbst erfüllender Prophezeiung. In Russland wird immer weniger die Rede sein, »sie sind genauso wie wir, nur ihre Gesichter sind anders«. Nein, jetzt sind sie nicht mehr dieselben. Jetzt sind sie fremd, feindselig und unverständlich. Unfähig zu Empathie und Mitgefühl. Das ist nicht überraschend. Ein Land im Frieden liest das Neue Testament. Ein Land, das sich im Krieg befindet, liest das Alte Testament.

Darüber hinaus sind die Ereignisse der letzten Jahre für Russland und die Ukraine zu einem Teil der nationalen Mythen geworden. Auf der einen Seite der »Krim-Frühling« als Apotheose imperialer Ambitionen und als Bestätigung des Rechts, souveräne Fehler zu begehen. Und auf der anderen Seite der Majdan als Archetyp eines Bürgeraufstands und die Anti-Terror-Operation (ATO) als echter Unabhängigkeitskrieg. Diese Geschichten sind wie unipolare Magnete: Sie können nicht nebeneinander existieren, aber sich gegenseitig abstoßen.

Und sie können sich nur annähern, wenn eine dieser beiden Geschichten zunichte gemacht wird. Diejenigen, die von Versöhnung sprechen, müssen sich entscheiden, welche von beiden.

Eine Anthologie der Feigheit

Ich bin oft Menschen begegnet, die versuchen, »über den Dingen« zu stehen.

Ihre Logik läuft darauf hinaus, dass sich die Ukraine nicht wesentlich von Russland unterscheidet. Sie sagen, Menschen werden nicht nur durch russische Granaten getötet, sondern auch durch ukrainische. Sie sagen, dass in Russland Menschen für die blau-gelbe Flagge getötet werden, in der Ukraine hingegen für das St.-Georgs-Band. Und der Refrain ist die These vom »Getreideabkommen«, das angeblich besser ist als ein »Goldenes Abkommen«.

Diese Logik ist sehr bequem. Sie erlaubt es Ihnen, sich in weiße Gewänder zu kleiden, einem abstrakten »Tolstojanismus« zu huldigen und universelle Friedfertigkeit zu behaupten. Und ich habe an solche Leute nur eine Frage.

Befindet sich die ukrainische Armee auf dem Territorium Russlands, oder befindet sich die russische Armee auf dem Territorium der Ukraine?

Die Antwort stellt die Tatsachen klar. Krieg hat seine eigene grausame Logik: Es ist unmöglich, mit weißen Handschuhen daran teilzunehmen. In jedem Konflikt gibt es immer Verluste durch »friendly fire«, Granaten fallen nicht nur auf feindliche Stellungen, und keine Armee der Welt ist vor Plünderungen und Bestechungen an Kontrollpunkten gefeit. Und der einzige ethische Maßstab ist, wer seine Armee zuerst aus den Kasernen geholt und auf die Kampffahrzeuge gesetzt hat.

Man kann die Kyjiwer Informationspolitik nach Herzenslust kritisieren, aber das stellt sie nicht auf eine Stufe mit der Moskauer Informationspolitik. Man kann nach Herzenslust über die Besonderheiten der ukrainischen Gesetzgebung schreiben, aber kein Gesetz erlaubte es Kyjiw, Truppen in das Gebiet eines Nachbarlandes zu schicken. Ich erinnere mich hingegen noch sehr gut daran, wie beide Kammern des russischen Parlaments dem russischen Präsidenten ein solches Recht zugestanden haben.

Der Krieg begann an dem Tag, als die russische Armee auf die Straßen der Krim zog. Die Annexion der Halbinsel selbst gibt eine klare Antwort auf die Frage, wer in der aktuellen Konfrontation der Aggressor und wer das Opfer ist.

Von einer »Atmosphäre des gegenseitigen Hasses« zu sprechen und von der Notwendigkeit, »dem ein Ende zu setzen« ist natürlich sehr bequem. Man muss nicht in Wörterbüchern nachschlagen, um die Bedeutung der Worte »Kontribution«, »Reparation«, »Restitution« und »Tribunal« zu finden. Man kann darüber reden, dass »alle schlecht sind«. Nun, es mag ja sein, dass in Friedenszeiten »alle« sehr »böse« sind, aber Krieg ist ein zu schweres Gewicht auf der moralischen Waage, als dass es durch abstraktes Gerede über »Geopolitik« ausgeglichen werden könnte.

Wenn ein Land zum Aggressor wird, ist es verantwortlich für das, was dann passiert. Wenn ein Land zum Aggressor wird, dann fällt die kollektive moralische Verantwortung auf jeden seiner Bürger. Und niemand kann sich in einem mentalen Luftschutzkeller verstecken.

Ich kann diejenigen sehr gut verstehen, die das ganze Pathos ihrer Position auf Phrasen wie »alle sind schuldig« oder »niemand ist schuldig« reduzieren. Sie haben hundertfache Angst. Sie haben Angst, Verantwortung zu übernehmen, Angst, Entscheidungen zu treffen, Angst, die Dinge beim Namen zu nennen. Aber warum glauben sie, dass Feigheit eine Position ist?

Mehr Hölle

Während der Invasion wurde unser Land von »gekreuzigten Gimpeln« gerettet.

Das ist keine Ironie. Die Ukraine wurde dadurch gerettet, dass Russland in der ukrainischen Frage nicht über den nötigen Sachverstand verfügt. Die Art von Sachverstand, die das Land nüchtern beurteilen kann. Die Art von Sachverstand, die geeignet ist, die

Vergangenheit, die Gegenwart und die mögliche Zukunft zu beurteilen.

Zugutekam uns die Tatsache, dass die Ukraine in Russland als etwas von Natur aus Verständliches und Unkompliziertes angesehen wurde. Verwandte bei Schytomyr, Spaziergänge auf dem Chreschtschatyk oder Ferien in Jalta – in Moskau galten sie als Passierschein, um Experte zu werden, und als Eintrittskarte zu Fernsehkanälen.

Die Ukraine wurde in Russland als Teil der sowjetischen Dichotomie wahrgenommen. Wenn die eine Hälfte des Landes »so ist wie wir, was gibt es dann zu diskutieren«? Und die andere Hälfte »überhaupt nicht wie wir – was gibt es da zu diskutieren«? Niemand interessierte sich für Halbtöne. Analyse wurde durch Slogans ersetzt. Expertise durch Patriotismus.

Und genau das ist es, was der Ukraine geholfen hat.

Moskau war sich sicher, dass die Ukraine wie ein Kartenhaus zusammenfallen würde. Dass ihr gesamtes linkes Ufer die russische Trikolore annehmen würde. Dass der Osten und der Süden unisono für die »Russische Welt« in den Krieg ziehen würden.

Der Kreml hat nicht mit der Freiwilligenbewegung gerechnet. Mit Freiwilligenbataillonen. Mit russischsprachigem ukrainischem Patriotismus. Er rechnete nicht mit der Entstehung einer politischen Nation, die diejenigen aufnahm, die sich nicht in das ethnische Projekt einfügen konnten. Für Moskau war der von der Basis ausgehende Impuls, der die Ukraine erfasste, inclusive der Gebiete, die Russland früher als sein eigenes Lehen betrachtete, eine große nicht erwartete Überraschung.

Das alles konnte es nicht in Erwägung ziehen. Denn dafür hätte es sich mit der Ukraine beschäftigen müssen. Recherchieren. Analysieren. Ohne alberne Ideologen und lächerliches Selbstvertrauen. Und wenn Ihr Lieferant von Informationen über die Ukraine ein kremlfreundlicher Propagandist ist, dann haben Sie keine Informationen über die Ukraine.

Solche Verzerrungen herrschen jedoch nicht nur in Bezug auf die Ukraine. Ich erinnere mich, wie kurz nach Ausbruch des Krieges der Sekretär des russischen Sicherheitsrates, Nikolaj Patruschew, der Zeitung »Kommersant« erzählte, Madeleine Albright habe gefordert, dass Russland Sibirien und den Fernen Osten weggenommen werden. Natürlich hat Madeleine Albright nie etwas Derartiges gesagt. Dieser Fake erschien 2006. Damals veröffentlichte die »Rossijskaja Gaseta« ein Interview mit so einem pensionierten General des Föderalen Sicherheitsdienstes, Boris Ratnikow. Darin erklärte er, seine Kollegen seien telepathisch in das Unterbewusstsein von Madeleine Albright eingedrungen, um ihre Pläne und Absichten zu erfahren. Und angeblich erfuhren sie in diesen Séancen von »Sibirien«, »dem Fernen Osten« und den Plänen des Westens, sie wegzunehmen.

Neun Jahre später wurde dieser konspirative Unsinn vom Sekretär des russischen Sicherheitsrates, Nikolai Patruschew, lauthals wiederholt. Es stellte sich heraus, dass die Kremlführung die Sendungen des russischen Fernsehens verfolgte. Dass sie zu »propagandistischen Agitatoren« geworden sind. Es hat keinen Sinn, darauf zu hoffen, dass diese Leute hinter verschlossenen Türen imstande sind, vernünftig und nüchtern zu denken. Sie glauben wirklich an das, worüber wir zu lachen gewohnt sind.

Und je länger diese Situation anhält, desto besser. Je unzureichender ihre Beschreibung der Realität ist, desto unwirksamer werden ihre Schritte sein. Jede neue Enthüllung über die »Junta« oder »Faschisten« ist eine weitere Unterstützung für Kyjiw.

Wenn der Kreml Unsinn über die Ukraine erzählt, ist das nicht gefährlich. Gefährlich wird es, wenn er lernt, angemessen zu sein. Es lebe also der gekreuzigte Gimpel!

Das Trauma des Kalten Krieges

Seit 2014 macht jede Aussicht auf direkte Gespräche zwischen dem Kreml und dem Westen der ukrainischen einfachen Mann Angst: Er sieht darin Verschwörung und Verrat. Doch diese Ängste sind bedeutungslos.

Bedeutungslos, aber nicht unbegründet. Moskau möchte wirklich eine Einigung mit Washington und Brüssel erzielen. Und dieser Wunsch mag sogar auf Gegenseitigkeit beruhen. Aber ein Kompromiss zwischen Russland und dem Westen ist einfach unmöglich.

Das ganze Problem liegt in den unterschiedlichen Vorstellungen von der Realität.

Ein großer Teil der russischen Elite ist überzeugt, dass Moskau den Kalten Krieg nicht verloren hat. Sie glauben, dass der Zusammenbruch der Sowjetunion nicht so sehr auf den Zusammenbruch des sowjetischen Modells zurückzuführen ist, welches der Konfrontation mit dem Westen nicht standhalten konnte, sondern vielmehr darauf, dass sich der Kreml freiwillig bereit erklärte, dem Club der westlichen Akteure beizutreten.

Ihrer Ansicht nach beschloss Russland Ende der 1980er Jahre einseitig, die Gefahr eines Atomkriegs, die über der Welt schwebte, aufzuheben. Deshalb hat aus ihrer Sicht Moskau die Konfrontation also nicht verloren – es hat sich freiwillig auf einen Kompromiss eingelassen und wurde verraten.

Der Verrat besteht darin, dass Moskau keinen Sitz im »Weltpräsidium« erhalten hat, dass sein Recht auf eine eigene »Einflusszone« in Frage gestellt wurde. Dass es im diplomatischen Vorzimmer festgehalten wurde und nicht mit den Hauptakteuren an einem Tisch sitzen durfte.

Tatsächlich verhält sich Russland so, als wäre die UdSSR nie zusammengebrochen. Als hätte sie sich lediglich neu formatiert, die Beziehung zwischen Kolonie und Metropole wäre aber dieselbe geblieben. Und das jetzt ist die Realität, die in den Köpfen der Kremlbewohner vorherrscht. Sie erklärt die Logik ihres Handelns.

Doch für den Westen wirkt dieser Ansatz lächerlich. Denn der Westen hat eine völlig andere Sicht von den Ereignissen des Jahres 1991.

Europa und die Vereinigten Staaten betrachten den Zusammenbruch der Sowjetunion als Moskaus Niederlage im Kalten Krieg. Als Ergebnis eines Zusammenstoßes zweier Modelle, von denen eines aus den Fugen geriet und dem Wettbewerb nicht standhalten konnte. Als Zusammenbruch des Anspruchs des Kremls, sich als Alternative, sich als ebenbürtig zu betrachten.

Und diese Meinungsverschiedenheit schafft einen unüberwindbaren Widerspruch.

Die Zugehörigkeit zum Klub der Gewinner oder zum Klub der Verlierer bringt unterschiedliche Vorteile mit sich. Der

Verlierer verliert seine Ausgangsposition, fällt in der Rangliste zurück und muss sich alles von Grund auf neu erarbeiten. Der Gewinner behält seine Position und baut sie sogar noch aus. Die russische Elite ist überzeugt, dass ihr Einfluss auf die Nachbarländer ein natürliches Recht ist, eine Art Geschenk der Geschichte. Für den Rest der Welt ist dieser Ansatz unverständlich und unnatürlich. Es ist so, als würde ein Boxer nach einer Niederlage den Meisterschaftsgürtel zurückverlangen.

Als Barack Obama Russland als regionale Rohstoffgroßmacht bezeichnete, wollte er niemanden beleidigen. Er hat damit lediglich den westlichen Konsens über Moskau beschrieben. Denn für den Westen ist die Tatsache, dass der Kreml keine Alternative zu Washington ist, unumstößlich.

Moskau ist dazu verurteilt, dem Westen immer wieder eine neue »Jalta-Konferenz« vorzuschlagen – weil es sich in der Rolle der UdSSR sieht. Und der Westen ist gezwungen, fassungslos mit den Schultern zu zucken, weil er ein Land sieht, das Öl und Gas verkauft und mit dem Geld, das es verdient, alles andere kauft.

Der Kreml ist überzeugt, dass der Westen Russland spalten und zerstören will, weil es sich als globale zivilisatorische Alternative versteht. Der Westen sieht in Russland eine Rohstoffquelle und einen Markt und versteht daher nicht wirklich, warum es zerstört werden muss.

Warum gewinnen? Warum vernichten? Was soll man anschließend mit den neuen Staaten mit Atomwaffen auf ihrem Territorium machen? Wer braucht schon Chaos an den Grenzen? Die Somalisierung eines Siebtels der Landmasse der Welt ist eine Aussicht, die jeden im Westen so sehr ängstigt, dass er nichts Irreversibles will.

Russland schaut in den Spiegel und sieht dort die UdSSR. Daher glaubt es, dass alle um es herum es auch als die UdSSR sehen, es versucht, sich wie die UdSSR zu verhalten, und sieht die Bedrohungen, die die UdSSR sah. Und der Westen sieht Russland nur als Russland, will das Modell von vor der Krim wiederherstellen und versucht herauszufinden, wo Moskaus rote Linie liegt, die es nicht zu überschreiten wagt.

Die westliche Wahrheit könnte Russland von seinen Phobien befreien. Aber sie ist für den Kreml zu anstößig, um sie zu akzeptieren. So wird Moskau weiterhin Geisel seines eigenen Misstrauens bleiben.

»Es ist für Athos zu viel, aber nicht genug für den Comte de la Fère«. Was der Kreml vom Westen verlangt, hätte auch die UdSSR geben können. Aber Russland ist nicht die UdSSR. Deshalb wird Russland weiterhin allen beweisen, dass es die UdSSR ist.

Und das wird so lange geschehen, bis der Kreml bekommt, was er will. Bis der Westen in Russland das sieht, was es so verzweifelt vorgibt zu sein. Bis er erkennt, dass Moskau versucht, seine neuen Grenzen zu finden – und diese intuitive Suche kann endlos weitergehen. Dann wird der Westen auch in Russlands Spiegelbild die Sowjetunion sehen. Er wird die Bedrohungen neu einschätzen. Er wird die Risiken abwägen. Und er wird vielleicht beschließen, alles auf eine Karte zu setzen.

Und in diesem Moment läuft Russland Gefahr, zu entdecken, dass es, was seine eigene Stabilität angeht, nicht die Sowjetunion ist.

Gekrümmte Spiegel

Wissen Sie, die »LDVR«, die »Volksrepubliken Luhansk-Donezk«, ist nur eine Projektion. Eine Projektion dessen, wie Moskau die Ukraine sieht.

Was sind für die Ukraine terroristische Enklaven?

Es sind besetzte Quasi-Republiken, die von einem externen Akteur geschaffen wurden und in einer Zeit der Schwäche des Staates entstanden sind. Ihre einzige Aufgabe ist es, als Quelle der Destabilisierung und als Sprungbrett für eine mögliche Offensive zu dienen.

Aus der Sicht eines russischen Chauvinisten ist die Ukraine ein künstliches Projekt, das vom Westen in einem Moment der Schwäche Russlands geschaffen wurde. Um jegliches Wiederaufleben des Imperiums und der »Russischen Welt« zu verhindern.

Hat die »LDVR« aus der Sicht Kyjiws eine Chance zu existieren? Natürlich nicht, denn ohne Finanzspritzen aus Moskau ist sie nicht lebensfähig. Sobald der Kreml ihr das Lebenserhaltungssystem abstellt, wird sie verschwinden.

Aber Moskaus »Geopolitiker« verwenden genau dieselbe Rhetorik gegen Kyjiw. Dass die Ukraine nur dank des Westens existiert. Dass die Einstellung der Hilfe den Zusammenbruch des Nachbarstaates bedeuten würde. Der dann ihrer Ansicht nach in die fürsorglichen Hände des Kremls fallen wird.

Wie sieht unser Land die Bewohner der besetzten Gebiete? Als Geiseln der Besatzung, unter denen es Kollaborateure gibt. Die ersteren müssen freigelassen werden. Letztere müssen neutralisiert werden.

Moskau denkt in die gleiche Richtung. In seiner Vorstellung ächzen die Ukrainer und Kleinrussen unter dem Joch der »Banderaleute«, die die Macht an sich gerissen haben. Erstere müssen in den Schoß der »russischen Welt« zurückgeführt werden. Letztere müssen beseitigt werden.

Die Ukraine weiß genau, dass sie nicht von Donezk und Luhansk bekämpft wird, sondern von Russland.

Und Russland ist überzeugt, dass es sich nicht im Krieg befindet mit der Ukraine, sondern mit dem Westen.

In der Psychologie nennt man dies Projektion. Moskau schrieb der Ukraine einfach die Logik seiner Existenz zu, die es dann den besetzten ukrainischen Gebieten einhauchte.

All diese Quasi-Republiken sind nichts anderes als ein Geständnis. Ein Geständnis, wie Russland die ukrainische Unabhängigkeit und den ukrainischen Staat sieht. »Hört auf, die Rebellen zu unterstützen, und gebt die Gebiete ihren rechtmäßigen Eigentümern zurück« – selbst diese Forderung Kyjiws an Moskau wird vom Kreml in seinen Verhandlungen mit Brüssel und Washington weitergereicht.

In dieselbe Schublade gehören alle Spekulationen russischer Sprecher über die geheimen Pläne des Westens. Es reicht aus, ihnen zuzuhören. Ihre Enthüllungen zu lesen über den Wunsch der »Feinde«, Russland zu spalten und zu zerstückeln. Sie glauben vielleicht sogar, dass sie etwas entlarven. In Wirklichkeit machen sie nur ein Geständnis. Live im Fernsehen. 24 Stunden am Tag, sieben Tage die Woche.

All dies ist nur eine Auflistung dessen, was sie denen antun wollen, die sie als ihre Gegner betrachten. Was sie versuchen würden zu arrangieren, wenn sie die Möglichkeit dazu hätten. Ihre Reden skizzieren nur die Umrisse ihrer eigenen gewünschten Realität.

Sie sind auch eine Rechtfertigung für das Recht, mit Brutalität zurückzuschlagen. Einschließlich »präventiver Brutalität«.

All die Geschichten über »gekreuzigte Jungs« und »Gräueltaten der Junta« sind ein Ablasshandel für sie selbst. Russland liegt auf der Couch eines Psychotherapeuten und spricht darüber, wie tief sein persönlicher Kaninchenbau ist.

Psychologen sagen, dass der Projektionsmechanismus es einer Person ermöglicht, ihre eigenen inakzeptablen Gefühle, Wünsche und Motive für die einer anderen Person zu halten. Dies hat zur Folge, sich nicht für sie verantwortlich zu fühlen. Dies ist häufig die Folge von hysterischen oder paranoiden Störungen.

Aber wer sagt denn, dass nicht ganze Staaten unter beidem leiden können?

Putin und Armee-Sprache-Glaube

Wir alle laufen Gefahr, unter Putin alt zu werden.

Nachdem die Staatsduma seine Amtszeit als Präsident annulliert hatte, erhielt er das Recht auf zwei weitere Amtszeiten. Von nun an ist sein Horizont das Jahr 2036. Er wird drei weitere US-Präsidenten überleben. Er wird Selenskyj um 12 Jahre überleben. Diejenigen, die im Jahr seiner ersten Amtseinführung geboren wurden, werden ihren 35. Geburtstag feiern können. Diejenigen, die zum Zeitpunkt seiner Wahl 16 Jahre alt waren, werden am Ende seiner Amtszeit ihr sechstes Lebensjahrzehnt erreicht haben.

Die ukrainische Optik taugt für solche Horizonte nicht. Seit 2000 hat unser Land fünf Präsidenten gehabt. Wir sind stolz auf unser fluktuierendes Machtgefüge und sind an Veränderungen gewöhnt. Wenn es in unserem Land aber eine Insel der Stabilität gibt, dann sind es unsere Bedrohungen.

Bis vor kurzem hätten man denken können, dass die Liste der Bedrohungen auf interne systemische Probleme beschränkt ist. Ein archaisches System der öffentlichen Verwaltung und eine oligarchische Wirtschaft. Korruption und juristischer Nihilismus. Das Fehlen eines Justizsystems und einer Strafverfolgung.

Doch 2014 kam eine externe Bedrohung hinzu. Wladimir Putin hat diesen Krieg begonnen und plant nun, die Russische Föderation bis 2036 zu führen. Das bedeutet, dass die Haltung des Kremls gegenüber der Ukraine unverändert bleiben wird. Und der russische Präsident wird nicht müde, diese Haltung in seinen Interviews zu bekräftigen.

Sie sind ganz einfach. Die »Ukrainer« lebten an der Grenze des Russischen Reiches, und erfunden wurde der »Ukrainer« von den österreichischen Geheimdiensten. Die Russisch-Orthodoxe Kirche sollte in der Ukraine bleiben, und die Krim, die Schwarzmeerregion und der Donbas haben nichts mit der Ukraine zu tun. Die ukrainische Sprache sei eine Folge der »Polonisierung« des Russischen, und hinter der »Abkühlung der Beziehungen« zwischen Moskau und Kyjiw stecke der Westen.

Der Mann, der den Krieg gegen die Ukraine begonnen, eine ihrer Regionen annektiert und eine andere besetzt hat, scheut sich nicht, von Identität zu sprechen. Sein Standpunkt ist einfach und unveränderlich. Die Ukrainer existieren nicht, weil sie Russen sind. Der einzige Unterschied zwischen ihnen und den Russen ist ihre Sprache und ihr Glaube. Und dazu die Armee, die es ermöglicht, die Sicherheitskonturen zu wahren. Wenn man die »künstlichen Unterschiede« beseitigt, wird jedem klar werden, dass wir »ein Volk« sind.

In unserem Land neigen viele Menschen dazu, den Tomos – Dekret des Ökumenischen Patriarchen zur Verleihung der Autokephalie an die ukrainische orthodoxe Kirche – als Wahlkampftrick zu betrachten. Die Sprache als eine Agenda der Konservativen. Die Armee als ein notwendiges, aber nicht vorrangiges Thema angesehen. Aber aus irgendeinem Grund mag der russische Präsident über diese Dinge nicht lachen. Vielmehr betrachtet er sie als ein Hindernis für die »Vereinigung«.

Vielleicht liegt es daran, dass Wladimir Putin sich erlaubt zu sagen, was er denkt?

Schließlich gibt es nichts, was den Kremlchef aufhalten könnte. In Russland gibt es keine Opposition, kein Parlament, und so kann der russische Präsident es sich leisten, auf Zeit zu spielen. Seine Ansichten werden unerschütterlich bleiben, seine Beschreibung der Realität unverändert. Die Ukrainer mögen der einen Realität überdrüssig werden und sich bei den Wahlen eine andere suchen. Aber der Mann, der 2014 die Invasion beschlossen hat, hat nicht die Absicht sich zu ändern.

Wir vergessen, dass manche Mauern tragend sind. Und wenn jemandem der Architekt, der sie gebaut hat, nicht gefällt, heißt das nicht, dass es klug ist, solche Mauern einzureißen. Und wenn Sie und Wladimir Putin sich über die gleichen Dinge in der Ukraine ärgern, dann liegt das Problem eindeutig nicht bei Wladimir Putin.

Pseudo-Föderation

Im Jahr 2018 hat der Kreml den obligatorischen Unterricht der Landessprachen in den Gliedstaaten der Föderation abgeschafft.

Schulkinder in Udmurtien, Tatarstan, Baschkirien und anderen nationalen Republiken lernen nun ihre Muttersprache im gleichen Umfang wie eine Fremdsprache. Dies ist vielleicht die beste Erinnerung für uns alle daran, was die Russische Föderation nicht ist.

Sie ist keine Föderation. Alle Verweise auf ihre föderale Struktur, alles Gerede über Dutzende von Republiken innerhalb der Föderation sind einfach gewöhnliche Lügen. Es handelt sich lediglich um ein Erbe, das Russland von der Sowjetunion übernommen hat. Ein Erbe, das der Kreml nach Kräften zu beseitigen versucht. Vielleicht nicht de jure, aber sicherlich de facto.

Der russische einfache Mensch ist es gewohnt, über die Perfidie der Bolschewiki zu spekulieren, die der Ukraine und anderen nationalen Republiken ihre eigene Staatlichkeit »geschenkt« haben. Man sagt, Wladimir Lenin selbst habe die inneren Grenzen festgelegt, die 70 Jahre später zum Zusammenbruch der Sowjetunion führen sollten. Der Bewohner des Mausoleums wird gewöhnlich für seine nationale Politik gescholten und zum Beispiel für Kurzsichtigkeit erklärt.

In Wirklichkeit ist das Gegenteil der Fall.

Der Zusammenbruch des Russischen Reiches ging einher mit der Entwicklung eines nationalen Bewusstseins in den Randgebieten. Und das alles, weil die Politik des Zarenreichs diskriminierend war. So konnte beispielsweise ein Muslim, der ein Jurastudium absolviert hatte, seit 1889 nur mit einer Sondergenehmigung des Justizministers Mitglied der Anwaltskammer werden. In den Militäreinheiten durfte der Anteil von Schweden, Deutschen, Finnen, Letten, Esten und Armeniern an der Gesamtzahl der Offiziere 20 % nicht überschreiten.

In denselben Jahren gab es festgelegte Quoten für Juden an den Universitäten, und die katholischen Kirchen in Belarus wurden russifiziert. Als sich die kaiserliche Knebelung lockerte, begannen schließlich jene Stimmen, die St. Petersburg zuvor zum Schweigen zu bringen versucht hatte, sich Gehör zu verschaffen.

Als die Bolschewiki anfingen, das Imperium aus seinen Bruchstücken wieder aufzubauen, machte sich diese neue Realität bemerkbar. Sie mussten nicht nur an der Klassenfront kämpfen, denn es stellte sich heraus, dass die Zentralregierung auch von nationalen Identitäten bekämpft wurde. Von denjenigen, die den Zusammenbruch des Russischen Imperiums als Chance sahen, Nationalstaaten zu schaffen.

Lenin war sehr rational. Die nationale Politik der Bolschewiki war von dem Wunsch diktiert, den »nationalen Separatisten« den Boden unter den Füßen wegzuziehen. Denn wozu braucht man nationale Unabhängigkeit, wenn die Sowjetunion bereit ist, alles zu bieten, was man braucht, einschließlich Sprache und Kultur?

Die Bolschewiki haben keine nationalen Republiken geschaffen. Sie akzeptierten nur ihr tatsächliches Erscheinen auf der Landkarte. Dies war der notwendige Kompromiss, der es ihnen ermöglichte, die sich ausbreitenden Territorien zu behalten. Das Einheitsimperium wurde durch ein Unionsimperium ersetzt.

Dennoch gelang es den Bolschewiki nur, die historische Logik zu verzögern, nicht aber, sie aufzuheben. Das Jahr 1991 brachte die Prozesse, die in den dreißiger Jahren des 20. Jahrhunderts auf Eis gelegt worden waren, wieder in Gang. Der Klebstoff hatte sich gelockert, und das Land begann aus den Fugen zu geraten. Formale

Grenzen wurden zu faktischen Grenzen. Schlummernde Identitäten begannen zu erwachen.

Doch Moskau ist es gelungen, aus all dem eine Lehre zu ziehen.

Seitdem entzieht der Kreml der föderalen Idee konsequent jede Substanz. In den nationalen Republiken gibt es immer weniger Nationalität. In der Verfassung von Udmurtien mag es zum Beispiel heißen, dass es »ein Staat innerhalb der Russischen Föderation« ist. Dass »die udmurtische Nation das Recht auf Staatsgewalt auf ihrem historischen Territorium ausübt«. Das hindert Moskau jedoch nicht daran, diese Formulierungen ihrer Bedeutung zu berauben.

Im Jahr 1926 lebten 43 % Russen und 52 % Udmurten in der Republik. Dann wurde eine Reihe von Bezirken mit überwiegend russischer Bevölkerung nach Udmurtien abgegeben. Hinzu kamen Migration und Assimilierung, so dass das prozentuale Verhältnis im Jahr 2010 nun 62 gegen 28 betrug. Nicht zu Gunsten der einheimischen Bevölkerung.

Die Abschaffung des obligatorischen Unterrichts der Muttersprache in den Schulen der nationalen Republiken scheint die endgültige Lösung der nationalen Frage zu sein. Für den Kreml ist es völlig in Ordnung, wenn die gesamte regionale Vielfalt auf Folklore-Ensembles, Festivals der nationalen Küche und Inseln nationaler Ghettos reduziert wird. Moskau sieht dies als eine Sicherung vor einer Wiederholung der Ereignisse von 1991. Wenn es keine nationalen Identitäten gibt, wird es auch keine Forderung nach unabhängiger Staatlichkeit geben.

Der Kreml setzt in seiner Innenpolitik um, was er in seiner Außenpolitik seinen Nachbarn aufzuzwingen versucht. Jedes Gerede vom Schutz der russischen Sprache ist nur ein Schritt in Richtung Machtübernahme. Das Einzige, was die Ukraine vor dem Schicksal Udmurtiens schützt, ist ihre Souveränität. Grenzen, Armee und Selbstbewusstsein. Manche mögen denken, dass der Kampf um die Identität bereits gewonnen ist.

Aber das hält Moskau nicht davon ab, anders zu denken.

Requiem für die Kosoworotka

Haben Sie sich jemals gefragt, warum die Menschen in Russland keine nationale Kleidung tragen? Bei öffentlichen Festivitäten auf der Straße sieht man leicht eine Njaschka, aber keine Kosoworotka. Besonders auffällig ist dies in der Ukraine, wo die Wyschywanka, das bestickte Hemd, schon lange auf den Straßen zu sehen ist. Elemente der ukrainischen Ornamentik zieren T-Shirts und Kleider, Wyschywanky können in Bekleidungsgeschäften erworben werden, und sind ist zu einem festen Bestandteil der Alltagsgarderobe geworden. Ihre »Erfolgsgeschichte« ist das genaue Gegenteil des Schicksals, das das russische Nationalhemd ereilte.

Das Kosoworotka-Hemd mit dem schrägen Kragen ist eine Randerscheinung. Es wird nicht bei offiziellen Anlässen oder Volksfeiertagen getragen. In Russland ist es ein Erkennungszeichen »urbaner Verrückter«, die sich am »Ungeknöpften« und »Heimeligen« orientieren. Und das ist nicht überraschend. Denn das Schlüsselwort hier ist »national«.

Das liegt daran, dass Russland nie als Nationalstaat entstanden ist. Das Imperium ist hier viel früher entstanden: beginnend mit dem späten Moskauer Reich hat der Staatsapparat immer im Paradigma der »Superideen« existiert. Zunächst herrschte eine Idee des Katechismus vor: der Staat als Hindernis für das Kommen des Antichristen. Dementsprechend sollte der Staatsapparat die Orthodoxen vereinen und missionieren.

Dann wuchs das Moskauer Reich heran zum Russischen Imperium. Es wurde ein orthodoxer ideokratischer Staat. Die Basis wurde etwas rationaler, aber es verlor nicht seinen imperialen Kern. Später wurde es durch das Sowjetimperium abgelöst, das die Idee vertrat, den Sozialismus in der ganzen Welt zu verbreiten.

Die neunziger Jahre haben daran nichts geändert. Ja, die Ausmaße des Imperiums schrumpften, aber es hörte nicht auf, ein Imperium zu sein. Sobald die Ölpreise es zuließen, tauchte der Gedanke der Rache in seiner ganzen ursprünglichen Reinheit wieder auf. Zunächst verkündete Patriarch Kyrill das Konzept der »Russischen Welt«, und dann fügten die weltlichen Behörden das Projekt der Eurasischen Union hinzu.

Die Besonderheit des russischen Imperiums besteht darin, dass es sich zunächst gegen die Idee eines Nationalstaates wehrte. Es ist gezwungen, gemeinsame Bedeutungen für äußerst verschiedene religiöse und ethnische Gruppen zu finden. Moskau lehnt das Nationale ab und ist gezwungen, eine Antwort auf die Frage zu finden, warum ein Tschetschene und ein Jakute in demselben Staatssystem leben sollten und was sie so sehr eint, dass sie bereit sind, es zu akzeptieren.

Das ganze Gerede über »geistige Bande« kommt genau von dort. Der Wunsch, genügend Argumente auf einer Skala zu sammeln, damit die Zentripetalität die Zentrifugalität überwiegt. Das Imperium ist gezwungen, einen supranationalen Rahmen zu schaffen, der die Kolonien davon überzeugt, warum sie unter einem gemeinsamen Dach leben sollten.

Daher rührt auch die Suche nach einer neuen imperialen Idee, das Gerede von »souveräner Demokratie«, »eurasischer Supermacht« und anderen geopolitischen Konstrukten. Aber das Imperium bringt nicht nur eine »neue Sprache« hervor. Es bringt auch eine Ästhetik hervor.

Es ist kein Zufall, dass die Kosoworotka gegen die Telnjaschka, das blaugestreifte Marine-Unterhemd, verloren hat. Meistens ist eine Armee das Herzstück eines Imperiums. Genau sie ermöglicht es den Imperien, das »Fremde« zu absorbieren und das »Eigene« zu verteidigen. Das Imperium ist von Natur aus zum Kult des Militaristischen und des Militärischen verdammt. Deshalb werden die Insignien der Armee zu einer Kategorie des »zivilen Alltags«: Die Telnjaschka auf den russischen Straßen bei Massenveranstaltungen wird als etwas wahrgenommen, das dem Ereignis angemessen ist.

Dieser Logik folgend beschwört die Kosoworotka das »Vorimperiale« und »Postimperiale«. Sie fungiert als Brücke zu einem nationalen Russland. Dieses hat nie existiert, und die Möglichkeit seines Erscheinens bestreiten die letzten drei Jahrhunderten der russischen Geschichte.

Die Kosoworotka blieb marginal, weil sie sich auf ein Russland mit völlig anderen Grenzen bezieht. All das kulturelle Gepäck, das in diesem Land entstanden ist, hat eine imperiale Basis und kann nicht als Stütze und Fundament für das nationale russische Hemd dienen.

Russische Nationalisten ist ein Oxymoron. Nationalisten in Russland können nur imperial sein. Sie können nur dazu aufrufen, die Identitäten anderer Menschen zu aufzuheben. Die Fremden zu verdauen. Die Völker und Sprachen im Namen des Triumphs der imperialen Idee zu vermischen. Ihr Rezept für das »Nationale« erschöpft sich in der Formulierung: »Wir werden alle zu Russen erklären, und wer nicht einverstanden ist, den bestrafen wir.«

Das moderne Russland ist ein Land, das kein eigenes nationales Projekt hat. Es ist nicht einmal artikuliert, nicht reflektiert, und es existiert nicht. Die einzige Formulierung für die Existenz dieses Territoriums läuft hinaus auf die imperiale Logik mit ihrer Tradition der Absorption und Vermischung.

Deshalb hat die Telnjaschka die Kosoworotka getötet. Und jetzt versucht sie, dasselbe mit der Wyschywanka zu tun.

Das dritte Rom

In der Ukraine vergleicht man das heutige Russland gern mit dem Deutschland der dreißiger Jahre. Aber fairerweise muss man zugeben, dass Wladimir Putin viel mehr an Benito Mussolini erinnert.

Der italienische Duce liebte ebenfalls Imageprojekte. Er ließ das Passagierschiff »Rex« bauen, welches das »Blaue Band des Atlantiks« gewann (eine Auszeichnung für das schnellste Passagierschiff, das den Atlantik überquert). In die gleiche Liste gehören das schnellste Wasserflugzeug der Welt, die MS72, und der Transatlantikflug von Italo Balbo. Sie alle wurden aus dem Staatshaushalt finanziert. Kein Kommerz – nur staatliche Großartigkeit.

Das ist nicht überraschend. Wie die derzeitige russische Führung war auch der italienische »Duce« kein Verfechter der Rassentheorie. Er stand dem Etatismus viel näher: er glaubte, dass die Stärkung des Staates das Hauptziel der Innenpolitik sein sollte. Die Quintessenz seines Ansatzes formulierte Mussolini in seiner Rede vor der Abgeordnetenkammer im Mai 1927: »Alles im Staat, nichts außerhalb des Staates und nichts gegen den Staat« (Tutto nello Stato, niente al di fuori dello Stato, nulla contro lo Stato).

Bis 1935 hatte Mussolini drei Viertel der Unternehmen unter die Kontrolle des Staatsapparates gebracht. Banken und Privatpersonen wurden gezwungen, ausländische Aktien zugunsten von nationalen Wertpapieren abzugeben.

Auch seine russischen Anhänger treiben jede Tätigkeit unter das Dach des Staates. Das Imperium wird zum höchsten Wert erklärt, die Macht wird sakralisiert, und Quadratkilometer sind wichtiger als Lebensqualität. Der öffentliche Dienst ist der einzige soziale Aufzug. Auf Kinder, die davon träumten, Unternehmer zu werden, folgte eine Generation, die von Dienstausweisen träumt.

Wladimir Putin ist kein ethnischer Nationalist. Er ist ein Imperialist. Ein Mensch mit einem ukrainischen, deutschen oder tuwinischen Nachnamen kann in Russland Karriere machen. Es ist nur eine Frage der Werte, zu denen man sich bekennen sollte.

Benito Mussolini ebnete den Einfluss des Parlaments ein, es wurde des Rechts beraubt, die Aktivitäten des »Duce« zu kontrollieren. Kommunalwahlen wurden abgeschafft, selbst Bürgermeister wurden schließlich durch ernannte Verwaltungschefs ersetzt. Die Presse, das Bildungswesen und das Kino verbreiteten die Idee, dass der Faschismus die führende Alternative zum Liberalismus sei. Die Opposition verschwand. Das Staatsoberhaupt war auch für das Innenministerium, das Verteidigungsministerium, die Körperschaften, die Kolonien und die öffentlichen Aufträge zuständig.

Der russische Präsident hat es auf ähnliche Weise geschafft, alle Institutionen zu zerstören. Die Opposition ist an den Rand gedrängt, die Wahlen sind zu einer Farce geworden, und der Regierung fehlt ein System der Kontrolle und Gegengewicht.

Mussolini war dabei, eine »italienische Welt« aufzubauen. Seine Interessen erstreckten sich auf den gesamten Mittelmeerraum. Im Jahr 1923 beschlagnahmte er Korfu und errichtete in Albanien ein Marionettenregime. Der vorletzte Vorkriegserwerb Roms war das eroberte Äthiopien. Der letzte war Albanien, das 1939, kurz vor dem Zweiten Weltkrieg, innerhalb von fünf Tagen erobert wurde. Während dieser ganzen Zeit sprach Mussolini von der Umwandlung Italiens in ein »großes, respektables Land«, mit dem Europa und die Welt rechnen müssten.

Aber auch das moderne Russland hat sich den Slogan vom »Aufstehen« auf seine Fahnen geschrieben. Die »Russische Welt« als Rechtfertigung für die Invasion seiner Nachbarn. Das Gerede über »traditionelle Einflusssphären« als Vorwand für den Kampf gegen die Souveränität eines anderen. Moskau, das mit seinem Status unzufrieden ist, versucht, die Welt in Turbulenzen zu versetzen, um sich in diesem Chaos einen neuen Platz im globalen Orchester zu erobern. Und mit den antiwestlichen Bestrebungen geht auch die Rede von nationaler Größe einher.

Wir sind es gewohnt, dass erfolgreiche Staaten nach denselben Rezepten aufgebaut werden. Aber auch die Bedingungen für die Schaffung erfolgloser Staaten zeichnen sich nicht durch Mannigfaltigkeit aus. Sie beinhalten immer staatliche Größe und die Unterordnung der Wirtschaft. Propaganda und Expansion, Zentralisierung und Kritik am Westen. Und als Sahnehäubchen: Imageprojekte.

Finden Sie zehn Unterschiede.

Die Erben des Oktobers

Im Oktober 1993 geschah in Moskau all das, was der Kreml später der Ukraine zuschreiben würde.

Ein Staatsstreich, der die rechtmäßigen Behörden stürzte und niederschoss. Ein Rechtsvakuum, das mit der gesetzlichen Bestätigung der Rechte der Sieger endete. Dies führte zu einem Bürgerkrieg in Tschetschenien. Es ist bemerkenswert, dass das offizielle Moskau in diesem Krieg nach einem Szenario handelte, das in der Ukraine wohlbekannt ist. Zunächst schickte es »Militärs auf Urlaub«, um dem Chef der tschetschenischen Übergangsregierung, Umar Awturchanow, bei der Einnahme von Grosny zu helfen. Und als die »Freiwilligen« scheiterten, wurde die russische Armee eingesetzt.

Lange Zeit spaltete die Haltung zu diesen Ereignissen die Russen in zwei Lager. Die einen glaubten, es sei ein Sieg der Demokratie über die Anhänger der Rache. Andere glaubten, es sei ein Sieg der zukünftigen Rache über die Befürworter der Demokratie. Aber heute ist die Auseinandersetzung über diese Ereignisse bedeutungslos. Denn die Annexion der Krim und der Einmarsch in den Donbas führten zu einer Versöhnung zwischen denen, die Anfang der 1990er Jahre im Weißen Haus in Moskau saßen, und denen, die die Panzer dorthin fuhren.

Ein russischer Söldner, der in den Donbas geht, um gegen die ukrainische Armee zu kämpfen, ist ein Nachfahre derjenigen, die auf der Seite des Weißen Hauses standen. Der russische Beamte, der den Söldner mit Logistik und Deckung versorgt, ist ein Nachfahre des siegreichen Jelzins.

Um die Motive der Ersteren zu verstehen, müssen wir wissen, woher sie kommen. Die Verteidiger des Weißen Hauses sind eine klassische verlorene Generation. Wenn ich so über Menschen sprechen darf, die es geschafft haben, vor 1991 die gesamte Kette der sowjetischen Institutionen des Heranwachsens zu durchlaufen. Sie wurden im Kindergarten, in der Schule und in der Armee geschmiedet, dann aber kam der Zusammenbruch der Sowjetunion, und sie wurden aus der neuen Gesellschaftsordnung hinausgeworfen. Im Oktober 1993 träumten einige von ihnen von sozialer Gerechtigkeit ohne die Reichen. Andere träumten von Rache und der Wiederherstellung des Zarenreichs. Sie alle versuchten, in der neuen Realität einen Sinn zu finden, aber 1993 haben sie verloren.

Doch dann kam das Jahr 2014. Und all diese Erbauer einer Zukunft, die nie kam, und die Soldaten eines Landes, das sich aufgelöst hatte, beschlossen, dass dies ihre Chance war. Sie glaubten, dass die Annexion der Krim und der Einmarsch in den Donbas Russland zwingen würden, sich zu ändern. Dass die internationale Isolation und die Sanktionen dem Land keine andere Wahl lassen würden und dass die alte Lebensweise einer neuen weichen würde. Dass der Kreml, um zu überleben, das Land nach neuen Regeln umgestalten müsse. Sie träumten von der Reinkarnation des Imperiums und waren überzeugt, dass die neue Version keine der alten Muttermale mehr aufweisen würde. Wie Neo-Feudalismus, Oligarchen und soziale Ungleichheit.

Eine erstaunliche Naivität.

In Wirklichkeit ist genau das Gegenteil passiert. Der Kreml hat diese Menschen mobilisiert, um einen Krieg mit der Ukraine zu führen, um seine eigenen Ziele zu erreichen. All diese Operetten-

»Kosaken«, »Milizen«, Reenactors, Mitglieder von Randgruppen-
parteien und Stammgäste bei Protestkundgebungen. Einst waren
sie Rivalen der russischen Regierung im Kampf um die Zukunft.
2014 akzeptierten sie die Rolle von bewaffneten Marionetten in den
Händen Moskaus. In den frühen 90er Jahren kämpften sie für die
Revolution. Und nach dem Majdan wurden sie losgeschickt, um die
ukrainische Revolution zu zähmen.

Moskau versprach diesen Menschen ein Sprungbrett für soziale Experimente. Ein Gebiet für historische Rekonstruktionsspiele
namens Noworossija. Aber genau das war der Punkt: Moskau hat
seine langjährigen Feinde getäuscht. Während sie für ein fiktives
»anderes« Russland in den Tod gingen, benutzte der Kreml sie, um
den Status quo zu erhalten. Moskau brauchte keinen Paradigmen-
wechsel. Es brauchte nur eine Schlinge für Kyjiw. Eine Quelle kon-
trollierter Instabilität. Und in dem Moment, in dem die russischen
Söldner ihre Aufgabe erfüllt hatten, begannen sie auf mysteriöse
Weise zu verschwinden.

Die russischen Freiwilligen, die loszogen, gegen die ukrainische Armee zu kämpfen, sahen sich zumindest als kubanische Gue-
rilleros. Poster mit Che Guevara. »Revolution für den Export«. »Internationale Hilfe«. Mit dem einzigen Unterschied, dass die kuba-
nischen Kämpfer im Kongo und in Bolivien kämpften, und die russischen Kämpfer in Donezk und Luhansk. Aber diese Ähnlichkeit
war falsch. Denn der Kreml hatte nicht das Ziel, die Reinkarnation
von Fidel zu werden. Seine einzige Aufgabe besteht darin, führen-
der Konterrevolutionär zu sein, der nichts Neues hervorbringt, sondern nur sich selbst schützt. Solange die Nachfahren des besiegten
Weißen Hauses in sein Drehbuch passten, gab es einen Platz für sie
in der russischen Primetime. Sobald sie damit aufhörten, ver-
schwanden sie von dort.

Der Kreml hat seine Rivalen zweimal besiegt. Das erste Mal
1993, indem er sie von Panzern aus beschoss. Das zweite Mal 2014,
indem er sie in den Schützengräben des Donbas sterben ließ.

Manchmal lassen Imperien ihre Geschöpfe auf seltsame und
bizarre Weise ausscheiden.

Imperiale Russophobiker

Je mehr Moskau um die »Russische Welt« kämpft, desto schlechter lebt es.

Im Herbst 2019 sagte Wladimir Putin, es gebe Versuche, »den Raum der russischen Sprache in der Welt kurzerhand zu verkleinern«. Er machte dafür »Höhlen bewohnende Russophobiker« und die staatliche Politik einzelner Länder verantwortlich. Und in diesem Fall muss man dem russischen Präsidenten zustimmen. Die Politik des Kremls ist in der Tat nicht zu Gunsten der russischen Sprache.

Im Gegensatz zum Englischen hat Moskau der russischen Sprache das Wichtigste genommen: die politische Neutralität. Das Erlernen der englischen Sprache stellt keinen Eingriff in die Identität dar: ein Litauer, der Englisch gelernt hat, bleibt ein Litauer, und ein Kasache bleibt ein Kasache. Doch der Kreml verkauft Russisch als Pauschalangebot. Er versucht, mit dieser kulturellen Lokomotive die Loyalität zum Reich und die Zustimmung zur russischen Version der Geschichte zu verbinden.

Moskau setzt alles daran, ausländische »russische Schulen« in Fabriken des »russischer Menschen« zu verwandeln. Solcher, die in Opposition zu ihrem eigenen Land stehen sollten. Zu seiner Geschichte und Sprache. Nur, um sie anschließend als Druckmittel zu benutzen. Als Instrument der Einflussnahme und als Vorwand für Interventionen. Je schlechter es ihnen geht, desto mehr Rechte hat Moskau, ihretwegen zu schimpfen.

Infolgedessen sind die Nachbarländer gezwungen, sich nicht so sehr gegen die Sprache selbst zu wehren, sondern gegen alles, was mit ihr als Teil des »Gesamtpakets« verbunden ist. Vor allem den ehemaligen Sowjetrepubliken wird diese Ware als Vorwand für eine Invasion geliefert. Jeder Muttersprachler wird zum russischen Eigentum erklärt, das Moskau zu schützen verpflichtet ist. Genau das haben wir im Frühjahr 2014 auf der Krim erlebt

Gleichzeitig singen alle, die versuchen, »über den Dingen« zu stehen, in einem gemeinsamen Chor mit dem offiziellen Kreml. All jene, die immer wieder versuchen, auf zwei Stühlen zu sitzen. Anstatt die unbequeme Wahrheit zu sagen, ziehen sie eine bequeme

Halbwahrheit vor. So sprechen sie beispielsweise von der Notwendigkeit, auf der Krim ein »faires Referendum« abzuhalten.

Alle derartigen Aussagen sind eine Geschichte von »Stammesdenken«. In Wirklichkeit wird uns gesagt, wenn ein Gebiet, das von Menschen bewohnt wird, die Moskau als »die Seinen« betrachtet, dass dies ein Grund für eine Invasion ist. Ein Grund für Annexion und Besetzung. Und während die russischen Oppositionellen selbst davon überzeugt sind, dass sie »ihre eigenen Leute« schützen, ist in Wirklichkeit genau das Gegenteil der Fall.

Im Grunde genommen sendet Moskau an dieser Stelle ein Signal an seine Nachbarn. Solange ihr Menschen habt, die sich gern als »Russen« bezeichnen, ist eure territoriale Integrität in Frage gestellt. Solange ihr Menschen habt, die wir als »unsere« betrachten, seid auf der Hut. All dies klingt wie ein direkter Aufruf an Russlands Nachbarn, sich über Assimilierung und Entrussifizierung Gedanken zu machen.

»Landsleute«, »russischsprachige Schulen«, »Kompromisse bei den Geschichtsbüchern«. Auf Geheiß des Kremls wird all dies nun zu einer Bombe, die unter der Souveränität der Nachbarn platziert wird. Das Beispiel der Krim wirkt wie eine unmissverständliche Warnung. Wollt Ihr Euch vor einer Invasion schützen? Strebt nach innerer Monolithizität? Sprachlicher Homogenität? Positiver Diskriminierung? Einer einheitlichen und souveränen Sicht auf die Geschichte des eigenen Landes?

Andernfalls besteht die Gefahr, aufzuwachen und russische Trikoloren in einer der eigenen Regionen zu sehen. Und der Kreml und die »Opposition« werden anfangen, unisono zu skandieren: Wenn die russischen Züge in den besetzten Gebieten nicht bergab fahren dürfen, dann sollte ein neuer Status quo festgelegt werden.

Die Götter des Alphabets haben in Russland keine Herde finden können. Seit Jahren versucht der Kreml, ausnahmslos alle Klassiker zu vereinnahmen. Durch seine Bemühungen haben die moralischen Autoritäten der Vergangenheit begonnen, die Rolle von Handelsreisenden zu spielen, die Fahnen des Imperiums verkaufen.

Die russische Propaganda griff frontal an. Sie nahm zum Beispiel Puschkins Gedicht »An die Verleumder Russlands«, zog eine

Analogie zwischen dem polnischen Aufstand und dem ukraini-schen Majdan und schickte dann den Klassiker »für die DVR zu kämpfen«. Ohne einen Hauch von Zweifel erklärte er Menschen des 19. Jahrhunderts zu moralischen Stimmgabeln der Ereignisse des 21. Jahrhunderts.

All dies hat mich ein wenig erschreckt. Denn jeder Mensch ge-hört nur zu der Epoche, in der er geformt wurde. Sonst müssten wir uns daran erinnern, dass Puschkin ein Sklavenhalter, Dostojewski ein Fremdenfeind und Fet ein Antisemit war. Wir tun dies nicht, allein deshalb, weil die Vergangenheit der Vergangenheit angehö-ren sollte. Die Ästhetik der vergangenen Jahrhunderte sollte man in die Gegenwart holen, aber nicht die Ethik.

Wollen Sie verstehen, auf wessen Seite Puschkin heute stehen würde? Dann lassen Sie ihn im Jahr 1970 geboren sein. Er wird sei-nen Schulabschluss unter Gorbatschow machen, in die Armee eines Landes eintreten und in der eines anderen demobilisiert werden. Er wird 1991 Schwanensee sehen und 1993 seine Wahl treffen. Kursk und Beslan, die Annullierung von Wahlen und das Verschwinden der Freiheit mögen vor seinen Augen geschehen. Lassen Sie den Klassiker zuerst durch den Fleischwolf des Alltags laufen, und erst dann werden Sie wissen, wessen Fahnen er tragen wird.

Stattdessen hat Moskau die Kultur zur Lokomotive seiner po-litischen Agenda gemacht. Wenn Sie Tschechow und Tolstoi ehren wollen, freuen Sie sich bitte über die Krim und den Donbas. Wenn Sie Gagarin und Dostojewski bewundern wollen, gewöhnen Sie sich daran, zu den Backsteinmauern des Kremls zu beten. Russland hat sein Erbe stets mit »geistigen Banden« verschnürt und jeden, der damit nicht einverstanden war, zur fünften Kolonne erklärt. Ist es da verwunderlich, dass die Nachbarländer versuchen, diese komplexe Mahlzeit nicht zu ordern?

Es ist gut möglich, dass der Kreml letztendlich das Gegenteil erreichen wird. Wir werden erleben, wie der russische Sprachraum weiter schrumpft. Wie die Bewohner der Nachbarländer russische Klassiker in Übersetzungen und in Kursen für fremdsprachliche Li-teratur lesen werden. Wie jedes Land mit seiner eigenen souverä-nen Version des Zweiten Weltkriegs genug zu kämpfen haben wird. In der einfach kein Platz mehr für russische »geistige Bande« sein wird.

Moskau wollte für die »Russische Welt« kämpfen – man sollte es beglückwünschen. Es hat verloren.

Nowyj Nowgorod

Das epische Erbe wird gewöhnlich in mehrere Zyklen unterteilt. Der eine ist der »Kyjiwer« Zyklus, der von Helden und Waffengängen handelt. Der zweite ist der Nowgoroder Zyklus, in dem es um das Alltagsleben, die Kaufleute und den Reichtum geht. Doch wenn Ilja Muromez in einer Schlacht mit den Mongolen am Fluss Kalka stirbt, dann hat der Kaufmann Sadko in Moskau keine Chance.

Die Republik Nowgorod existierte fast dreieinhalb Jahrhunderte. Sie erstreckte sich vom Weißen Meer bis zur Wolga, von der Ostsee bis zum Uralgebirge. Sie war eines der wenigen Länder, die den mongolisch-tatarischen Verwüstungen entkommen konnten. Hier gab es die Wetsche, eine echte Form mittelalterlicher Demokratie, in der die Menschen in alle wichtigen Positionen gewählt und nicht ernannt wurden.

Das Kapital war die Grundlage der Macht und nicht umgekehrt. Irgendwann führte dies zur Entstehung von Proto-Oligarchen, die ihre Kreaturen für führende Positionen einspannen konnten. Dennoch gab es in Nowgorod keine absolutistischen Züge: Die Regierung war ein komplexes System der gegenseitigen Kontrolle zwischen dem gewählten Fürsten, dem Erzbischof, dem gewählten Bojarenherrscher, dem Offizier über die tausend Soldaten und den Starostas. Die Wetsche entschied über Krieg und Frieden, das Geschick der Gesetze, die Höhe der Steuern und bestimmten, wer die Republik führen sollte.

Nowgorod war ein echtes »Handelsfenster nach Europa«, das schon lange vor Peter dem Großen geöffnet worden war. Hier hätte die vierte ostslawische Identität entstehen können: zusammen mit der heutigen Ukraine, Belarus und Russland. Wenn Moskau nicht gewesen wäre.

Der Grund für den ersten Krieg zwischen Moskau und Nowgorod war der Versuch Nowgorods, einen Bischof aus Kyjiw anzufordern, welches sich damals in kirchlichen Fragen an Konstantinopel orientierte. Iwan III. beschuldigte daraufhin die Nowgoroder des Verrats und besiegte 1471 ihre Truppen in der Schlacht am Fluss Schelon und nahm die Stadt ein.

In den folgenden sieben Jahren beschnitt Moskau schrittweise die Unabhängigkeit Nowgorods. Gerichtliche Funktionen wurden auf die Eroberer übertragen, und einige Ländereien wurden zugunsten der Eroberer beschlagnahmt. Im Jahr 1478 erklärte ein Teil der Nowgoroder Elite Iwan III. zum Herrn der Stadt und schuf damit einen Vorwand für eine erneute Eroberung. Im selben Jahr fiel das unabhängige Nowgorod.

Die Glocke der Wetsche wurde nach Moskau gebracht. Die Wetsche wurde abgeschafft. Die Befürworter der Unabhängigkeit wurden umgesiedelt, in Klöster geschickt oder getötet. Die Stadt wurde Teil des Moskauer Fürstentums. Doch 90 Jahre später, im Jahr 1570, wurde der Verdacht Iwans des Schrecklichen über »propolnische« Gesinnung in der Stadt zu einem Vorwand für einen weiteren Feldzug gegen Nowgorod. Infolgedessen wurde die Stadt sechs Wochen lang geplündert.

In den russischen Geschichtslehrbüchern werden diese Vorgänge als »Wiedervereinigung« bezeichnet.

Nowgorod verschwand. Heute ist es ein kleines regionales Zentrum, was seine Bedeutung angeht. Es hat keine Ambitionen. Keine Identität. Alles, was von seiner einstigen Größe übriggeblieben ist, sind nur Mauern.

Die historischen Parallelen sind relativ, aber anschaulich. Der Appetit von Imperien wächst ständig. Jede Grenze ist in Gefahr. Ein Wechsel der Umlaufbahn wird als Bedrohung empfunden. Ein Anspruch auf Unabhängigkeit wird als Kriegsgrund angesehen. Die Unzulänglichkeiten der Demokratie sind eine Erweiterung ihrer Vorteile. Geschlossene Strukturen können die Schwächen offener Strukturen ausnutzen. Manche Kriege sind für immer verloren.

Klingelt da nicht etwas?

Der Kampf um Gogol

Die Annexion der Krim leitete in der Ukraine einen Emanzipations-
prozess ein.

Diese Emanzipation begann mit einem gemeinsamen politischen Raum. Es folgte die Phase der Wirtschaft und des gegenseitigen Handels. Dann kam die Zeit der gemeinsamen Geschichte und
Symbolik. Dann kamen die moralischen Autoritäten an die Reihe:
Diejenigen in der Russischen Föderation, die für sich in Anspruch
nahmen, universelle moralische Lehren zu haben, entdeckten
plötzlich, dass die Staatsbürgerschaft die Legitimität ihrer Mento-
renschaft einschränkte.

Doch der Streit über Gogols Erbe bleibt unvollendet.

Was Gogol von allen anderen ukrainischen Schriftstellern unterscheidet, ist sein Zielpublikum. Gogol schrieb in erster Linie für
die Bewohner des Imperiums. Für seine »Leute mit Titeln«. Und er
schrieb nicht nur für sie, sondern auch, und das ist noch wichtiger,
über sie.

Die Gesetze des Humors sind so angelegt, dass sie das »Recht
auf einen Witz« beinhalten. Ein Jude kann auf der Bühne Witze
über Juden erzählen.

Ein Armenier darf Witze über Armenier erzählen. Andernfalls
riskiert man, des Chauvinismus bezichtigt zu werden, und der
Witz wird als Hohn und Spott empfunden.

In den postsowjetischen Jahren wurde diese Regel strikt
durchgesetzt: In der TV-Show »Club der Witzigen und Schlauen«
(KVK) durften nur Teams aus dem Kaukasus Witze über Kaukasier
machen. Nur Kasachen oder Usbeken durften Witze über Menschen aus Zentralasien machen. Jedes Comedy-Team versuchte, die
Geografie seiner Witze zu erweitern, indem es Vertreter nationaler
Minderheiten einlud, um Vorwürfe derjenigen zu vermeiden, über
die es sich lustig machte.

Und deshalb wird Russland bis zum bitteren Ende an Gogol
festhalten.

Nicht nur, weil er zu den anerkannten Klassikern gehört.
Nicht nur, weil er in seinen Briefen über die russische Komponente
seiner eigenen Identität schrieb. Nicht nur, weil er zu einem

vorbildlichen kreativen Migranten wurde, der sich in den Raum der imperialen Literatur einfügte. Gogol ist nicht nur wegen seiner Freundschaft mit Puschkin und Schukowskij wichtig, nicht nur wegen seines Hauptstädtischen und seiner literarischen Größe. Er ist auch wegen seines Tons wichtig.

Denn seine Stücke »Der Reviso« oder »Die toten Seelen« sind größtenteils keine Alltagsgeschichten, sondern Satiren. Gnadenlos und scharf. Sie spotten und entlarven. Gogol mag seine Figuren lieben, aber er ist unbarmherzig zu ihnen. Das ist nicht verwunderlich, wenn man bedenkt, dass der Schriftsteller selbst die Literatur als einen Weg ansah, die Welt und die Menschen zu verändern.

Die stumme Szene im Finale von »Der Revisor« (die der Autor selbst minutenlang ausdehnen wollte) ist nur ein Versuch, dem Theaterpublikum einen Spiegel vorzuhalten, in dem es genau hineinschauen und sich in den handelnden Figuren wiedererkennen sollte, um sich dann zu entsetzen und zu verändern. »Die Toten Seelen« sollte eine Trilogie sein, in der die Protagonisten nach einer Reihe von Läuterungsprozessen wiedergeboren werden sollten. Doch der Leser weigerte sich, dies im Einklang mit den literarischen Figuren zu tun, und so landete der zweite Band im Ofen.

Gogol ist ein sehr bissiger Satiriker und Spötter. Und er verspottete genau die russische Realität, über die seine Hauptwerke aus der Petersburger Zeit geschrieben sind.

Und wie soll er nach all dem als ukrainischer Schriftsteller anerkannt werden? Wie soll man dann seine Bücher in Russland lesen?

Diese Anerkennung wird die Legitimität seines Spottens zerstören. Es wird sich herausstellen, dass es sich nicht mehr um einen russischen Autor handelt, der die Schwächen seines eigenen Landes aufdeckt, sondern um einen Vertreter einer anderen – bereits ausländischen und feindlichen – Kultur, der sich über das Land, in dem er sich befindet, lustig macht. Wenn man Gogol der Ukraine überlässt, wird sich herausstellen, dass Russland anderthalb Jahrhunderte lang eine schonungslose Satire über sein eigenes Leben liest, die von einem außenstehenden Beobachter geschrieben wurde. Es wird sich herausstellen, dass die ganze Zeit hinweg ein

Ausländer aus der Literaturszene den Russen Witze über Russland erzählt hat.

Und das kann auf keinen Fall akzeptiert werden.

Ukrainische Lektionen

Im Jahr 2011 verfolgte die Ukraine den russischen Protest viel genauer als heute.

Damals war Janukowytsch in Kyjiw an der Macht, die Partei der Regionen hatte das Land übernommen, und vor diesem Hintergrund wirkten die Aktionen Moskaus neu und lebendig. Doch heute behandeln die ukrainischen Medien den russischen Protest eher oberflächlich. Das ist nicht überraschend.

An einen russischen Majdan zu glauben ist schwer. Der Kreml hat seine Vertikale zu lange aufgebaut, um zuzulassen, dass jemand sein Monopol in Frage stellt. Moskau hat es nicht nötig, auf die Meinung des Westens Rücksicht zu nehmen. Es hat keinen Sinn, sich bei der Anwendung von Gewalt zurückzuhalten. Wladimir Putin fühlt sich als Souverän, die Art von Souverän, die Wiktor Janukowytsch träumte zu sein, es sich aber nie leisten konnte.

Der Majdan war eine Geschichte der sukzessiven Erhöhung des Einsatzes auf beiden Seiten. Die Regierung setzte Gewalt ein, und die Straße antwortete mit einer noch größeren Mobilisierung. Darüber hinaus war Janukowytsch ein überraschend erfolgreicher Irritator: er vereinte Menschen aller Altersgruppen, Geografien und Berufe gegen sich. Der Majdan war bunt gemischt, mehrsprachig und von verschiedenen Städten getragen, und in dieser Vielfalt lag seine Stärke. Eine Stärke, die zum Sieg führte.

Die Situation in Russland ist grundlegend anders.

In der Russischen Föderation war die Usurpation der Macht das Ergebnis eines Gesellschaftsvertrags. Eines Vertrags, in dem die einfachen Menschen politische Freiheiten gegen eine jeweilige »Wurst« eintauschten. Dies geschah in den Nullerjahren, als Wladimir Putin gerade begann, sein Regime unter dem Vorwand der »Wiederherstellung der Ordnung« aufzubauen. Der Aufbau war nicht schwer: Die Ölpreise stiegen, und so konnte Moskau »Konkretes« für »Abstraktes« bezahlen.

Zwanzig Jahre später hat sich viel verändert. Kohlenwasserstoffe sind billiger geworden. Die Sanktionen werden härter. Die russischen Bürger haben die Rolle des neuen Öls übernommen. Doch die Trägheit lässt sich nicht aufheben: Die russische Propaganda hat es geschafft, die Begriffe »Regime« und »Staat« in den Köpfen der Bürger zu verknüpfen. Es ist ihr gelungen, die Mehrheit davon zu überzeugen, dass der Zusammenbruch des Regimes unweigerlich zum Zusammenbruch des Landes führen muss. Aus diesem Grund blieben die Demonstranten in der Hauptstadt allein.

Ihr Protest ist in erster Linie ein Kampf um komplexe Kategorien. Ihre Aktionen sind ein Kampf darum, gehört zu werden. Aber um den restriktiven Rahmen zu sprengen, muss der russische Protest die Basis erreichen. Diejenigen, die sich auf Fragen der »Sicherheit« und des »Überlebens« konzentrieren. Ohne dies wird der russische Protest eine Nische bleiben und elitär.

Erinnern Sie sich an die Maslowsche Pyramide? Der amerikanische Psychologe unterteilte die Bedürfnisse in fünf Stufen. Ganz unten steht das physische Überleben. Dann kommt die Sicherheit. Dann folgen die sozialen Bedürfnisse. Die vierte Stufe sind Selbstachtung und Anerkennung. Und ganz oben steht das Bedürfnis nach Selbstverwirklichung und Selbstausdruck. Dieses Schema ist zwar inzwischen siebzig Jahre alt, aber es kann immer noch viel erklären.

Zum Beispiel, warum der russische Protest weiterhin in einem sozialen Ghetto bleibt. Hinweis: Weil er die vierte Ebene der Pyramide anspricht. Die Menschen, die auf die Straße gehen, fordern von den Behörden, dass ihre Meinung respektiert wird. In diesem Sinne unterscheiden sich die aktuellen Proteste in Russland nicht wesentlich von denen auf dem Moskauer Bolotnaja-Platz 2012. Aber es war genau 2011, als die Behörden, nachdem sie von der Hauptstadt eine Ohrfeige erhalten hatten, das »Hinterland« zu ihrer wichtigsten Unterstützungsbasis machten. Seine Bewohner sind allein aufgrund der Struktur des russischen Lebens dazu verdammt, nach den Werten der Sicherheit und des Überlebens zu leben.

Der Kreml versicherte ihnen, dass er für beides der Monopolanbieter sei. Er überzeugte sie davon, dass Proteste gegen ihn zum

Verlust von beidem führen könnten. Und so schaut das russische Massenvolk weiterhin mit Gleichgültigkeit auf die ästhetisch und ethisch fremde Front der Metropole.

Zweifellos lassen sich zu dieser vereinfachten Gleichung noch viele Variablen hinzufügen. Zum Beispiel die Effizienz der russischen Staatspropaganda. Die Loyalität des Sicherheitsapparates. Die absolute Einstimmigkeit der Staatsduma. Schließlich ist festzustellen, dass das russische Oppositionslager keine Vorstellung von einer wünschenswerten Zukunft hat.

Die aufständische Ukraine hatte ein solches Bild. Der Majdan zeichnete sich auch durch seine zivilisatorische Dimension aus, in der der prosowjetische Diskurs dem europäischen gegenüberstand. Aber der russische Liberale hat weder ein Bild einer strahlenden Vergangenheit noch einer klar strahlenden Zukunft. Es ist nicht möglich, die »neunziger Jahre« als eine Zeit der Nostalgie vorzuschlagen, das wird in den Köpfen und Herzen der Menschen nicht ankommen. Und in jedem Gespräch über die Zukunft wird ein russischer Liberaler sicherlich über die Frage stolpern: »Wem gehört die Krim?«.

Für das russische »Hinterland« ist es schwierig, mit der russischen Hauptstadt zu sympathisieren. Sie leben nämlich in unterschiedlichen Alltagsordnungen. Die Gefühle der einen kreuzen sich nicht mit denen der anderen. Und was für den Demonstrierenden aus der Hauptstadt wichtig ist, mag seinen Mitbürgern, die sich von den Werten des Überlebens leiten lassen müssen, wie eine unnötige Marotte erscheinen. Denen, die zur unteren Stufe der Maslowschen Pyramide gehören.

Für die Ukraine ist es nicht schwer, diese Spaltung zu spüren. Denn sie ist auch in unserem Land zu finden.

Von Zeit zu Zeit enthüllt die Soziologie unsere Wertelücken. Die einen betonen die Frage der Souveränität, das Ringen um Identität und das Wegdriften von der »Russischen Welt«. Andere konzentrieren sich auf die Werte des Überlebens, den Inhalt des Kühlschranks und die Zahlen der Stromrechnungen. Die Vertreter des ersten Lagers diskutieren die komplexen Kategorien der oberen Stufen der Wertepyramide. Die Vertreter des zweiten Lagers beschäftigen sich mit Alltagssorgen und blicken mit wirklichem

Unverständnis auf diejenigen, die sich auf die »nationale Würde« berufen.

Der Majdan war ein Schnittpunkt für beide Gruppen. Janukowytschs Regime wurde nicht nur gestürzt, weil es mit nationalen Interessen handelte, dem Kreml diente und die Macht an sich riss. Es brach zusammen, weil es keine Garantie mehr dafür bot, dass das »Morgen« für den einfachen Mann besser sein würde als das »Gestern«. Stabilität und Sicherheit gehörten nicht mehr zu ihrem Grundangebot. Selbst in den südlichen und östlichen Regionen stand die Legitimität des Janukowytsch-Regimes auf wackligen Beinen, und nur wenige waren bereit, für es einzutreten. Es ist ihm gelungen, sich in den Augen ganz unterschiedlicher Menschen zu ruinieren, und hat deshalb verloren.

Vergleiche mit den Dekabristen mögen schmeicheln, aber sie programmieren eine Niederlage. Der russische Protest kann nur gewinnen, wenn die protestierende Straße ihre Klassenhomogenität verliert. Wenn im Dreieck »Kapital«, »Hinterland« und »Regierung« gerade letztere überflüssig wird. Janukowytsch hat dies seinerzeit nicht verstanden.

Aber es ist unwahrscheinlich, dass der Kreml nicht aus seinen Fehlern gelernt hat.

Wladimir Putins hässliche Schwäne

Es ist kein Zufall, dass der russische Protest zeitlich mit dem Generationswechsel zusammenfällt.

Die »Generation der Kinder« geht auf die Straße, um zu protestieren. Diejenigen, die bereits unter Putin geboren wurden. Diejenigen, die in der Ära des »Aufbegehrens« aufgewachsen sind. Die Behörden sind empört, drohen mit der Bestrafung sozialer Medien, suchen nach einer Verschwörung und deuten Konsequenzen an. Das ist nicht überraschend. Wenn Kinder ablehnen, was ihre Eltern aufgebaut haben, ist das wie ein Schlag ins Gesicht.

Mit ihren Eltern haben die russischen Behörden sich einigen können. Damals in den Nullerjahren, als sie ihnen einen Sozialvertrag anboten. Die Eltern gaben ihre Rechte und Freiheiten im Gegenzug für Stabilität und höhere Einkommen auf. Der Kreml

verängstigte diejenigen, die in den neunziger Jahren zu misstrauisch waren, indem er ihnen versicherte, dass nur sie aus Demokratie und »Glasnost« hervorgegangen seien.

Doch dieser Vergleich funktioniert für die Jugendlichen von
heute immer weniger. Sie sind selbst Kinder der neunziger Jahre.
Es ist schwierig, sie mit einem Wort zu erschrecken, das für sie
keine Assoziationen weckt. Stattdessen haben sie ihr ganzes Leben
lang ein Land gesehen, das die Schrauben immer weiter angezogen
hat. Die russische Regierung wird zusammen mit dem Präsidenten
immer älter und infolgedessen von Jahr zu Jahr unflexibler und weniger anpassungsfähig. Sie wird auch immer »jugendfeindlicher«.

Diejenigen, die gerade einen russischen Pass erhalten haben,
haben ihr ganzes bewusstes Leben in der Post-Krim-Realität ver-
bracht. Der Rubel ist gefallen. Athleten wurden beim Doping er-
wischt. Aus den Bildschirmen strömte kondensierter Patriotismus.
Ihre Lehrer fälschten Wahlen, ihre Eltern schwiegen heuchlerisch.

In all diesen Jahren war ihr Land in Verbrechen verwickelt.
Heuchelei wurde zur Norm. Die von den Eltern getroffene Vereinbarung brachte für die Jugendlichen staatliche Propaganda und Denunziation. Rigorose Blockierung der sozialen Aufzüge und Zensur. Die Regierung mag sich sicher sein, dass sie ihren Teil des Ver-
trages erfüllt. Aber sie hat ihn nicht mit ihnen geschlossen.

Nun versichern alle offiziellen Sprachrohre, dass man sich
hinter den Kulissen darauf vorbereitet, »Kinder einzusetzen«. Und
das ist die lächerlichste Art, auf die Situation zu reagieren. Denn für
junge Menschen ist der Gang auf die Straße ein Pochen auf Subjektivität. Ein Pochen auf das Recht, gehört zu werden. Aber das Aufgeben dieser Subjektivität (»ihr seid nicht unabhängig, ihr werdet
benutzt«) gibts nur für Benzin.

Alles, was der Kreml der Generation der Kinder anbieten
kann, ist ein Bild der Vergangenheit. Entweder das Bild der
»Größe«, das in den sowjetischen Hinterzimmern gefunden und
nach imperialen Schablonen geformt wurde. Oder das Bild von den
»wilden 90er Jahren« als Gegenpol zur Stabilität. Die Regierung hat
kein Bild von der Zukunft, weil sie nicht in dieser Kategorie denkt.
Sie versucht, den imperialen Leichnam zu reanimieren, und

versteht ehrlich gesagt nicht, warum dies bei den jungen Leuten keine Ekstase auslöst.

Die Generation der Kinder wuchs in einer Klassengesellschaft auf. Die sozialen Spitzenplätze wurden von denen eingenommen, die Glück hatten. Ostentativer Luxus für diejenigen, die sich einen Platz an der Sonne gefunden haben. Die Forderung nach Gerechtigkeit bleibt unbeantwortet. Insbesondere die nach sozialer Gerechtigkeit.

Kürzlich wurde ihnen gesagt, dass Putin bis 2036 im Amt bleiben könnte. Diejenigen, die im Jahr seines ersten Amtseids geboren sind, werden dann in ihrem vierten Lebensjahrzehnt stehen. Eine schöne einbetonierte Wirklichkeit, in der die Zeit gegen einen arbeitet.

Heute suchen die russischen Behörden in der Proteststimmung nach westlichen Intrigen. Das ist nicht überraschend. Allein der Versuch, Nawalny mit chemischen Waffen zu töten, bedeutet, dass sich sein Status für die russischen Behörden endgültig geändert hat. Von nun an ist er nicht mehr »sein eigener Rebell«. Von nun an ist er ein »Einflussagent« und ein »Verräter«. Daher wird jede Protestkundgebung unter seiner Fahne vom Kreml nicht mehr als einheimische Empörung, sondern als Import von Instabilität wahrgenommen. Und dies ist nicht mehr eine polizeiliche, sondern eine militärische Aufgabe.

Vor diesem Hintergrund sehen die Eltern am erbärmlichsten aus. Dieselben, die vor zwanzig Jahren die Freiheit gegen einen Kühlschrank eingetauscht haben. Und nicht nur ihre, sondern auch die Freiheit der nächsten Generation. Und jetzt suchen sie eifrig nach denjenigen, die die Generation der Kinder gezwungen haben, zum Protest auf die Straße zu gehen. Nun, es gibt eine gute Nachricht für sie.

Sie müssen nur vor den Spiegel treten.

Blick in den Abgrund

Jedes Regime lotet die Grenzen dessen aus, was für es selbst akzeptabel ist.

Ganz besonders gilt dies für hybride Regime. Sie entwickeln sich weiter – von einer instabilen Demokratie zu einem stabilen Autoritarismus. Und jede neue Runde auf diesem Weg ist ein Test der Grenzen zwischen »erlaubt« und »verboten«.

Wir sehen dies am Beispiel Russlands. Seit nunmehr zwanzig Jahren ist das Land dabei, sein eigenes Tauwetter der frühen neunziger Jahre zurückzusetzen. Sein Regime stellt alle um sich herum auf die Probe, ob sie stark und wie geduldig sie sind. Es arrangiert Invasionen. Es verschiebt Grenzen. Es tötet politische Gegner. Es vernichtet die Sprösslinge des Dissenses.

Diese ganze Entwicklung wird von dem Beifall derjenigen begleitet, die keine andere Regierung als die autoritäre anerkennen. Und gleichzeitig mit der Auswanderung derjenigen, die nicht bereit sind, die Reinkarnation der Sowjetunion zu akzeptieren. Aber am amüsantesten ist es, diejenigen zu beobachten, die für alles, was geschieht, nach Entschuldigungen und Erklärungen suchen. Diejenigen, die sich nicht trauen, die Dinge beim Namen zu nennen. Und die nach dem Beispiel des Frosches im Topf den Anstieg der Wassertemperatur damit rechtfertigen, dass es »überall so ist«.

Diese Menschen leben in einem abweichenden Staat mit Inseln der Normalität. Aber gleichzeitig reden sie sich selbst und allen um sie herum ein, dass Russland ein normales Land mit Inseln der Abweichung ist.

Dies ist wahrscheinlich ein psychologischer Selbstschutz. Ein Versuch, sich selbst davon zu überzeugen, dass die Wirklichkeit um sie herum nur eine Art »Normalität mit Fehlern« ist. Man kann diese Menschen sogar verstehen, denn wenn sie ihre Scheuklappen ablegen, müssen sie Dinge zugeben, die sie nicht wahrhaben wollen.

Sie werden laut aussprechen müssen, dass Russland ein Land ist, das Kriege führt. Kriegsverbrechen begeht. Passagierflugzeuge abschießt. Sie werden zugeben müssen, dass ihr Heimatland ein Staat ist, der Terroranschläge verübt. Chemische Waffen einsetzt. Unbequeme Menschen, die das Regime kritisieren, physisch neutralisiert.

Eine solche Perspektive wird den Mann auf der Straße wohl kaum trösten. Schließlich wird er sich eingestehen müssen, dass sein Land nicht Erbe derer ist, die den Zweiten Weltkrieg gewonnen haben, sondern derer, die ihn verloren haben. Und so versucht er verzweifelt, sich einzureden, dass die Annexion der Krim und der Krieg im Donbas nur ein kleiner historischer Zickzackkurs sind, lokal und global gesehen harmlos, und dass sich alles früher oder später auflösen wird.

Aber der Punkt ist, dass dieser Zickzackkurs nicht lokal ist. Und er wird sich nicht von selbst auf Null zurücksetzen, es sei denn, er wird zurückgesetzt. Denn, wie bereits erwähnt, testet jedes Regime immer die Grenzen des Akzeptablen aus. Und wenn es auf keinen Widerstand stößt, geht es weiter. Wie ein Korkenzieher schraubt es sich mit jeder neuen Drehung tiefer und tiefer.

Und selbst wenn man die Abenteuer des Regimes weltweit duldet, ist man nicht vor der Gefahr gefeit, in Ungnade zu fallen. Alexej Nawalny konnte die Krim mit einer Klappstulle vergleichen. Den Krieg in Georgien unterstützen. Den imperialen Revanchismus nähren. Aber schließlich beschloss das Regime auf der nächsten Wende seiner Entwicklung, die neuen Grenzen des Akzeptablen an Nawalny selbst zu testen.

Offenbar hat der russische Mann auf der Straße einfach Angst, einen Dominoeffekt auszulösen. Denn erst heißt es, das Regime habe die Macht an sich gerissen. Dann räumt man politische Repressalien ein. Dann beginnt man militärische Invasionen und Interventionen festzustellen. Dann sagt man, die Krim gehöre nicht zu Moskau. Und am Ende muss man zugeben, dass Russland ein riesiges, halbleeres Land ist, das auseinanderzufallen beginnt, sobald die Zentralregierung schwächelt.

Man muss zugeben, dass die gesamte russische Wirtschaft ein Schwindel ist. Dass sie nur so lange existiert, wie die Öl- und Gaspreise es erlauben, den Haushalt zu füllen. Und sobald sich die Situation ändert, verschwindet die Wirtschaft. Denn in diesem System ist alles, was nicht Öl ist, nur eine Ablagerung an einer Ölleitung.

Man muss laut sagen, dass Russland nicht für seine Bürger existiert. Dass sein größter Wert nicht der Bürger ist, sondern die staatliche Größe. Dass Freiheit nur innerhalb der von den Oberen klar definierten Grenzen möglich ist.

All dies passt nicht zu der Art und Weise, wie der durchschnittliche russische Bürger seine Realität wahrzunehmen gewohnt ist. Deshalb wird er auch weiterhin versuchen, die Wirklichkeit um ihn herum zu ignorieren. Weiterhin glauben, dass »andere das Gleiche tun«. Die Abweichung als Normalität proklamieren. Und sich selbst rechtfertigen, indem er sagt, wenn du lange in einen Abgrund blickst, blickt der Abgrund auch in dich hinein.

Das Problem ist nur, dass der Abgrund früher oder später sowieso anfangen wird, ihn anzustarren. Ganz gleich, wie sehr er versucht, wegzuschauen.

Die Horkruxe des Kremls

J.K. Rowling hat der Welt neue Wörter geschenkt. »Horkruxe« zum Beispiel, magische Gegenstände, die dem Antihelden Unsterblichkeit verleihen. In der Welt von Harry Potter enthielt jeder von ihnen ein Stück der Seele seines Schöpfers. Solange die Horkruxe unversehrt sind, ist ihr Besitzer unverwundbar.

Gute Literatur ist deshalb wertvoll, weil ihre Bilder ein Eigenleben entwickeln. Jeder Politiker, der von seiner eigenen politischen Unsterblichkeit träumt, schafft auch seine eigenen Horkruxe.

Wladimir Putin hat mehrere davon.

Sein erster Horkrux ist der Sieg über den Separatismus, der die russischen 1990er Jahre geprägt hat. Der zweite Tschetschenienkrieg wurde de facto zu einem Wahlkampf, obwohl es keinen nominellen gab. Eine »starke Hand« begann, das Land entlang der »Vertikale« zu führen.

Auf die Zähmung der rebellischen Republik folgten die Abschaffung der Gouverneurswahlen, der Ausschluss der regionalen Bojaren aus dem Föderationsrat und die Abschaffung der »Föderation« selbst zugunsten eines ultrazentralisierten Systems. Es war der Kampf gegen die Zentrifugalität, der dazu diente, die erste Amtszeit von Wladimir Putin als Präsident zu legitimieren und die wichtigste Frage zu beantworten: »Warum er?«.

Sein zweiter Horkrux ist das Wachstum des Wohlstands. Der Petrodollar ermöglichte es, einen neuen Gesellschaftsvertrag abzuschließen. Rechte und Freiheiten wurden gegen Gehälter und

Hypotheken, auf Kredit gekaufte Autos und die Möglichkeit, in Hurghada Urlaub zu machen, eingetauscht. Zum ersten Mal seit Jahrzehnten stürzten sich die russischen Bürger in ein Konsumverhalten, das sie zuvor nur aus dem Fernsehen kannten.

Das Bürgertum entwickelte eine unpolitische Haltung. Der Ölpreis stieg, und seine Spritzer flogen durch das Land. Zum ersten Mal seit langer Zeit hatte die Macht in Russland das Image von etwas, das Kühlschränke und Kleiderschränke füllen konnte. Der Konsumismus weckte Loyalität, die Zukunft sah rosig aus, und Planung war wieder in Mode. Die Legitimität von Wladimir Putins zweiter Amtszeit beruhte auf dieser Grundlage. Auf diese Weise wurde der zweite Horkrux geschaffen.

Die Trägheit des Bürgertums ermöglichte es, eine Rochade zu vollführen. Die Regierung von Dmitrij Medwedew wurde nicht durch die Tugenden des Nachfolgers bestimmt, sondern durch die Unterstützung der ersten Person. In den folgenden vier Jahren stritten sich alle darüber, wo der eine aufhörte und der andere anfing. 2012 verloren diese Auseinandersetzungen ihre Bedeutung. Wladimir Putin kehrte zurück.

Sein dritter Horkrux könnte die Olympiade sein, die er ausrichtete und gewann. Russland führte den Vorsitz in der G8 und verkaufte Öl zu 100 Dollar. Es schuf die Zollunion und zähmte die europäische Wirtschaft. Doch all dies war dem Kreml nicht genug. Die Rolle eines neuen Horkruxes wurde der Krim zugewiesen.

»Heiliges Korsun« und »russisches Mekka«, »höfliche Leute« und »der Ruhm russischer Waffen«. Die Kehrseite der Vorzeige-Fassade waren der Krieg im Donbas und der Kampf gegen Andersdenkende. Der einfache Mann zog es vor, beides zu ignorieren. Der Traum vom Imperium erwies sich als eine zu starke mentale Droge. Eine belagerte Festung. Verstärkung für die Reihen. Der Feind steht vor den Toren.

Jeder der Horkruxe ist eine Garantie für das Überleben desjenigen, der ihn geschaffen hat. Und deshalb wagt es der Kreml nicht, gegen Ramsan Kadyrow vorzugehen, der sich erlaubt, was er will. Deshalb sperrt Moskau diejenigen ein, die es daran erinnern, dass die Krim zur Ukraine gehört. Deshalb erklärt der Präsident niedrige Gehälter in direkter Linie weiterhin mit dem »lokalen

Verhältnissen«. Denn in jedem dieser drei Fälle besteht die Gefahr, dass die Legitimationsgrundlagen, die Wladimir Putin zu dem gemacht haben, was er ist, zerstört werden.

Und die Zerstörung eines jeden Horkruxes kann zum Tod seines Besitzers führen.

Russland und der Kaninchenbau

Was wird der erste ukrainische Politiker nach seiner Rückkehr auf die ukrainische Krim sagen? Flughafen. Ein Flugzeug. Die Rampe wird herangerollt. Und was wird er auf dieser Rampe sagen? Das Allerwichtigste, das Höchstgeschätzte?

Höchstwahrscheinlich: »Wir bringen euch Brot«.

Mehr braucht man nicht zu sagen. Denn das einzige Russland, in dem dies möglich sein wird, wird ein Land sein, in dem Nahrung und Sicherheit zu einem Defizit werden.

Die Krim zurückzubekommen ist sowohl schwieriger als auch einfacher als den Donbas. Es ist einfacher, weil auf der Halbinsel kein Blut vergossen wurde, was jede Konfrontation sakralisiert. Es stehen keine Familienfotos mit Trauerbändern in den Regalen. Es wächst keine Generation heran, deren Eltern in den Schützengräben gestorben sind.

Und es ist noch schwieriger, weil Russland bis zum bitteren Ende an der Krim festhalten wird. Und höchstwahrscheinlich kann jegliche Diskussion über das Schicksal der Halbinsel nur als Ergebnis globaler Umwälzungen beginnen.

Als deren Folge wird die russische Wirtschaft zusammenbrechen. Als deren Folge wird die Krise aus dem Ruder laufen. Es müssen Umstände eintreten, unter denen die russischen Eliten bereit sind, die Beziehungen zum Westen zu normalisieren, um die Überreste des Fundaments zu retten. Sie werden sich bereit erklären, sie auf das Format von 2013 zurückzuführen und 2014 und alle folgenden Jahre auf Null zurückzusetzen.

Deshalb wird das Einzige, was ein ukrainischer Politiker, der nach dem Flaggenwechsel auf die Krim kommt, sagen muss, dieses sakramentale Wort sein: »Wir bringen euch Brot«. Wenn dieser Satz nicht angesagt ist, wird er einfach nicht auf die Krim kommen können.

Allerdings kann niemand für die Zukunft Russlands bürgen.

Zum Beispiel gibt es in diesem Land keinen Platz mehr für die Opposition. Sie wurde vernichtet, und an ihre Stelle sind Dissidenten getreten. Ein Dissident kämpft nicht um die Macht. Er versucht nur, nicht im allgemeinen Chor mitzusingen. Er versucht, die Hygiene aufrechtzuerhalten, sich nicht in Kollektivbriefen zu blamieren und in überlebt einem Land, das im Gegensatz zu dem existiert, woran er glaubt.

Er kämpft nicht mit dem System, sondern versucht nur, nicht mit ihm zu interagieren. Es handelt sich um eine Art innere Emigration, da eine äußere Emigration nicht gewollt oder möglich ist.

In Russland gibt es keine Medien mehr. Die großen Medien wurden noch in den Nullerjahren zu Sprachrohren der Propaganda. Die Unabhängigen wurden aufgekauft oder kleingeschwiegen. Ein kleines liberales Reservat freien Denkens macht kein schönes Wetter. In der Tat sind die westlichen sozialen Netzwerke die letzte Insel des Widerstands, und so werden wir jetzt einen Krieg der russischen Behörden gegen Youtube und Facebook erleben. Der Verlauf der Schienen, auf denen der russische Zug steht, ist ziemlich eindeutig.

Wir könnten darüber streiten, was genau Moskau zu diesem Szenario verdammt hat. Der Anstieg der Ölpreise, der dem Kreml Anfang der Nullerjahre die Hände gebunden hat. Der erste Majdan, der bei den russischen Behörden den Verdacht einer westlichen Invasion weckte. Das Schicksal von Gaddafi, das den Kreml davon überzeugte, Washington nicht nachzugeben. Der Einmarsch in Georgien, der Moskau die Schwäche Europas vor Augen führte.

Es hätte auch der zweite Majdan sein können, den der Kreml als Kriegserklärung verstand. Die Besetzung der Krim, die Russland den Weg in den Westen abgeschnitten hat. Oder die Sanktionen, die wie der Beginn einer Belagerung gesehen wurden. In der Tat haben die Nuancen bereits ihre Bedeutung verloren. Viel wichtiger ist, was als nächstes auf Moskau zukommt. Und hier sollten wir keine besonderen Wendungen erwarten.

An einem bestimmten Punkt im Leben eines jeden Landes kann es zu einem Eskalationseffekt kommen. Wenn ein Staat in eine Situation gerät, die ihn zwingt, sich weiterzuentwickeln oder zu degradieren. Etwas Ähnliches geschah 2014 in der Ukraine, als die russische Invasion das offizielle Kyjiw zu Veränderungen drängte. Diese Veränderungen waren entgegengesetzt: Gegen den Willen der Eliten. Gegen den Willen der Oligarchen. Aber sie waren unvermeidlich, denn ohne sie wäre das Überleben des ukrainischen Staates nicht einmal in Frage gekommen. Kyjiw war gezwungen, sich in den kollektiven Westen einzugliedern, während Moskau selbst ihm den Weg nach Osten abgeschnitten hatte.

Seitdem befindet sich die Ukraine auf einer Rolltreppe nach oben. Die Regierung kann in Rückfälle verfallen. In die entgegengesetzte Richtung gehen. Aber im Moment ist das Land aufgrund der Logik der Ereignisse dazu verurteilt, sich zu verändern. Auch wenn es langsamer geschieht, als es sein könnte. Auch wenn widerwilliger, als es sein sollte. Kyjiw bewegt sich im Zickzackkurs, aber die verwirrende Flugbahn ist immer noch deutlich erkennbar. Man vergleiche nur die aktuelle Agenda des Landes mit der Vorkriegsagenda.

Gleichzeitig fährt Russland weiter auf der Rolltreppe nach unten. Die Behörden säubern freies Denken. Gedankendelikte werden mit Gefängnisstrafen geahndet. Protest wird zu einem Eingriff erklärt, und mit jeder neuen Runde der Gesetzgebung werden die Strafen verschärft.

Es ist leicht vorstellbar, wie ein ukrainischer Erfolg aussehen könnte. Wir werden einfach ein weiteres Land Ost-Europas sehen. Mit vereinheitlichten Regeln und reformierten Institutionen. Ja, die Trägheit wird nicht verschwinden, und mit ihr ein beträchtlicher Anteil an konservativem Denken. Aber es wird immer noch ein Land sein, dessen Temperatur viel näher am europäischen Durchschnitt liegt als das benachbarte Belarus.

Die Zukunft Russlands hingegen ist viel schwieriger vorstellbar. Das Ausmaß der Verschlechterung könnte selbst die kühnsten Vorhersagen übertreffen. Niemand weiß, wo und wie diese Reise enden wird. Auch weiß niemand, was die russischen Bürger in zehn Jahren als normal ansehen werden.

Manche Weggabelungen sind schicksalhaft.

Die Einsamkeit des Tages des Sieges

In den 1990er Jahren bezeichnete sich der »Club der Witzigen und Schlauen« ohne Übertreibung als »international«.

An den Wettbewerben traten Mannschaften aus vielen verschiedenen Ländern an. Jungs aus der Ukraine, dem Transkaukasus, Zentralasien und den baltischen Staaten wetteiferten um die Preise. Der »Club« war ein Spiegelbild der postsowjetischen Mentalität. Als das »Gemeinsame« über die Unterschiede dominierte und die Themen für die Witze keine Übersetzung und Kenntnis des Kontextes erforderten.

Die Rolle eines Spiegels hat dieses Programm immer noch. Nur spiegelt es heute das postsowjetische Auseinanderdriften wider, das sich vor unseren Augen vollzogen hat. Die Geografie des Clubs ist wie Chagrinleder geschrumpft und hat sich schließlich auf die Grenzen Russlands selbst reduziert. Jetzt ist es ein Programm, in dem Russen gegen Russen antreten. Manchmal tauchen in diesem Cocktail vorbildliche Ausländer auf, aber von der früheren »Internationalität« ist keine Spur mehr.

Und das gleiche Schicksal scheint dem 9. Mai, dem »Tag des Sieges über Nazi-Deutschland«, beschieden.

In jedem Land wird die Subjektivität des Volkes gefeiert. Etwas, das den Bürgern die Möglichkeit gibt zu sagen: »Wir haben etwas erreicht«. Der Tag des Sturms auf die Bastille erzählt die Geschichte, wie die Franzosen den König vertrieben haben. Der Unabhängigkeitstag in den USA erzählt davon, wie die Amerikaner ihre Unabhängigkeit von den Briten erlangten. Der 9. Mai beansprucht in der Russischen Föderation in ähnlicher Weise ein Nationalfeiertag zu sein – allerdings mit einem Vorbehalt.

Russland ist ein Staat, der siegte. Es ist eine Art fleischgewordener Etatismus, in dem es nicht nur nichts »gegen den Staat« gibt, sondern auch nichts »außerhalb des Staates«. Die staatliche Vertikale ist das A und O von allem. Jede Aktivität erhält erst nach Genehmigung ihr Existenzrecht. Jede unkoordinierte Subjektivität wird als Bedrohung empfunden und entweder gezähmt oder ausgerottet.

Mit dem 9. Mai ist genau das in Russland geschehen. Er ist nicht mehr ein »Tag der Subjektivität des Volkes«, sondern ein »Tag der Subjektivität des Staates«. Eine universelle Rechtfertigung für die gesamte Geschichte seiner Existenz. Das Hauptgewicht auf der moralischen und ethischen Waage, das alles *Vorherige* und alles *Nachherige* aufwiegen soll.

Der 9. Mai hat die Aufgabe, Repressionen, Deportationen, Vertreibungen, Hinrichtungen und Massaker zu rechtfertigen. Er wird als das wichtigste »aber« bezeichnet. Jeder Versuch, über die Unmenschlichkeit des sowjetischen Regimes zu sprechen, stützt sich auf dieses Argument. Das sollte jedem Versuch des Nachdenkens ein Ende setzen.

Der 9. Mai ist zu einer Legitimationsquelle geworden – zu wertvoll für den russischen Staat, um darauf zu verzichten. Und es ist nicht verwunderlich, dass er in den letzten Jahrzehnten diejenigen bekämpft hat, die versucht haben, dieses Monopol zu brechen.

Nun gab es in der sowjetisch-russischen Tradition zwei Ansätze, dieses Datum zu feiern.

Der eine war der staatliche Ansatz. Mit Fahnen, Paraden, Porträts von Militärführern und großen Sternen auf den Schultergurten. Dieser Ansatz betonte den Sieg des Staates, der Kommandeure und Generäle im Krieg. Große Zahlen. Majestätischer Maßstab. Die Vertikale und das System.

Der zweite Ansatz war das genaue Gegenteil. Er war intim und persönlich, beruhte auf persönlichen Erfahrungen. Dieses Kästchen enthält die gesamte Prosa des Leutnants. Tagebucheinträge. Menschliche Geschichten, in denen kein Platz für Stalin und Schukow ist, sondern für die Großmutter und Großvater von jemandem.

Diesen zweiten Ansatz hat der Staat immer bekämpft. Er zähmte und verstaatlichte ihn, so gut er konnte. Jurij Bondarew milderte das Ende seines Romans »Bataillone bitten um Feuer« ab und verwandelte sich stattdessen in einen sowjetischen Literaturgeneral. Auf jeden lyrischen »Belarussischen Bahnhof« antwortete das Kino mit einem Dutzend pathetischer Propagandafilme. Der Staat klammerte sich verzweifelt an seine eigene Interpretation des 9.

Mai und ließ nicht zu, dass jemand in die wichtigste Rechtfertigung seiner Existenz eingriff.

Das gleiche Schicksal ereilte übrigens auch die Aktion »Unsterbliches Regiment«. Sie tauchte 2012 auf als Alternative zum offiziellen Pathos. Sie wurde vom Tomsker Oppositionsfernsehsender TV-2 erfunden: Anstelle von Spruchbändern und Slogans wurden die Menschen aufgefordert, Porträts ihrer Angehörigen zu tragen. Drei Jahre später entzog der russische Staat dem Fernsehsender seine Lizenz und nahm die Aktion unter seine Ägide.

Der Kreml leugnet das Private. Jede Größe ist nur innerhalb der Vertikalen möglich. Wenn Sie sich stark fühlen wollen, wenden Sie sich an den Staat. Als Gegenleistung für die Loyalität wird er dir erlauben, unter dem Schirm seiner Macht zu stehen.

Und dieser Ansatz verdammt Russland zur Einsamkeit. Der russische Tag des Sieges wiederholt das Schicksal des KVK. Immer weniger »international«. Mehr und mehr Isolation. Was nicht verwunderlich ist.

Schließlich macht Moskau den 9. Mai zu einem Test auf politische Loyalität. Schwören Sie den Treueeid, und dann werden wir dir sagen, welchen Beitrag zum Sieg über Deutschland du geleistet hast. Wir selbst werden dich auf die Liste der Gewinner setzen.

Deshalb suchen jedes Jahr mehr und mehr Nachbarn Russlands nach einer eigenen Sprache, um dieses Ereignis zu beschreiben. Und auch ihre eigene Interpretation der Ereignisse des Zweiten Weltkriegs. Alles nur, weil der Kreml sein Konzept als Teil eines umfassenden Vorschlags verkauft. In dem es nicht so sehr um die Vergangenheit geht, sondern um die Gegenwart und die Zukunft. In dem »ein Volk«, »wir können es wiederholen« und »eine Festung im Belagerungszustand« die Hauptthemen sind. In dem Moskau das Monopol auf den Sieg hat. In dem die neuen Bewohner des Kremls zu direkten Erben der alten erklärt werden, und das Recht erhalten, im Namen der Sieger zu sprechen.

Seit mehreren Jahrzehnten hat Moskau seine Vorstellung vom »Großen Vaterländischen Krieg« zu einer Zivilreligion verwandelt. Es hat seinen eigenen, einzig möglichen Ritus, seine eigene Schar von Aposteln und Gerechten, sein eigenes Pantheon von Dämonen und Sündern. Jede Abweichung davon gilt als Ketzerei und unterliegt dem Anathema.

Darüber hinaus wird der westliche Ritus bei der Feier des Sieges im Zweiten Weltkrieg in Russland als eine Art »Katholizismus« wahrgenommen. Die Grenzen der beiden Konfessionen sind klar definiert, und jeder Verstoß gegen die Konvention wird als Übergriff gewertet.

Doch Moskau empfindet das Obnowlenzen- oder Erneuerertum seiner Nachbarn als Abtrünnigkeit. Als eine Art »Uniatismus«, wenn der Ritus zwar östlich, das Selbstbewusstsein aber westlich ist. Und was einmal »unser« war und dann »fremd« wurde, wird immer als schmerzhafter empfunden als das, was von Anfang an nie »unser« war. Deshalb ertönen an die Adresse Kyjiws von Moskau aus so oft Worte, die man in Paris oder London nie sagen würde.

Aber wenn Moskau jemandem zu danken hat, dass immer weniger Gläubige zu seiner jährlichen Eucharistiefeier kommen, dann sich selbst.

Menschen des Zweiten Weltkriegs

In London gibt es das Imperial War Museum. Der erste Stock ist dem Ersten Weltkrieg gewidmet. Die zweite dem Zweiten Weltkrieg. Dann kommen der Kalte Krieg, die moderne Welt, und die oberste Etage ist den Helden der britischen Krone gewidmet.

Die Ausstellung über den Ersten Weltkrieg fügt sich gut in die übliche Museumstradition. Eine detaillierte Chronologie. Tafelwände, die den größten Schlachten gewidmet sind. Beschreibungen der verschiedenen Waffengattungen der Streitkräfte. Eine Ausstellung über die raffiniertesten Methoden, uns gleichende Menschen zu töten.

Waffen. Panzer. Schiffe. Flugzeuge. Schlachten. Statistiken. All die Dinge, die wir in heimischen Museen zu sehen gewohnt sind. Die Logik der großen Zahlen und der globalen Prozesse. Der einzige Unterschied ist, dass dies alles interaktiv und interessant ist.

Und wenn man in den zweiten Stock geht, erwartet man das Gleiche. Zumal es Großbritannien ist, das mit gleichem Recht über beide Weltkriege sprechen kann: »Wir haben gewonnen«. Das Land ist nicht auseinandergefallen wie Österreich-Ungarn. Es stürzte nicht in einen revolutionären Strudel wie das Russische Reich oder das Kaiserreich Deutschland. Es wurde nicht besetzt wie die meisten kontinentaleuropäischen Länder.

Großbritannien hat die Bevölkerung der Insel nicht durch den Fleischwolf der Konzentrationslager gedreht. Es hat sich nicht mit rechts- oder linksextremer Rhetorik verrückt gemacht. Es hat sowohl gekämpft, als es in der Minderheit war, als auch, als der Feind in der Minderheit war. London hat volles Recht auf eine lineare Beschreibung des Zweiten Weltkrieges. Wo alles genauso sein wird, was auch im ersten Stock der Ausstellung zu sehen ist. Der Staat. Die Diplomatie. Der militärisch-industrieller Komplex.

Aber sie haben etwas ganz anderes gemacht.

Ihre Darstellung des wichtigsten Krieges des 20. Jahrhunderts beginnt mit dem Modell eines gewöhnlichen Hauses. Es wurde von einer gewöhnlichen britischen Familie, den Allpress, bewohnt. Das Familienoberhaupt William, ein Eisenbahnarbeiter, seine Frau Alice, eine Hausfrau, und ihre zehn Kinder. Zwei Söhne dienten an der Front, einer in der Luftwaffe und der andere in der Infanterie, von Dünkirchen bis zur Normandie. Eine der Töchter diente bei der Feuerwehr. Einige löschten deutsche »Zündhölzer«. Einige lebten ruhig und friedlich und arbeiteten in einer Fabrik.

Daneben gibt es ein interaktives Modell. Ein virtueller Rundgang durch die Räume ihres Hauses. Ein paar Meter weiter steht ein typischer Luftschutzbunker, wie ihn die Londoner in ihren Höfen nach genehmigten Vorlagen gebaut haben. Man kann dort hingehen und den Geräuschen eines Luftangriffs lauschen, die jedem Londoner, der den Krieg überlebt hat, wohl bekannt sind.

In dieser Halle führt der Weg durch die rekonstruierten Räume ihrer Wohnung. In der Küche gibt es ein Lebensmittelpaket und Gasmasken. Im Schlafzimmer Kleidung und Bettwäsche. In den Fluren hängen Plakate aus jener Zeit, die zum Sparen von Lebensmitteln und Strom aufrufen.

Die Geschichte des Zweiten Weltkriegs wird anhand der Geschichte einer einzelnen britischen Familie dargestellt. Im Grunde haben die Besucher die Möglichkeit, die sechs Jahre voller Niederlagen und Siege genauso zu erleben wie diese gewöhnliche Familie aus einem Londoner Vorort. Und wissen Sie, das ist sehr beeindruckend.

Wir streiten uns immer noch darüber, wie wir in Bezug auf die Ukraine über den Zweiten Weltkrieg sprechen sollen. Die Ukrainer trugen die Abzeichen verschiedener Armeen. Sie schafften es, im Laufe ihres Lebens mehrmals die Staatsangehörigkeit zu wechseln. Sie kämpften Schulter an Schulter und Bruder gegen Bruder. Diejenigen, die gewannen, hätten verlieren können. Diejenigen, die verloren haben, hätten gewinnen können. Im Unterschied zu den Briten können und wollen wir die Ereignisse jener Jahre nicht linear betrachten. Ganz einfach, weil der Krieg die Territorien des Landes zermahlen hat. Zusammen mit den Bewohnern dieser Territorien.

Das Schicksal des »kleinen Mannes« – vielleicht könnte dies ein universeller gemeinsamer Nenner sein. Der die ungleichen Stimmen der Zähler ausgleichen würde. Die Siege waren für jeden anders und gehörten nicht immer denen, die sie errangen. Aber die Prüfungen waren für alle ungefähr gleich.

Wer weiß, vielleicht werden wir eines Tages eine ukrainische Gedenkstätte für den Zweiten Weltkrieg sehen, die die Geschichten der Bewohner verschiedener Gebiete unter einem Dach vereint. Und es wird sich herausstellen, dass die Schicksale eines Ingenieurs aus Donezk, eines Bauern aus Cherson, eines krimtatarischen Agrarwissenschaftlers, eines Priesters aus Lwiw und eines Bürgers aus Uschhorod viel mehr gemeinsam haben, als wir bisher dachten.

Monumentales Pathos ist bequem für Imperien. Biografien verlieren sich in ihm. Das Globale verdrängt das Private. Aber wenn man sich die Details ansieht, hat man die Chance zu verstehen, was sie durchmachten.

Das, was wir alle gemeinsam haben.

Virus-Diplomatie

Es gibt zwei Möglichkeiten, sich zu vereinen.

Die erste basiert auf gemeinsamen Werten. So ist zum Beispiel die Europäische Union organisiert. Siebenundzwanzig Länder, von denen viele noch vor kurzem Krieg gegeneinander geführt haben. Sie haben einen gemeinsamen Markt und den Schengen-Raum geschaffen. Sie haben supranationale Gremien gebildet und vereinbart, ihnen zuliebe die nationale Souveränität einzuschränken.

Aber es ist nicht die Geografie, die als Passierschein für diese Union dient. Oder besser gesagt, sie ist nicht das Einzige. Es ist das Bekenntnis zu gemeinsamen Werten, das als Gesichtskontrolle dient. Demokratie, Menschenrechte und die Vereinbarung, nach gemeinsamen Regeln zu spielen.

Um Teil des kollektiven Westens zu werden, reicht es nicht aus, in Europa zu wohnen. Es ist wichtig, wirklich der Westen zu sein: das Wertegerüst und die wirtschaftlichen Kriterien zu erfüllen. Aus diesem Grund werden zum kollektiven Westen allgemein Länder in ganz anderen Teilen der Welt gezählt. Zum Beispiel Australien.

Es gibt aber auch eine andere Möglichkeit, sich zu vereinen. Auf der Grundlage eines gemeinsamen Feindes. Wenn eine globale Herausforderung die Unterschiede zwischen Rivalen aufhebt und sie zu Verbündeten im Kampf gegen eine neue Bedrohung macht. Wie zum Beispiel während des Zweiten Weltkriegs, als die Konfrontation mit dem Dritten Reich die UdSSR und die Vereinigten Staaten zwang, sich im selben Schützengraben wiederzufinden. Und es ist kaum verwunderlich, dass Russland diese Erfahrung der Interaktion mit dem Westen für sich als die akzeptabelste ansieht.

Nach den Anschlägen vom 11. September bot Russland den Vereinigten Staaten seine Hilfe an. Uljanowsk wurde zu einer Drehscheibe für die Entsendung von US-Truppen nach Afghanistan. Amerikanische Stützpunkte wurden in zentralasiatischen Ländern eingerichtet. Der Kampf gegen den internationalen Terrorismus wurde zum Kitt der Beziehungen zwischen Moskau und Washington, zumindest für einige Jahre.

Doch die samtenen Revolutionen in Georgien und der Ukraine ließen das russische Misstrauen schnell wieder aufleben. Moskau begann, den Westen zu verdächtigen, in seine »Einflusszone«

eindringen zu wollen. Das Ergebnis war Putins Münchner Rede im Frühjahr 2007 und der Einmarsch in Georgien im Jahr 2008.

Doch auch danach ließ Moskau nicht locker und verkaufte dem Westen ein Bündnis gegen ein »größeres Übel«. Im Jahr 2015, nach der Annexion der Krim und dem Einmarsch in den Donbas, bot der Kreml Europa und Washington in der UN-Generalversammlung direkt einen Deal an. Sein Inhalt war recht einfach: »Die Welt wird vom IS bedroht, und deshalb müssen wir ihn mit vereinten Kräften bekämpfen. « Moskau bot an, den islamischen Terrorismus zum neuen »Hitler« zu erklären und deutete an, dass es bereit sei, eine zweite Front gegen ihn zu eröffnen.

In diesem Schema wurde der Ukraine die Rolle einer Art Vorkriegs-Finnland zugedacht. Vor dem deutschen Einmarsch war es der Sowjetunion gelungen, 11 % ihres Territoriums gewaltsam zu abzutrennen. Der Zweite Weltkrieg überschattete diese Aggression, und nach Mai 1945 blieben diese Gebiete unter sowjetischer Kontrolle. Wahrscheinlich rechnete Moskau 2015 mit etwas Ähnlichem. Es war der Meinung, dass die Teilnahme am Krieg gegen den gemeinsamen Feind ein Freibrief für die Besetzung ukrainischer Gebiete sein würde.

Der Westen hat diesen Vorschlag jedoch ignoriert. Erst sagte Barack Obama und dann Angela Merkel, dass die Welt von Ebola, Russland und dem IS bedroht sei. Und jeder der Politiker bezeichnete den russischen Faktor als prioritär gegenüber der terroristischen Bedrohung. Dies war ein klares Signal: Wir werden uns nicht mit euch gegen die »größere Bedrohung« verbünden, denn die »größere Bedrohung« seid ihr.

Während der Pandemie begann der Kreml erneut, die alte Karte auszuspielen. Diesmal bot er an, als gemeinsame Front gegen »Covid« aufzutreten. Das Coronavirus traf ausnahmslos alle Länder, die Impfstoffhersteller konnten die Bestellungen nicht bewältigen, und Moskau begann, jedem eifrig seinen eigenen »Sputnik V« anzubieten. Dies war eine Art pharmazeutische Diplomatie. Medikamente als Vorwand für Gespräche und Dialog.

Moskau hoffte, dass COVID-19 die Krim und den Donbas übertönen würde. Dass die Pandemie den Westen zwingen würde, »das Blatt zu wenden«. Dass die Legalisierung des russischen

Impfstoffs in Europa die Grenzen der Europäischen Union für Russen früher öffnen würde als für »visafreie Länder«. Doch dieses Szenario ist ins Stocken geraten.

Denn Moskau hatte sieben Jahre zuvor einen Krieg mit dem Westen begonnen. Es gibt zu viel zerbrochenes Geschirr und zu wenig Vertrauen in der Geschichte ihrer Beziehungen. Der Kreml hat das Bild Russlands verändert, es vergiftet und alle gezwungen, bei ihren eigenen Problemen nach einer »russischen Spur« zu suchen.

Aus diesem Grund wird es für Moskau schwierig sein, einen neuen »Hitler« für Europa zu finden. Gegen den es einen »plea bargain« mit dem Westen abschließen kann. Denn die erste Regel, wenn man Verbündeten die Idee des Kampfes gegen eine gemeinsame Bedrohung verkaufen will, besteht darin, nicht selbst zu einer gemeinsamen Bedrohung zu werden.

Zugehen auf die EU

Ein Frieden mit Russland ist unmöglich. Auch wenn viele Menschen darauf hoffen.

Das ist die Hoffnung Europas, das verzweifelt in das Jahr 2013 zurückkehren möchte. Ein Europa, das sich nicht mit Sanktionen, der Krim, dem Donbas und dem Streit über Nord-Stream herumplagen muss. In dem man kein Geld für die Armee und kein Geld für die NATO ausgeben muss.

Das ist es, was sich die Menschen in der Ukraine erhoffen. Diejenigen, die ihre Geschäftsverbindungen nicht ändern wollen. Diejenigen, die auf Tournee nach Russland gehen. Diejenigen, die die Interessen ihres Geldbeutels mit der Rhetorik des »Kampfes für den Frieden« rechtfertigen.

Das erhoffen sich alle, die offiziell oder unter der Hand von Russland bezahlt worden sind. Diejenigen, die überzeugt sind, dass Werte und Preisschilder übereinstimmen müssen. Diejenigen, die davon träumen, in ihre Komfortzone zurückzukehren. Die 2014 hoffnungslos ins Nichts verschwand.

Es gibt nur ein Problem. Warum gehen alle davon aus, dass Russland selbst den Frieden will?

Früher oder später wird jeder Politiker zu einer Geisel seiner eigenen Ansichten. Früher oder später beginnt jeder Politiker, die Realität an sich selbst zu messen. Wahlen sind eine Form der Machtrotation, bei der diejenigen, die den »Zeitgeist« spüren, Einfluss gewinnen. Der »Zeitgeist« und die Agenda des Tages. Die Wechselhaftigkeit der Macht garantiert die Gewissenhaftigkeit der Regierung.

Jedes Land, in dem eine Rotation der Eliten stattfindet, ist zum Wandel vererurteilt. Denn Stimmungen, Hoffnungen und Forderungen ändern sich. Wir können das in der Ukraine deutlich sehen, wo für viele Menschen die Frage der Wohlfahrt die Frage der Souveränität ersetzt hat. Aber in Russland selbst hat sich nichts geändert. Denn in diesem Land gibt es keine Rotation der Macht und es wird sie auch in absehbarer Zukunft nicht geben.

Wladimir Putin ist seit über zwanzig Jahren im Kreml. Er ist es gewohnt, dass sich Regierungen, Regime und Architekturen um ihn herum ändern, während er selbst bleibt. Die öffentliche Meinung bestimmt nicht seine Ansichten, einfach weil er in seiner eigenen Realität lebt. Und die hat vielleicht nichts mit der Realität des Durchschnittsrussen zu tun.

Ja, er begann seine erste Amtszeit mit einer Rede über ein vereintes Europa von Lissabon bis Wladiwostok. Aber zu seiner Anamnese gehören die Rosenrevolution in Georgien und der erste Majdan in der Ukraine, die Münchner Rede und die Niederschlagung des Bolotnaja-Platzes. Er ist Geisel seines eigenen Weltbildes. In dem der Westen Russland konsequent bekämpft, ihm seine »Einflusszonen« wegnimmt und sich weigert, Moskau als Hauptstadt eines Imperiums zu sehen. In seiner Vorstellung hat der Westen diesen Krieg begonnen: Er hat die UdSSR zerschlagen, die baltischen Staaten weggenommen und Georgien und die Ukraine abgespalten. Und Wladimir Putin selbst will nur »das Gleichgewicht wiederherstellen«, »zurückschlagen« und »einen Schlag parieren«.

Welchen Sinn hat sein Bemühen, den Krieg zu beenden, wenn für ihn jeder Kompromiss eine Niederlage bedeutet? Welchen Sinn hat die Rückkehr zum Frieden, wenn es in ihm keinen Platz für seinen Traum gibt?

Die russische Politik ist dazu verdammt, so lange unverändert zu bleiben, wie der russische Präsident unverändert bleibt. Für ihn ist die gesamte jüngere Geschichte eine einzige lange Schachpartie. In der er das Imperium wiederherstellt, sich gegen den Westen verteidigt und sich in die Geschichtsbücher einträgt.

In allen anderen Ländern kann die Wirtschaft die Politik bestimmen, und die Stimmungen der Menschen können die politische Rhetorik bestimmen. Aber diese Formel funktioniert nicht in Russland. Denn hier ist alles genau andersherum. Und die russische Wirtschaft ist nur ein Sparschwein für den Traum einer Person.

Die ukrainische Politik kann sich ändern – mit einem neuen Präsidenten und einem neuen Parlament. Europa kann sich ändern, wenn seine Wähler entscheiden, dass die Bedrohung durch Moskau übertrieben ist. Aber wir haben keinen Grund zu glauben, dass sich Russland ändern wird.

Denn in Russland werden die gleichen Leute an der Macht bleiben. Menschen, die an einen »Dulles-Plan« glauben und Fakes zitieren. Die von Atomschlägen und der Inszenierung egal welcher Proteste sprechen. Solche, die es gewohnt sind, Stärke als Schwäche, Schwarz als Weiß und das Unvermeidliche als korrigierbar zu bezeichnen.

Warum sollten sie ins Jahr 2013 zurückkehren wollen, wenn ihr Geburtstrauma 1991 ist?

Treibstoff für das Imperium

»Das größte geteilte Volk«. Der Kreml setzte einst so den Standard für die Beschreibung der Russen, die nach 1991 außerhalb Russlands blieben. Und verurteilte damit seine Landsleute zur Isolation.

Nach dem Zusammenbruch der Sowjetunion blieben Millionen von Russen außerhalb Russlands. Und das gilt nicht nur für die Ukraine, sondern für alle ehemaligen Republiken der UdSSR. Und fast überall ereilte diese Menschen das gleiche Schicksal.

In einer idealen Welt würde jede ausländische Diaspora zu einer »Softpower« für das Mutterland werden. Es handelt sich um eine Kraft, die in das neue Heimatland integriert ist und daher den Anspruch erheben kann, ein »Botschafter« des alten Landes zu sein.

Die ukrainische Diaspora in Kanada, die armenische in Frankreich oder die jüdische in aller Welt sind die besten Beispiele dafür. Aber mit »Russen im Ausland« ist nichts dergleichen geschehen.

Sie wurden nicht zu Trendsettern. Sie entwickelten keine Strategien für die Zukunft. Sie haben es nicht geschafft, Lobbyisten für ihre eigenen Interessen zu werden. Solche Menschen, die von den neuen Hauptstädten nicht als feindselig empfunden werden würden. Dafür gibt es einen einfachen Grund.

Moskau sah für seine ausländischen Mitbürger nur eine Form der Existenz vor: die Irredenta. Sie sollten nur als Vorwand für die »Wiedervereinigung« in einem einzigen gemeinsamen Staat dienen. Und ein Vierteljahrhundert lang hat der Kreml alles getan, um dieses Druckmittel zu behalten.

Dazu brauchte er nur sehr wenig. Er musste die Russen daran hindern, sich in die politischen Nationen der Länder, in denen sie lebten, zu integrieren. Allein der Gedanke, dass Russen in den Interessen ihrer neuen Hauptstädte und nicht in denen Moskaus leben könnten, wurde als Verrat angesehen.

Der Kreml hat die Anpassung der Russen nie gebraucht. Im Gegenteil, er wollte die Russen so weit wie möglich isolieren. Um dann Jahr für Jahr auf den Schutz der »Verfolgten und Benachteiligten« zu spekulieren. Das Konzept »Russen für die Ukraine« wurde als Ausdruck von Feindseligkeit interpretiert. Denn Moskau brauchte das Konzept der »ukrainischen Russen als Dietrich für die Ukraine«. Alles andere wurde von Russland als Bedrohung empfunden.

»Auslandsrussen« wurden ermutigt, ihre Nationalität als ein Recht und nicht als eine Pflicht zu empfinden. Der Kreml wies ihnen die Rolle der »Baba Jaga« zu, die immer dagegen ist. Zu ihrem einzigen Ziel wurde die Nostalgie erklärt.

Infolgedessen sind in den postsowjetischen Ländern keine vom Kreml abgewandten russischen Parteien entstanden. Alles, was auftauchte, entpuppte sich als fünfte Kolonne. Als Lobbyisten für russische Monopole. Als Handelsvertreter, die imperialen Chauvinismus verkaufen. Jeder alternative Ansatz stieß in Moskau auf Ablehnung.

Wozu diese Strategie führt, haben wir im Donbas gesehen. Moskau hat ihn jahrelang »geschützt«. Auf Initiative des Kremls wurde die Region in einen Brückenkopf verwandelt, dessen einziger Zweck es ist, der ukrainischen Regierung Probleme zu bereiten. Und Moskau ist nicht an der Lebensqualität der »Russen und russischstämmigen Menschen« in den besetzten Gebieten interessiert.

Der Donbas hat gezeigt, dass der Kreml seine ausländischen Mitbürger als imperialen Humus betrachtet. Ihre Interessen sind denen der russischen Führung untergeordnet. Moskau kämpft nicht für sie, sondern mit ihnen, als Waffe. Die Bürger sind für das Imperium da. Nicht andersherum.

Darüber hinaus hat der Einmarsch in den Donbas einen weiteren wichtigen Prozess ausgelöst. Moskau war überzeugt, dass der Osten und Süden der Ukraine ihm in die Arme fallen würde. Dass die russische Sprache allein ausreicht, dass ihr Sprecher ein Anhänger der »Russischen Welt« sei. Es stellte sich heraus, dass dies nicht der Fall war.

Infolge des Einmarsches in die Ukraine ist das eingetreten, was Moskau immer befürchtet hatte. Die Russen haben begonnen, sich in die Ukraine zu integrieren – als Ergebnis ihrer unabhängigen Wahl zwischen ihrer alten und ihrer neuen Heimat. Und in dieser Situation braucht der Kreml nicht mehr auf die Lobbyarbeit für seine Interessen zu zählen. Denn die Wahl einer neuen Identität wird, wie sich herausstellte, mit dem Verlust der alten einhergehen.

Aller Wahrscheinlichkeit nach wird uns die neue Volkszählung viele Überraschungen bescheren.

3 Krieg

Außerhalb der Politik

Ich erinnere mich an eine Fahrt in die Asow-Region im August 2016. Ein Auto, drei Passagiere und ein prall gefüllter Kofferraum, um den plötzlichen Winter zu überstehen.

Wir kamen mit Verspätung in Melekine in der Oblast Donezk, an, bezogen schnell in einem Privathaus unser Quartier und gingen in der Abenddämmerung an den Strand. Warmes Meer, der Sand noch nicht abgekühlt, Wein und Käse. Das einzig ärgerliche war der aufkommende Regen. Er war sicher, Donnergeräusche kündigten ihn an. Wir waren beunruhigt, bis wir in den Himmel blickten. Die Sterne lagen uns gleichsam auf der Hand, keine einzige Wolke. Es war aber kein Donner, es waren Artilleriegeschütze. Ein wenig weiter östlich.

In Melekine war der Krieg zu spüren. Die verlassenen Sanatorien der Donezker Unternehmen starrten einen mit leeren Fenstern an. Diejenigen, die in der ersten Reihe aufgereiht waren, wurden nach und nach mit Sand bedeckt. Die örtlichen Großmütterchen mochten keine Kameras. Sobald man den Fotoapparat herausnahm, forderten sie einen auf, ihn wegzustecken. Sie sagten, wenn man etwas aufnimmt, könnte etwas passieren. »Es ist schon lange nichts mehr passiert, braucht man auch nicht.«

Melekine war ernüchternd.

Der Krieg ist immer nah. Er ist sechs Stunden mit dem Zug entfernt oder zehn Stunden mit dem Auto. Unser ganzes komfortables Leben hier ist nur möglich, weil er dort gestoppt wurde. Auf der Linie jener Siedlungspunkte, deren Namen wir in den Armeeberichten hören. Wir spüren ihn nicht, dank derer, die ihn jeden Tag erleben.

Ich erinnere mich an den Februar 2014. Ein zählklebriges Gefühl der Verwirrung. Ich erinnere mich sehr gut an dieses Gefühl, das sich einstellt, wenn die vertraute Welt auf den Kopf gestellt wird. Wenn Freunde ihre Telefone ausschalten, um sie auf dem Festland einzuschalten. Wo bereits eine dünne grüne Linie von

Menschen in ukrainischen Militäruniformen zwischen ihnen und der Halbinsel steht.

Ich habe mir vor ein paar Jahren abgewöhnt, etwas zu planen. Der Planungshorizont ist auf sechs Monate geschrumpft. Selbst das ist eine Menge Optimismus – 2014 habe ich nicht versucht, weiter als eine Woche vorauszuschauen. Allerdings war mein Krim-Szenario ausgesprochen komfortabel im Vergleich zu dem, was meine Freunde aus Donezk erwartete.

Man sagt mir, das sei eine Neurose. Ein Nachhall des Erlebten. Ein psychologisches Trauma, das mich daran hindert, Schlussfolgerungen zu ziehen und Risiken zu bewerten. Wahrscheinlich werde ich dem zustimmen. Ich werde zustimmen, sobald der Krieg vorbei ist. Aber solange er andauert, bleibt die Frage, wer hier der Träger der Normen ist, offen.

Wir erinnern uns an Menschen, die einen Autounfall überlebt haben und alle davon überzeugen, man müsse Sicherheitsgurte anlegen. Die sagen, ein Sicherheitsgurt sei keine Marotte oder Übertreibung. Zerknitterte Kleidung sei kein so hoher Preis für die eigene Sicherheit. Und wir gewöhnen uns daran, die Antwort zu hören: »Hör auf, Angst zu verbreiten «.

Ich höre oft, dass der Kreml nicht angreifen wird. Dass er sich bereits genommen hat, was er konnte. Er ist so weit gegangen, wie es ihm erlaubt war. Dass er von nun an ganz anders kämpfen wird, und dass es keinen Sinn hat, an eine Wiederholung von 2014 zu denken. Und in diesem Moment habe ich ein Déjà-vu. Denn am Vorabend der Annexion habe ich etwas Ähnliches gehört. »Es ist nicht rentabel«. »Sie werden es nicht wagen«. »Die Weltordnung«. Ich hörte es und wiederholte es. Und dann wehten die russischen Fahnen auf dem Gebäude des Ministerrats der Krim.

Der Krieg geht weiter, auch wenn ihr es nicht wollt. Er geht weiter, auch wenn ihr beschließt, die Schützengräben zuzuschütten. Er wird weitergehen, unabhängig davon, ob sich euer Lieblingspolitiker an ihn erinnnert oder nicht.

Das Einzige, was von euch abhängt, ist, ob er es tut. Denn es handelt sich um eine Agenda, die von den Wählern beeinflusst, von Soziologen gemessen und von Politikern aufgegriffen wird. Es hängt von euch ab, wie euer Favorit die Risiken einschätzen wird.

Und wenn es für euer Idol keinen Krieg gibt, gibt es ihn wahrscheinlich auch nicht für euch. So wie er für mich am 25. Februar 2014 nicht existierte.

Doch ich kann ihm jetzt nicht entkommen, und ihr auch nicht. Der Krieg wird nicht verschwinden, er wird sich nicht auflösen, er wird nicht im Nichts versinken. Egal, wie wir bei den Wahlen abstimmen und egal, wer das Land führt, er wird immer noch da sein. Denn er ist sechs Stunden mit dem Zug entfernt. Oder zehn Stunden mit dem Auto.

Das ist sehr nah.

Ein unbegreiflicher Krieg

Wir hatten uns Krieg ganz anders vorgestellt. Und als er begann, waren wir nicht darauf vorbereitet.

Unser Wahrnehmungsapparat wurde nicht von uns geformt. Er wurde durch Bücher und Filme geschmiedet, und, so denken wir, beides hat uns die Sowjetunion als Erbe hinterlassen. Wenn wir über Krieg, Besatzung und Unterdrückung sprechen, denken wir an all diese Filmklassiker aus der ersten Hälfte des letzten Jahrhunderts.

Was ist Krieg für uns? Panzerkeile, Hunderttausende von Soldaten in Schlachten, »alles für die Front, alles für den Sieg«, Luftangriffe und Partisanen. Was ist Besatzung für uns? Sicherlich Panzer, Menschen in schwarzen Uniformen, Terror von der ersten bis zur letzten Szene, Massenerschießungen und Folter.

Das sowjetische Kino kultivierte einen einzigen Krieg, den Zweiten Weltkrieg. In ihm gab es keine Halbtöne und somit auch keine Möglichkeit für »Kompromisse«. Für einen Menschen, der mit einer solchen Beschreibung aufgewachsen ist, wird ein Krieg gegen etwas geführt, das dich mit dem unmittelbaren Tod bedroht. Eine Niederlage würde unweigerlich das Leben kosten. Entweder sofort nach der Niederlage oder etwas später – in einem Konzentrationslager.

In einem solchen Krieg ist der Feind infernalisch und mit lässt nicht mit sich verhandeln. Kämpfen ist die einzige Möglichkeit zu überleben. Auf dem Spiel steht in dieser Konfrontation dein Leben.

Wenn du verlierst, wirst du es auf jeden Fall verlieren, und deshalb kannst du dich nirgendwohin zurückziehen. Das Problem ist nur, dass solche Kriege die Ausnahme sind, nicht die Regel. Die meisten Kriege verfolgen viel utilitaristischere Ziele. Länder kämpfen um Einflusszonen und den Zugang zu Ressourcen. Kriege werden für die eigene politische Stabilität geführt, oder um jemand anderen zu destabilisieren. Es gibt viele Varianten, und nur eine kleine Zahl von Konflikten geht mit einem totalen Völkermord an der lokalen Bevölkerung einher.

Die Besonderheit jedes »nicht-totalen« Krieges besteht darin, dass der Durchschnittsbürger immer die Möglichkeit hat, sich nicht daran zu beteiligen. Sein persönliches Überleben hängt nicht direkt mit dem Ausgang dieses Krieges zusammen, so dass er es sich eine Abweichung in seinen Einschätzungen leisten kann. Und dieser Ansatz ist auch nicht überraschend.

In einem totalen Krieg steht das eigene Leben auf dem Spiel. Du kannst nicht gleichgültig bleiben, denn deine Existenz hängt von Sieg oder Niederlage ab. Eine Niederlage bedeutet den Tod, und diesen Preis will niemand zahlen.

In jedem anderen Krieg steht viel weniger auf dem Spiel. Der sowjetische Bürger interessierte sich kaum für das geopolitische Kalkül der Invasion in Afghanistan. Amerikanische Pazifisten verstanden nicht, warum ihre Landsleute in Vietnam starben. Britische Bürger bezweifelten ernsthaft die Notwendigkeit, gegen Argentinien um die unendlich weit von ihnen entfernten Falklandinseln Krieg zu führen.

In diesem Sinne ist die Ukraine keine Ausnahme. Denn auch die russische Invasion hat – bei aller Grausamkeit und Unmoral – wenig mit dem Zweiten Weltkrieg gemein.

Der Kreml hat nicht das Ziel, die Bewohner der eroberten Gebiete physisch auszurotten. Moskau wird zufrieden sein, wenn die Ukrainer zustimmen, dass sie »Teil des dreieinigen russischen Volkes« sind. Wenn sie der russischen Version der Geschichte zustimmen, den »geistigen Banden« die Treue schwören und auf jeden Anspruch auf Souveränität verzichten.

Die Bedingung des Kremls ist sehr einfach. Gebt zu, dass ihr »russisch« seid, und ihr erhaltet alles, was das Imperium in den letzten Jahrhunderten seines Bestehens angesammelt hat. Gebt eure Identität auf und ihr erhaltet das Recht auf Tschaikowsky, Puschkin, Lermontow und Tolstoi. Und wir sind bereit, eure nationale Kultur zu bewahren – auf der Ebene der Folklore. Mit der obligatorischen weiten Hose und dem Kult der Perejaslawer Rada.

In diesem Sinne konzentriert sich die Problematik des gegenwärtigen Krieges nicht auf die unteren Stufen der Maslowschen Pyramide, sondern eher auf die oberen. Im Krieg geht es nicht um das physische Überleben, sondern um Fragen der Selbstidentifikation und Selbstverwirklichung.

Der Durchschnittsbürger steht vor einer schwierigen Wahl. Auf der einen Waagschale liegen die Bedrohung des häuslichen Komforts und die Ausgaben des Staatshaushalts, die allgemeine Besorgnis und die Risiken für das Leben im Falle einer neuen Mobilisierung. Auf der anderen Waagschale die Kategorien Unabhängigkeit und Souveränität, die symbolische Kontur und der nationale Befreiungskampf. Die ersten Kategorien sind verständlich und greifbar, da sie sich auf die ersten beiden Stufen der Maslowschen Pyramide beziehen. Die anderen Kategorien sind abstrakt und relativ, da sie zu den letzten Stufen derselben Klassifizierung gehören. Wer sie noch nicht erreicht hat, wird wahrscheinlich nicht bereit sein, ihre Bedeutung von vornherein anzuerkennen.

Folglich ist sich der Durchschnittsbürger der Kosten des Krieges durchaus bewusst. Gleichzeitig ist er sich aber auch nicht darüber im Klaren, was genau er mit einem Sieg bekommen wird. Die klassische Geschichte vom Spatz in der Hand und dem Kranich am Himmel. Den man außerdem noch sehen können muss.

Und das ist ein wesentlicher Punkt. Wenn die Agenda der Regierung von der Soziologie geprägt ist, dann wird sich die Führung des Landes immer auf taktische Fragen konzentrieren. Das Unmittelbare impliziert nicht eine Strategie. Die richtigen Entscheidungen werden nicht unbedingt populär sein.

Genau darin liegt die Anfälligkeit der Demokratie gegenüber autoritären Regimen. Denn die russische Führung ist nicht von der Stimmung ihrer Wähler abhängig. Sie kann es sich leisten, die

Wünsche der anderen zu ignorieren und sich auf ihre eigenen zu konzentrieren. Sie kann es sich leisten, bei der Wahl ihrer Mittel und Methoden sich nicht zurückzuhalten und den Krieg gegen die Ukraine auf Jahre und Milliarden auszudehnen.

Und jede ukrainische Führung muss jedes Mal dieselbe Prüfung bestehen. Auf Konsequenz und Weitsicht. Auf gesunden Menschenverstand und Verantwortung. Denn die Versuchung ist zu groß, wechselnden Begehrlichkeiten nachzugeben und alles, was dem Land eine Chance für die Zukunft geben kann, in den Ofen der Geschichte zu werfen.

Und dann muss die nächste Generation wieder ganz von vorne anfangen.

Zweitrangige Territorien

Jeder ukrainische Politiker ist bereit zu erklären, »keine territorialen Zugeständnisse an Russland«.

Theoretisch sollten uns diese Worte beruhigen. Sie sollten uns die Gewissheit geben, dass Kyjiw nicht bereit ist, die Grenzen neu zu ziehen. Dass jede Gelegenheit, die blaue-gelbe Flagge in die besetzten Gebiete zurückzubringen, Priorität hat.

Aber solche Erklärungen haben nichts Beruhigendes an sich. Schon allein deshalb, weil die Ukraine dank des hybriden Krieges kein hybrider Staat mehr ist.

Es besteht immer die Versuchung, die eigene Vergangenheit aus der Gegenwart heraus zu erfinden. Im Nachhinein Ecken und Kanten zu glätten, Wege zu ebnen und Widersprüche zu entschärfen. Aber die Sache ist die: die Ukraine konnte sich vor dem Krieg alles anderen rühmen als ihrer Souveränität.

1991 erlangte die Ukraine ihre Unabhängigkeit nicht aus eigener Kraft. Ihre nationale Befreiungsbewegung war kaum vergleichbar mit derjenigen in Polen oder Litauen.

Diese Länder wollten aus dem Gefängnis ausbrechen, um ihre eigene Unabhängigkeit zu erlangen. Im Unterschied zur Ukraine, die ihre Freiheit nur erlangte, weil das Gefängnis zusammenbrach.

Vielleicht ist das der Grund, warum die anschließenden 23 Jahre der Existenz des Landes eine Zeit hybrider Unabhängigkeit waren. Was man umsonst bekommt, wird viel weniger geschätzt als das, was man sich selbst erkämpft hat. Zwei postsowjetische Jahrzehnte lang steckte das Land in einer Zwischenzeit fest und versuchte, den Sinn seiner Existenz zu formulieren.

»Blockfreiheit«. »Multivektoralität«. »Eine Brücke zwischen Europa und Russland«. Der Hauptinhalt der ukrainischen Wahl bestand darin, dass sie sich weigerte, eine Wahl zu treffen. Indem sie ihr »Grenzland«-Dasein bewahrte. Ihren »Übergangscharakter«. Ihre »Hybridität«, um es anders auszudrücken.

Für die Ukraine war 2014 genau das, was 1991 hätte sein müssen. Das Jahr, als der Aufstand siegte. Das Jahr der Invasion. Das Jahr, in dem die Geschichte des bewaffneten Freiheitskampfes begann.

Moskau selbst beendete die Geschichte der ukrainischen »Multivektoralität«. Indem es das Land zwingt, sakrale Fragen zu beantworten. Es zwingt das Land, gordische Knoten zu durchschlagen und Entscheidungen zu treffen. Das alte Gleichgewicht wurde gestört, und dies ermöglichte es der Ukraine, mit ihrer wirklichen Ukrainisierung zu beginnen.

Und die wichtigste Errungenschaft der letzten Jahre ist die Souveränität.

Die Ukraine hat das Recht erlangt, ihre Zukunft selbst zu bestimmen. Sie muss ihre Geschichtslehrbücher nicht mit russischen Politikern abstimmen. Nicht auf die Rufe Moskaus zu achten und nicht auf die Stimmen aus dem Kreml hören. Der klassische Weg, den jede Kolonie einschlägt, wenn sie sich von der Metropole verabschiedet. Die Ukraine hat diesen Weg später eingeschlagen als ihre westlichen Nachbarn, aber besser spät als nie.

Und wenn ukrainische Politiker behaupten, ihre Priorität sei die territoriale Integrität, dann klingt das ziemlich alarmierend.

Die russische Invasion im Donbas ist nämlich kein Krieg um Territorium. Moskau braucht nicht die östlichen Regionen der Ukraine, es braucht die gesamte ehemalige Sowjetrepublik. Kontrolliert, zweitrangig und als Puffer. Die Hauptaufgabe des Kremls besteht darin, den Donbas als trojanisches Pferd an Kyjiw zu übergeben. Damit er als Leine für die ukrainische Souveränität fungiert.

Damit die formale Unterordnung der Region unter Kyjiw durch die faktische Kontrolle Moskaus kompensiert wird.

Wenn die offizielle Ukraine wirklich beschließt, den Donbas zurückzuerobern, kann sie dies recht schnell erreichen. Es reicht aus, der Region Autonomie zu gewähren. Die Kämpfer durch Amnestie und Wahlen zu legalisieren. Moskau wird die Kontrolle über die Grenze an seine Stellvertreter abgeben und seinen Einfluss in der Region behalten. Und wenn die »Priorität« die »Grenzen« sind, dann werden uns die Politiker über den »historischen Durchbruch aus der Sackgasse« berichten.

Über den Preis, den wir dafür zahlen werden, werden sie jedoch schweigen.

Im gesamten aktuellen Krieg geht es nicht um Territorium, sondern um Souveränität. Manche mögen denken, dass die Frontlinie ein Sprungbrett für die Befreiung des Donbas ist. Solange Russland jedoch weiter expandiert, ist es fairer, die Frontlinie als »Verteidigungslinie« zu bezeichnen. Deren Aufgabe ist es, alles zu tun, um zu verhindern, dass Charkiw oder Odesa das Schicksal der »Volksrepubliken von Luhansk und Donezk« ereilt.

Wenn Moskau eine Gelegenheit sieht, den besetzten Osten einzutauschen gegen die Kontrolle über die gesamte Ukraine, wird es dies unverzüglich tun. Gleichzeitig wird es sich der Sanktionen, des Paria-Status und des Titels »Bedrohung für die Welt« entledigen. Wenn die Priorität für Kyjiw darin besteht, die Territorien um jeden Preis zurückzubekommen, dann werden wir bald zu unserer hybriden Vergangenheit zurückkehren. In der es dann auch keine Krim mehr geben wird. Stattdessen werden wir unser eigenes politisches »Tschernobyl« haben, mit dessen Hilfe Moskau die ukrainischen Perspektiven zerstören wird.

Souveränität ist wichtiger als Territorium. Sie sollte als Kontrollmaßstab dienen, an dem Kyjiw den Preis eines jeden Abkommens messen wird. Es ist die Souveränität, für die die Ukraine in den letzten Jahren gekämpft hat. Und es ist diese Souveränität, die Moskau im Laufe der gesamten Geschichte der Unabhängigkeit unseres Landes zu annullieren versucht hat.

Die Ukraine hat keinen einzigen Grund, den Donbas und die Krim aufzugeben. Aber sie hat auch keinen Grund, einer mechanischen Wiedereingliederung zuzustimmen, wenn Moskau von ihr verlangt, im Gegenzug die Zukunft des Landes aufzugeben.

Der Preis der Kapitulation

Die Ukraine wird manchmal mit Israel verglichen. Wie einst die Juden in der Vergangenheit müssen die Ukrainer nämlich einen Staat in der Nähe eines mächtigen Feindes aufbauen. Doch so reizvoll dieser Vergleich auch sein mag, er hinkt.

Die Juden, die Mitte des letzten Jahrhunderts Israel aufbauten, hatten es in mancher Hinsicht sogar leichter: Sie hatten es mit einem Feind zu tun, der keine Sentimente für den neuen Staat hegte. Deshalb war es für sie einfacher: Der Gegner war zu anders, als dass sie sich hätten täuschen können. Schließlich ging es um das physische Überleben.

Die gesamte Logik der Existenz Israels war in der Formulierung von Premierministerin Golda Meir zusammengefasst: »Wir wollen leben. Unsere Nachbarn wollen uns tot sehen. Das lässt wenig Raum für Kompromisse.« In dieser Situation hatten die Juden schlicht keine andere Wahl. Sie konnten gewinnen, einen Staat gründen und ihn erfolgreich machen. Oder sie konnten verlieren und untergehen.

Dies ist wahrscheinlich genau der Hauptunterschied zwischen der Ukraine und Israel. Moskau setzt sich nicht die gleichen Ziele wie die Nachbarn des offiziellen Tel Aviv. Es will nicht einen Nachbarstaat von der Landkarte verdrängen oder die Ukrainer ins Meer werfen. Das Minimalprogramm des Kremls besteht darin, die Ukraine zu seinem Protektorat zu machen, sie ihrer Subjektivität zu berauben und ihre Zahlungsunfähigkeit zu beweisen. Das Maximalprogramm besteht darin, dass sich die Ukrainer zu »Russen« erklären.

In diesem Szenario geht es nicht um das physische Überleben, sondern um die Identität. Und die sind viele bereit zu opfern. Denn es ist leicht zu opfern, was man nicht hat. Vor allem, wenn man sich der Illusion hingibt, dass sich für einen persönlich, wenn das eigene Land besiegt wird, nichts ändert.

Ein abstrakter ukrainischer Durchschnittsbürger mag sich der Illusion hingeben, dass ihm persönlich nichts Schlimmes zustoßen wird. Dass im Falle einer Kapitulation der Ukraine lediglich ein Waffenstillstand eintreten wird, die Märtyrerlisten verschwinden werden und das Budget der Armee wieder auf das bescheidene Vorkriegsniveau zurückkehren wird. Dass die Investitionen fließen, die russischen Märkte sich öffnen und die wirtschaftliche Partnerschaft wieder aufgenommen werden. Und unter dem Einfluss solcher Illusionen ist er bereit, alle Argumente müde zurückzuweisen und darauf zu bestehen, dass das »Persönliche« wichtiger ist als das »Kollektive«.

Die Befürworter dieses Ansatzes werden nie begreifen, dass es jetzt nicht nur um Identität und Sprache geht. Es geht auch um der wirtschaftliche Wohlstand, den der Durchschnittsbürger gewohnt ist, in den Vordergrund zu stellen. Denn wir sind Zeugen von nichts Geringerem als des Kampfes der Ukraine um das Recht, die Welt der ineffizienten Volkswirtschaften und trägen politischen Systeme zu verlassen.

Russland konnte nur so tun, als sei es effektiv, als die Ölpreise hoch waren. Sie waren eines der beiden echten »geistigen Bande«, die die Integrität des Landes sicherten – das andere waren die Atomwaffen. Genau sie sind es, die das russische System davor bewahren, in eine kritische Zentrifugalität gerissen zu werden. Doch sobald die Preise für Öl fielen, wurden wir Zeuge, wie eine einst attraktive soziale Realität zu bröckeln begann.

In den Nullerjahren hat der russische Gesellschaftsvertrag viele Menschen fasziniert. Er sah vor, dass die Russen im Gegenzug für wirtschaftlichen Wohlstand auf politische Freiheiten verzichteten. Doch diese Realität endete, als die Ölpreise einbrachen.

In diesem Moment wurde klar, dass der wirtschaftliche Wohlstand vorbei war, nicht aber der Verzicht auf politische Freiheiten. Außerdem kündigten die Behörden der Russischen Föderation einen einseitigen Rückzug aus dem alten Gesellschaftsvertrag an. Nun wird den Russen vorgeschlagen, ihre politischen Rechte und ihren Kühlschrank im Tausch gegen »staatliche Größe« aufzugeben. Die man bereits nicht anfassen, essen oder auf ein Bankkonto einzahlen kann.

Darüber hinaus wurde dieses vergängliche Gut den Russen im Paket mit dem üblichen unwirksamen politischen Modell angeboten. Einem Modell, das jeden Zweifel als Rebellion behandelt. Das in einem patriotischen Rausch wahnwitzige Entscheidungen trifft. Das moderne Russland hat sich in ein Land verwandelt, in dem den Bürgern Kosten tragen, denen sie nicht zugestimmt haben, gegen die sie aber nicht protestieren können. Denn schon in den Nullerjahren haben sich freiwillig bereit erklärt, ihr Recht auf eine »abweichende Meinung« zu opfern.

Worum die Ukraine heute kämpft, ist nicht nur das Recht auf Identität, Sprache und Geschichte. Es ist auch ein Kampf für einen Übergang zu anderen Spielregeln. Es ist ein Kampf nicht nur gegen einen äußeren Aggressor, sondern auch gegen innere Ineffizienz, die durch Korruption noch verstärkt wird. Dieser Kampf wird langwierig sein, der Fortschritt wird durchsetzt sein von Rückschritten, aber wir können nur über die Geschwindigkeit der Bewegung streiten, nicht aber über ihren Vektor.

Zu diesem Weg gibt es einfach keine Alternative. Die Kapitulation vor Russland würde nicht bedeuten, dass wir unsere Identität gegen Wohlstand eintauschen. Zu verlieren würde bedeuten, die Chance auf eine komfortable Existenz zu verlieren. Denn in den russischen Protektoraten lebt man nicht wohlhabender als in der Metropole. Und das heutige Russland ist ein Land, in dem die gesamte innere Diskussion von der Frage bestimmt wird: »Wobei soll ich zuerst einsparen?«.

Ein russischer Sieg würde nur bedeuten, dass die Zukunft der Ukraine neu geschrieben wird. Das Fenster der Möglichkeiten wird sich schließen. Der Versuch, einen Staat für die Bürger aufzubauen, wird scheitern. Russland hat kein Geld, um aus unterworfenen Ländern Schaufenster zu machen, und so wird die Kapitulation Kyjiws nicht nur den Untergang der jetzigen Generation ukrainischer Bürger bedeuten, sondern auch den der nächsten.

Deshalb hatte es Israel in gewisser Weise leichter. Denn bei ihnen machten sie sich von Anfang an keine Illusionen darüber, was die Juden im Falle eines Untergangs erwartete. Und erst wenn die Ukrainer keine solchen Illusionen haben, wird es möglich sein, die Erfahrungen der beiden Länder zu vergleichen.

Jugoslawische Szenarien

Slobodan Milosević war der Vorläufer von Wladimir Putin. Die Serben, die außerhalb Serbiens lebten, waren für ihn nur eine Ressource. Mit ihrer Hilfe versuchte er, seinen Einfluss auf die ehemaligen Teile Jugoslawiens, die nach Unabhängigkeit strebten, zu wahren.

Zwei neue Länder, Bosnien und Kroatien, verwandelten sich in Kriegsschauplätze.

Bosnien und Herzegowina war die Heimat bosnischer Muslime, kroatischer Katholiken und orthodoxer Serben. 1992 erklärten die bosnischen Serben mit Unterstützung Belgrads die Gründung der »Respublika Srpska«. Der politische Führer der bosnischen »Volksrepublik Donezk« wurde der Psychiater Radovan Karadžić. Militärischer Führer der jugoslawische Armeegeneral Ratko Mladić. Das offizielle Belgrad vertrat eine ähnliche Position wie Moskau: öffentliche diplomatische Unterstützung und nicht-öffentliche militärische. Über die serbische Grenze wurden Ausrüstung, Munition und Freiwillige in die »nicht anerkannte Republik« geschickt.

Der Fleischwolf dauerte fast vier Jahre. Er forderte mehr als hunderttausend Menschenleben. Und er endete im Rahmen des Szenarios, das der Kreml der Ukraine heute auferlegt. Denn im Rahmen des Dayton-Abkommens, das das Ende des Krieges markierte, bestand der Westen darauf, die »Respublika Srpska« als eigenständige Einheit innerhalb Bosniens zu erhalten. Ihre Vertreter erhielten ein Drittel der Sitze im Parlament des Landes, und die Enklave selbst erhielt ein Vetorecht bei allgemeinen Entscheidungen. Die Befugnisse der zentralen Regierung wurden zu Gunsten der regionalen stark beschnitten.

Infolgedessen gleicht das heutige Bosnien und Herzegowina der Fabel vom Schwan, dem Flusskrebs und dem Hecht: Es ist weder zu einem Kompromiss noch zu einer effektiven Entwicklung fähig. Das System der öffentlichen Verwaltung ist schwerfällig und ineffizient. Und die Tatsache, dass Milosević selbst schon seit vielen Jahren tot ist, ändert nichts an diesem Status quo. Was er geschaffen

hat, um Bosnien einzudämmen, besteht trotz des Sturzes seines Ur-
hebers dieser Idee weiter.

Deshalb sollte sich die Ukraine ein Beispiel an Kroatien nehmen. Kurz nach dem Zusammenbruch Jugoslawiens brach auch in
diesem Land ein Krieg aus. Im Jahr 1991 gründeten kroatische Serben auf dem Staatsgebiet die »Srpska Krajina«, eine weitere Art von
»Volksrepublik Donezk«. Auch diese Enklave wurde von Belgrad
unterstützt, aber anders als in Bosnien war die kroatische Führung
bis zuletzt nicht bereit, das Rebellengebiet nach fremden Regeln zu
reintegrieren.

Dennoch gab es Versuche, dies zu tun. Im Januar 1995 schlug
der amerikanische Botschafter Peter Galbraith den Konfliktparteien
den Zagreb-4-Plan vor. Diesem Plan zufolge sollten einige der Re-
bellengebiete Autonomie erhalten, während andere in das Land integriert werden sollten. Der kroatische Präsident Franjo Tuđman
lehnte diese Option jedoch als inakzeptabel ab, versprach jedoch
laut, sie langfristig zu prüfen.

Obwohl die Verhandlungen fortgesetzt wurden, waren sie
mehr eine Ablenkung. Das offizielle Zagreb wartete darauf, dass
Belgrad anfing, in seinen eigenen Problemen zu ertrinken. Vier
Jahre nach Ausbruch des Krieges warteten die Kroaten ab.

1995 führte die kroatische Armee zwei Militäroperationen unter der Bezeichnung »Blitz« und »Sturm« durch. Bei der ersten
wurde die serbische Enklave Westslawonien unter Kontrolle gebracht, bei der zweiten der Rest des Gebiets der »Srpska Krajina«.
Die Einstellung zu diesen Operationen ist nach wie vor gemischt:
Sie haben nicht nur die territoriale Integrität wiederhergestellt, ihr
Resultat waren auch Flüchtlinge und Opfer unter der Zivilbevölke-
rung.

Die Ukraine befindet sich nun an einer Weggabelung. Der eine
Weg führt sie zu einer Wiederholung der bosnischen Erfahrung.
Der andere zu der Kroatiens. Im ersten Fall werden wir das Recht
verlieren, unsere Zukunft zu bestimmen. Im zweiten Fall werden
wir uns daran gewöhnen müssen, unter den Bedingungen eines
hybriden Krieges und einer militärischen Eskalation zu leben. Aber
wer hat uns denn auf die Idee gebracht, dass es im Krieg anders ist?

Eine andere Sichtweise

»Reg dich nicht auf, er hat nur eine andere Sichtweise. Er will nur Frieden. Du musst mit ihm reden.«

In Wirklichkeit muss man das nicht.

Früher glaubte ich an Kompromisse. Ich glaubte, dass die Menschen sich von ihrer Ratio leiten lassen. Und dann kam die russische Armee zu mir auf die Krim. Dann kam sie in den Donbas und begann, meine Illusionen nach und nach zu zerstören.

Es stellte sich heraus, dass es bei der gesamten postsowjetischen Diskussion über die Ukraine nicht darum ging, wie die Ukraine sein sollte – neutral, pro-russisch oder pro-westlich. Es ging darum, ob die Ukraine sein sollte oder nicht sein. Und es stellte sich heraus, dass die Neutralität nur ein Zwischenstadium für die Ukraine war, um »russisch« zu werden.

Ich schreibe dieses Wort nicht zufällig in Anführungszeichen. Denn der Donbas hat bewiesen, dass von Russland zu träumen nicht bedeutet, Russland zu bekommen. Nach der Eroberung der Halbinsel hatte der prorussische Normalbürger noch Grund, an das »Krim-Szenario« zu glauben: wenn eine ausländische Armee einem mit relativ wenig Blut Renten in Rubel bringt. Aber nachdem sich der Osten der Ukraine in Somalia verwandelt hat, kann nur noch ein Idiot oder ein Provokateur an Kompromisse mit der Russischen Föderation glauben.

Von der »Russischen Welt« träumen, wenn sie sich bereits in Donezk und Luhansk etabliert hat, kann nur ein Mensch mit einem verletzten Selbsterhaltungssinn. Denn die Kapitulation der Ukraine bedeutet nicht die Rückkehr in die Ära des entfalteten Janukowytsch. Die Niederlage Kyjiws würde eine Rückkehr in die Ära der entfalteten »Motorolas« (russischer Söldner) bedeuten.

Dreiundzwanzig Jahre lang haben wir im Grenzland und in Blockfreiheit gelebt. Jahr für Jahr haben wir mit Moskau verhandelt und Kompromisse geschlossen. Das Problem ist jedoch, dass dem Kreml egal welcher Kompromiss nicht genügt. Er braucht einen Puffer, doch das Schicksal der Bewohner dieses Puffers ist ihm egal. Das Schicksal des Donbas ist ein anschauliches Beispiel dafür.

Manchmal ist Geschichte wie Mathematik und kann Axiome vorschlagen: Drei ist größer als zwei. Sieben mal sieben ist neunundvierzig. Es hat keinen Sinn, Diskussionen mit denen zu beginnen, die dies bestreiten. Manche Ideen sind toxisch. Manche Menschen werden nie erwachsen. Und ihr tatsächliches Alter ist hier irrelevant.

Sie können unterschiedliche Motive haben. Einige sind der Verantwortung überdrüssig und wollen eine starke Hand. Andere sehnen sich nach ihrer Jugend und ihrer Erektion. Andere glauben an einen »verrotteten Westen« oder vermissen ihren Nomenklatura- Status. Keine Form der Nostalgie nach der Vergangenheit ist sinnvoll, wenn sie die Zukunft zerstört.

Und die Frage bezieht sich nicht einmal auf die Lumpen – sie sind so unaustilgbar wie Niederschlag. Die Frage richtet sich an diejenigen, die ernsthaft vorschlagen, dass ich mit ihnen Verhandlungen aufnehme. Diejenigen, die ihren Standpunkt für gleichwertig halten. An diejenigen, die versuchen, ihn auf der Ebene der öffentlichen Diskussion zu legitimieren.

Und es spielt keine Rolle, wovon sie sich leiten lassen. Jemand mag sein Ziel darin sehen, die Schwachen zu schützen und dabei vergessen, dass diese Minderheit ein Siebtel der Landmasse hinter sich hat. Jemand hat vielleicht so lange in den Diensten russischer Satelliten gestanden, dass er sich von anderen Beschäftigungsmöglichkeiten abgeschnitten haben. Jemand nimmt immer noch Geld von Russland an. Jemand ist einfach nur ein Dummkopf.

Eine Diskussion ist unmöglich, genauso wie ein Kompromiss zwischen einem Onkologen und einem Scharlatan unmöglich ist. Der Sieg des Ersteren wird zum Überleben des Organismus führen. Der Sieg des Letzteren zum Nachruf. Jemand, der glaubt, die Erde sei flach, ist rechtlich gleichgestellt mit jemandem, der über den Heliozentrismus Bescheid weiß. Aber niemand käme auf die Idee, sie in einer Talkshow gegeneinander antreten zu lassen, um ihre Argumente miteinander zu versöhnen. Und erst recht nicht, einen Kenner von Elefanten und Schildkröten als Lehrer in die Schule zu schicken.

Der Krieg engt den Raum des Akzeptablen stark ein. Eine Diskussion über die Zukunft der Ukraine war vor der Krim und dem

Donbas möglich – all die Jahre, als Moskau und Brüssel um Kyjiw konkurrierten. Jetzt gibt es keine Diskussion mehr. Entweder man wehrt sich gegen den Aggressor oder man betrachtet ihn nicht als Aggressor. Aber dann ist es angemessener, sich wie der Journalist und Politiker Anatolij Wasserman zu verhalten.

Der hat sich aus dem Staub gemacht.

Die Nostalgie der Schurken

Ein prosowjetischer Mensch ist gefährlicher als ein sowjetischer. Denn er gibt nicht vor, anständig zu sein.

Ein Sowjetmensch könnte wirklich davon überzeugt sein, dass es in den 1930er Jahren keine Massenrepressionen gab. Dass Katyn das Werk der Wehrmacht und nicht der sowjetischen Erschießungskommandos war. Dass die strafende Psychiatrie eine Verleumdung des Westens ist. Dass die Kommunistische Partei wirklich einen Wohlfahrtsstaat aufbaut.

Was wollen wir schließlich vom sowjetischen einfachen Menschen? Eingeklemmt zwischen Arbeit und zuhause, zwischen Schlange stehen für ein Headset und dem Versuch, fehlende Lebensmittel zu bekommen? Der eiserne Informationsvorhang war dicht und verdeckte jedes alternative Bild der Welt. Die ihn umgebende Realität war schon vor seiner Geburt geschaffen worden, das Propagandasystem war ausgefeilt worden, lange bevor er begann, es zu hinterfragen. Er hatte einfach keine andere Realität als die, in der er lebte. Doch sobald die hermetisch geschlossene Kuppel Risse bekam, begann die Sowjetunion aus den Fugen zu geraten.

Ein postsowjetischer Mensch, der sich nostalgisch nach der UdSSR sehnt, ist ein Phänomen völlig anderer Art.

Denn das Gepäck des neuen Durchschnittsmenschen sind die neunziger Jahre. Die Zeit, als die Archive geöffnet wurden. Als Interviews mit Dissidenten erschienen. Als Informationen über das Ausmaß der Unterdrückung öffentlich gemacht wurden. Als es bereits keine Illusionen mehr über das sowjetische System der Unterdrückung von Andersdenkenden gab.

Ein postsowjetischer Mensch musste nicht einmal mehr nach Informationen über das in der UdSSR aufgebaute System suchen.

In den neunziger Jahren wurden diese Informationen zum Mainstream, sie waren auf jedem Bildschirm und in jeder Zeitung zu finden. Sie waren der Hauptinhalt von Wahlkampagnen und der neuen Agenda.

Ein Sowjetmensch konnte das sowjetische System aus Unwissenheit rechtfertigen. Ein postsowjetischer Befürworter der UdSSR tut dies jedoch ganz bewusst. Ein Sowjetmensch wies die Anschuldigungen gegen das Regime zurück, weil er sie nicht glauben konnte. Ein postsowjetischer Mensch agiert als Advokat des Teufels.

Der postsowjetische Mensch auf der Straße kann sich nicht mehr auf Unwissenheit berufen. Dass er keinen Zugang zu Daten über das reale Ausmaß hat. Im Gegenteil, er weiß es, versteckt sich aber hinter dem schlauen »dafür aber«. »Dafür aber die Raumschiffe«. »Dafür aber hatten alle Angst«. »Dafür aber die Stabilität«.

Alle seine »dafür aber« sind nur ein Versuch, die Unterdrückung anderer mit persönlicher Bequemlichkeit zu rechtfertigen. Er hat sich eingeredet, dass er sich in der alten Realität persönlich wohlfühlt und bereit ist, sie ohne jeden Zweifel gegen das Schicksal anderer einzutauschen. Zynismus statt Blauäugigkeit. Niedertracht statt Nichtwissen.

Ein postsowjetischer Pro-Sowjet ist jemand, der sich bewusst weigert, die Wahrheit zu akzeptieren. Jemand, der sich freiwillig Scheuklappen aufgesetzt hat. Jemand, der bereit ist, seine persönliche Bequemlichkeit auf die eine Seite der Gleichung zu stellen und das Schicksal aller anderen auf die andere.

Und wenn das keine Gemeinheit ist, was ist dann Gemeinheit?

Die erfundene UdSSR

Die prosowjetische Nostalgie ist kein Traum von der Vergangenheit. Sie ist ein Traum von einer erfundenen Vergangenheit. Ihr Träger möchte in eine Realität zurückkehren, die es nie gegeben hat, und deshalb ist er dazu verdammt, unzufrieden zu bleiben.

»Wurst um 2.20 Uhr, Wodka um 3.62 Uhr, leere Regale und volle Kühlschränke« – die Formulierungen des Traums von der Vergangenheit sind erstaunlich beständig. Die Vorstellung von der

Sowjetunion ist eine Mischung aus Filmen Gajdajs und Rjazanows. In denen Schurik über sympathische Hooligans siegt, die Polizei mit Nikulin Schmuggler bei lebendigem Leib fängt, und die Apotheose der Gerechtigkeit Michalkow ist, dem der intelligente Basilaschwili die Gurtschenko abringt.

Die Realität des sowjetischen Lebens ist aus dem Gedächtnis getilgt: drei Jahrzehnte haben das Negative entschärft und den Menschen vorsichtig erlaubt, eine Vergangenheit für sich zu erfinden. In dieser Vergangenheit gibt es keine Warteschlangen für Lebensmittel, kein Geschimpfe und kein Defizit, der Staatsmann ist klug, und der Staat ist fürsorglich.

Es wird immer wieder behauptet, dass die Menschen in der UdSSR weltweit am meisten Bücher lasen. Und es hat keinen Sinn, ihnen zu erklären, dass die vollen Bücherregale ebenso wie die vollen Theaterhäuser ein Ausdruck totalen Defizits waren. Es war einfach ein Unterhaltungsdefizit: Die Leute haben sich Bücher und Eintrittskarten geholt, weil es keine Alternativen gab.

Die Meinungsfreiheit erwähne ich bewusst nicht: Diejenigen, die die UdSSR vermissen, betrachten ihr Fehlen auch heute nicht als Nachteil. Aber selbst das Konsumparadies, das sie sich nostalgisch ausmalen, besteht aus Filmen wie »Die Ironie des Schicksals«, »Mädchen«, »Operation „Y"« und »Moskau glaubt nicht an Tränen«. Wenn man diesen Menschen »Kleine Vera« zeigt, werden sie es als Verhöhnung ihrer besten Gefühle empfinden.

Es sind diese Leute, die jedes Mal, wenn gewählt wird, für rückwärtsgewandte Parolen stimmen. Sie weigern sich zu begreifen, dass die alte Wirklichkeit schon 1991 ihre mangelnde Wettbewerbsfähigkeit unter Beweis gestellt hat, als sie den staatlichen Träger zu Grabe trug. Sie träumen von der Vergangenheit und berauben ihre Kinder der Zukunft.

Ein Problem: Selbst wenn ihr Traum wahr wird, werden sie nicht zufrieden sein.

Sie glauben an eine Union, aus der die Fehler herausdestilliert sind. Selbst wenn man sie in die Realität der siebziger Jahre zurückversetzen würde, würden sie es nicht glauben. Denn Härte und Entbehrungen sind einfach nicht in ihrem Gedächtnis verankert.

Sie werden nicht an die Echtheit dessen glauben, was sie sehen, und sich selbst getäuscht fühlen.

Das Problem mit diesen Menschen ist, dass sie a priori Proteststimme sind. Sie sind nur in der Lage, für eine Agenda zu stimmen, die die Zukunft zum Sprungbrett für die Wiederbelebung der Vergangenheit erklärt. Solch einer Vergangenheit, die uns in sowjetischen Kinofilmen entgegenblickt, die aber nie wirklich existierte.

Sie sehnen sich nicht so sehr nach einer Epoche als vielmehr nach einem Alter. Beides hat sich so vermischt, dass es nicht mehr zu unterscheiden ist: sie identifizieren die Erinnerung an ihre eigene Jugend, ihren Sinn für Perspektiven und Horizonte mit dem staatlichen System. Doch jeder Wiederaufbau wird ihre Gesundheit und Kraft nicht wiederherstellen, so dass sie immer noch mürrisch und beleidigt sein werden.

Es ist sinnlos, mit ihnen zu flirten. Alles, was man tun wird, wird sich als unzureichend erweisen. Sie werden alles, was man tut, als halbherzig bezeichnen. Selbst eine totale historische Rekonstruktion (die im Prinzip unmöglich ist) wird sie nicht zufrieden stellen. Denn sie leben in einem Traum von einer erfundenen Vergangenheit.

Verschwenden Sie also keine Perlen.

Regeln der Propaganda

Das 20. Jahrhundert hat uns gelehrt, dass Zensur eine Einschränkung der Information ist. Dass der Drachen nur mit Hilfe der Wahrheit zu besiegen ist. Dass Fakten jedes autoritäre Regime zerstören können. Aber es hat sich gezeigt, dass im 21. Jahrhundert Kriege nach ganz anderen Regeln geführt werden.

Das Internet ist in der Tat zu einem Verdikt für das alte Konzept der Zensur geworden. Aber jenes ist durch ein anderes ersetzt worden. Eines, das die Tatsache in der Anhäufung von Informationsmüll versteckt. Eines, das die Grenze zwischen Wahrheit und Lüge verwischt. Eines, das die Menschen lehrt, das Offensichtliche in Frage zu stellen.

Wir hören polarisierte Standpunkte und wiederholen gewohnheitsmäßig, dass »die Wahrheit irgendwo in der Mitte liegt«.

Aber in Wirklichkeit ist die Wahrheit da, wo sie ist. Und sie ändert ihre Koordinaten nicht durch Auftauchen neuer Würfe. Doch genau darauf setzen diejenigen, die versuchen, alternative Versionen der Realität zu schaffen.

Vor diesem Hintergrund wirkt das 20. Jahrhundert ziemlich patriarchalisch. Informationskriege wurden nach den Regeln des Ersten Weltkriegs geführt. Als die Grenzen der Schützengräben klar definiert waren, waren es auch die Einflusszonen, und direkte Kampfhandlungen fanden nur an der Peripherie statt.

Gleichzeitig hatte die UdSSR ihre eigene Agenda, die sie »für den Export« propagierte. Zu diesem ideologischen Paket gehörten »Internationalismus« und »staatliche Regulierung«, »soziale Gleichheit« und »allgemeine Beschäftigung«. Doch dann kam das 21. Jahrhundert und die Regeln änderten sich.

Der gegenwärtige Kreml versucht nicht so sehr, seine eigenen Werte zu exportieren, sondern die anderer zu zerstören. Er verwischt den Begriff des Faktischen. Er verstopft den Medienraum mit Fakes. Er manipuliert die öffentliche Meinung. An die Stelle der Strategie eines Stellungskrieges trat nun die Taktik von Sabotageoperationen.

Das Ziel der russischen Propaganda ist nicht, die Überlegenheit des Kremls zu beweisen. Im Gegenteil, sie versucht zu beweisen, dass alle gleich sind. Sie versucht, die Wahrheit unter einem Haufen von Lügen zu begraben, und geht daher großzügig mit Verschwörungstheorien hausieren. Die Annexion der Krim, der Einmarsch in den Donbas und der Abschuss der Boing-Passagiermaschine haben diesen Ansatz besonders deutlich gemacht. Das Kalkül ist einfach: Je mehr Informationsmüll es gibt, desto größer ist die Wahrscheinlichkeit, dass die Fakten dem Publikum einfach entgehen.

Wir waren es gewohnt, uns Zensur als eine fest verriegelte Tür vorzustellen. Wie ein Schloss, das den Zugang zu Informationen verhindert. Aber die neue Realität hat die Spielregeln geändert. Von nun an besteht die Zensur aus Dutzenden von widersprüchlichen und gegensätzlichen Versionen, die den Durchschnittsbürger in Verwirrung stürzen. Es ist ein Getöse, das es unmöglich macht,

Wahrheit von Lüge, wichtige Informationen von Nachrichtenmüll und Fakten von Fake zu unterscheiden.

Der moderne Kreml setzt genau darauf. Er torpediert absichtlich die Institutionen und das Vertrauen anderer Menschen. Er füttert Freaks. Er investiert in das Chaos. Für jedes Diskussionsthema werden zusätzliche Versionen in den Raum geworfen, mit dem einzigen Ziel, die richtige Antwort zu begraben.

»Der Mond ist eine Erfindung der Freimaurer«. »Der Mond ist aus Schweizer Käse gemacht«. »Der Mond ist ein von Menschenhand geschaffener Kreis, der an das Firmament genagelt wurde«. Mit all diesen Aussagen sollen die Stimmen derer übertönt werden, die uns schüchtern daran erinnern, dass der Mond ein Satellit der Erde ist. Und das Hauptproblem ist, dass es gegen diese Strategie kein Gegenmittel gibt.

Die gesamte Rüstungsgeschichte, die wir kennen, ist ein Wettstreit zwischen Geschoss und Panzerung. Je leistungsfähiger das erstere wird, desto dicker wird letztere. Der Unterschied zu Informationskriegen ist jedoch, dass es hier grundsätzlich keine Panzerung gibt. Denn bereits, wenn man darüber spricht, kann man sich den Vorwurf der Zensur einhandeln.

Wir haben uns an die Vorstellung gewöhnt, dass Informationen eine Ware sind. Dass die Gesetze von Angebot und Nachfrage den Markt zu einem punktgleichen Gewicht führen. Dass alle Ansichten das gleiche Recht auf Existenz haben. Wir befürchten zu Recht, dass sich die Zensurkeule früher oder später in einen Bumerang verwandeln wird. Und genau das machen sich diejenigen zunutze, die die Medien als Waffe einsetzen.

Die Regeln des Marktes funktionieren dort, wo es einen Markt gibt. Doch die Medien haben bereits alle Anzeichen eines Marktes verloren. Neben denjenigen, die versuchen, nach den Regeln zu arbeiten, haben sich diejenigen etabliert, die jegliche Regeln ignorieren. Investitionen in dieses Geschäft sind für sie wegen der indirekten Dividenden wichtig. Der politischen, soziologischen, elektoralen.

Außerdem sind Fakten trocken und appellieren an die Ratio. Doch Informationsrauschen verkauft sich mit Hilfe von Emotionen. In diesem Kampf gewinnt oft nicht derjenige, der die Wahrheit sagt, sondern derjenige, der lebendiger spricht. Manipulation ist aus demselben Grund attraktiver als die Wahrheit, aus dem Menschen Junkfood einer gesunden Ernährung vorziehen. Es scheint, dass es an der Zeit ist, über das Zeitalter der Junk-Contents zu sprechen.

Der Ruf nach fairem Wettbewerb klingt eher zweifelhaft, wenn man bedenkt, dass autoritäre Länder Milliarden für die Förderung ihrer Inhalte ausgeben. Daher wirft die neue Realität für sie ungewöhnliche Fragen auf. Zum Beispiel, wo die Grenze zwischen Propaganda und Journalismus verläuft. Ob es eine Verantwortung für Fakes und Manipulationen geben sollte.

Wir haben keine Antworten auf diese Fragen. Das heißt aber nicht, dass diese Fragen nicht gestellt werden sollten. Entgegen dem Stereotyp verliert derjenige, der die Wahrheit sagt, am häufigsten gegen denjenigen, der lügt. Denn Ersterer ist durch den Umfang dieser Wahrheit begrenzt. Letzterer ist durch nichts begrenzt. Die neue Realität hat die alten Regeln außer Kraft gesetzt, und es hat keinen Sinn, diese Tatsache zu ignorieren und den Kopf in den Sand zu stecken.

Zensur des gesunden Menschenverstands

Einst glaubte ich an den Markt der Ideen. Doch dann stellte sich heraus, dass das Bewusstsein eine Entscheidung von Erwachsenen ist und Gesellschaften infantil sein können.

In den letzten Jahren drehte sich die Hauptdiskussion vor allem um die Grenzen der persönlichen Freiheit. Kann ein Krieg Propaganda rechtfertigen? Gibt eine Invasion das Recht auf Zensur? Wo ist die Grenze, ab der das Gemeinwohl mit der persönlichen Freiheit in Konflikt gerät?

Darüber streiten wir uns immer wieder, wenn es um Informationspolitik geht. Viele Menschen glauben ehrlich, dass jeder Mensch ein rationales Wesen ist. Manchmal scheint es, als stamme dieser Glaube aus unserer Vorkriegsvergangenheit, als wir die Ukraine nicht so sehr als etwas Gutes, sondern als das Fehlen von etwas Schlechtem schätzten. Und die völlige Offenheit des Marktes der Ideen war nicht so sehr Ausdruck der Freiheitsliebe als vielmehr der Gleichgültigkeit des Landes gegenüber seinem eigenen Schicksal.

Und dann kam der Krieg. Und nun versuchen wir erneut, die Frage zu beantworten: Kann eine völlig offene Gesellschaft angesichts der Aggression einer geschlossenen Gesellschaft offen bleiben?

Eine offene Gesellschaft existiert in der Logik des Wettbewerbs zwischen den Ideologien. Aber in Zeiten des Krieges verwandeln sich diese friedenszeitigen Ansätze zu einem klaffenden Bruch. Der Kreml verfügt über ein gut ausgebautes Propagandasystem mit einem jährlichen Gesamtbudget von über einer Milliarde Dollar. Über Medien, die sowohl von Moskau als auch direkt von Kyjiw aus für die russische Agenda arbeiten. Über bestechliche Meinungsführer, die ihre Honorare sorgfältig in Rubel berechnen.

Die Ethik der Vorkriegszeit ruft uns zu fairem Wettbewerb auf. Nicht das andere zu beschränken, sondern Eigenes zu schaffen. Nicht zu verbieten, sondern anzubieten. Aber die Sache ist die: die Davids besiegen die Goliaths meist in Gleichnissen. Im wirklichen Leben werden sie von Raubtieren verschlungen, die in ihren Methoden skrupellos sind.

Jetzt stellen wir fest, dass das Konzept der »rationalen Entscheidung« nicht immer funktioniert. Dass selbst reife Industrieländer zu Geiseln populistischer Ideen werden können. Dass die Vergangenheit überall auf der Welt versucht, sich an der Zukunft zu rächen. Und dass das tatsächliche Wohlergehen eines Landes und seiner Bürger nicht immer ein zuverlässiger Schutz gegen ein solches Szenario ist.

Die Wirklichkeit ist das, was wir über sie denken. Deshalb geht der Wettbewerb heute nicht um die Realität, sondern um die Beschreibung der Realität.

In Friedenszeiten gibt es die Möglichkeit, jeden Fehler zu wiederholen, aber im Krieg gibt es keine zweite Chance. Deshalb hat es weder Sinn noch Zeit, mit denen zu streiten, die das Existenzrecht von »Malorossija« verteidigen. Ein Kompromiss ist unmöglich, der Sieg ihrer Schützlinge wird ein Radiergummi sein, der die gemeinsame Zukunft auslöscht. Was mit den Gebieten geschieht, in denen

die »Russische Welt« triumphiert, können wir am Beispiel von Donezk und Luhansk sehen.

Erwachsenwerden hat nicht immer etwas mit dem Alter zu
tun. Graues Haar ist kein Zeichen von Weisheit. Menschen sind in
der Lage, für den Rest ihres Lebens infantil zu bleiben, und dem
gesunden Menschenverstand zuwider zu handeln. Und wenn das
Schicksal der besetzten Gebiete für jemanden nicht zum Punkt des
Umdenkens geworden ist, dann bedeutet das, dass er einfach nicht
fähig ist, umzudenken.

Lektionen der Rachsucht

Jedes Mal, wenn die Ukraine versucht, sich zu verteidigen, tun pro-
russische Redner so, als habe es überhaupt keine Annexion der
Krim gegeben.

Sie machen ihre eigenen Regeln von Redefreiheit und Zensur.
Von Menschenrechten und Pluralismus. Sie tun so, als wäre wieder
das Vorkriegsjahr 2010. Damals war die Krim nur für die Ferienzeit
interessant und der Donbas für die Höhe der Kohlesubventionen.

In jenen Vorkriegsjahren lebte die Ukraine nach der Logik
konkurrierender Diskurse. Zwei Zentren des Einflusses kämpften
um die Zukunft des Landes. Der Westen arbeitete mit der Zivilgesellschaft zusammen. Russland mit den politischen Eliten. Die Anhänger jedes Vektors bekämpften einander bei den Wahlen, aber
von einem »Kampf auf Leben und Tod« konnte keine Rede sein.

In dieser Vorkriegsrealität gab es keine Frontlinie, und deshalb war es schwierig, sie zu überschreiten. Es war möglich, über
Wettbewerb und Solidarität zu sprechen. Über gemeinsame Regeln
und Chancengleichheit. Das alles änderte sich in dem Moment, als
die »Frontlinie« ihre Anführungszeichen verlor.

Die prorussischen Parteien in der Ukraine verloren im Frühjahr 2014 ihr Recht, eine Option zu sein. In dem Moment, als Moskau seine Truppen auf die Halbinsel schickte. In dem Moment, als
die Besatzungstruppen begannen, in den Donbas einzumarschieren.

Moskaus Argumente über eine ukrainische »Junta« wurden
schon dadurch entkräftet, dass die Advokaten des Kremls

weiterhin am politischen Leben Kyjiws beteiligt blieben. Wenn die Ukraine wirklich so aussähe, wie das Land im russischen Fernsehen dargestellt wird, hätten die revanchistischen Parteien keine Chance.

Infolgedessen glaubten die Advokaten des Kremls an ihre Straffreiheit. Sie glaubten, Nachsicht zu erlangen und sich der Verantwortung entziehen zu können. Sie glaubten, dass sie weiterhin von dem profitieren könnten, was sie schon vor dem Krieg getan hatten. Nämlich von der Zerschlagung der ukrainischen Staatlichkeit.

Mit einer kleinen Änderung. In den letzten Jahren haben sie nicht so sehr für Moskau, sondern gegen Europa agitiert. Nicht so sehr für russische Spielregeln, sondern für die Zerstörung der westlichen. Derjenigen, die die Korruption bekämpfen und Raum für Entwicklung schaffen sollen.

Die pro-russischen Parteien gingen mit Misstrauen und Zynismus hausieren. Mit Lügen und Hass. Sie ertränkten Fakten in Fakes und versuchten, die Realität umzuschreiben. In ihrem Weltbild gab es keine Annexion der Krim und keine Besetzung des Donbas. Stattdessen gab es Geschichten über Fremdbestimmung und unbegründete Russophobie. Und doch war ihr ganzer Aufstand gegen den westlichen Einfluss lediglich ein Versuch, diese Hebel in die Hände Moskaus zu legen.

Sie stützten sich auf pflichtbewusste Schurken und nützliche Narren. Erstere sollten die ganze Drecksarbeit machen. Letztere sollten ihre Aktivitäten mit dem Gerede über den Markt der Ideen und die Meinungsfreiheit verschleiern. Gleichzeitig versuchten beide Gruppen zu vermeiden, darüber zu sprechen, was im Frühjahr 2014 geschah.

Denn die Besetzung der ukrainischen Gebiete riss das letzte ethische Fundament unter ihren Füßen weg, auf dem sie zu stehen versuchten. Das Reden über die russische Invasion machte ihre Versuche zunichte, so zu tun, als wären sie Teil der ukrainischen politischen Landschaft. Sie versuchten, so zu tun, als sei ihre Existenz in der Ukraine nach Kriegsbeginn normal. In Wirklichkeit handelte es sich aber nur um ein bedauerliches Missverständnis.

Sie hätten eine Beteiligung an der ukrainischen Debatte verlangen können – vor der Annexion der Krim. Sie hätten über die Zukunft des Landes diskutieren können – vor dem Einmarsch in den Donbas. Sie wollen wirklich, dass wir den Kontext vergessen. Dass wir ihre Biografien aus unserem Gedächtnis streichen. Dass wir aufhören, zurückzublicken. Denn nur so können sie ihre Legitimität aus der Vorkriegszeit wiederherstellen.

Die Legitimität, die ihnen 2014 der Kreml entzog.

Geld stinkt

»Die Aufgabe des Journalismus ist es, die Öffentlichkeit so zu informieren, dass ein angemessener Wahlprozess gewährleistet ist.« Wenn das Wort »angemessen« aus dieser Formulierung gestrichen wird, verliert sie ihren Beigeschmack von Idealismus. Stattdessen wird sie der ukrainischen Realität am nächsten kommen. In der derjenige, der die Medien füttert, die Tagesordnung bestimmt.

Die korporative Solidarität hat uns gelehrt, den Müll nicht aus dem Haus zu tragen, so haben wir uns unsere eigene Achillesferse geschaffen. Wer Zugang zu unseren Köpfen und Herzen hat, bestimmt unser Morgen. Versuchen Sie mich davon zu überzeugen, dass dieses Schlachtfeld in Zeiten des Krieges weniger wichtig ist als die Frontlinie.

Wir haben so lange gelernt, das Wort »Zensur« zu fürchten, dass wir vergessen haben, die Dinge beim richtigen Namen zu nennen. Zum Beispiel nachzudenken, wo die Grenze zwischen Journalismus und Provokation verläuft. Zwischen Opposition und Sabotage. Wir haben uns daran gewöhnt, dass es in diesem Land keine Institution gibt, die einen guten Ruf genießt, dass man Geld von Schurken annehmen und sich trotzdem für einen anständigen Menschen halten kann.

Der ukrainische Medienmarkt besteht aus zwei Teilen. Der eine Teil sind die ukrainischen Medien selbst. Regierungsnahe und oppositionelle. Selbsttragende und subventionierte. Engagierte und neutrale. Langweilige und interessante. Professionelle und nicht so professionelle. Solche, die sich an Standards halten, und solche, die sie verletzen.

Der andere Teil sind Plattformen, deren Eigentümer die Aufgabe lösen, die ukrainische Staatlichkeit in der einen oder anderen Form zu dekonstruieren. Medien, die Geld aus Moskau oder von den ukrainischen Advokaten des Kremls erhalten. Sie zahlen hohe Gehälter und sparen nicht an den Ausgaben. Sie mögen sich in ihrer Professionalität unterscheiden, aber ihre Eigentümer wollen kaum, dass die Ukraine den Krieg, der 2014 begann, gewinnt.

Sicherlich würden viele derjenigen, die für pro-russische Medien arbeiten, sagen, dass sie sich bei ihrer Arbeit an die Standards gehalten und keine anti-ukrainische Propaganda betrieben haben. Aber man müsste schon sehr naiv sein, um zu glauben, dass die heutige »Rache-Agenda« sich auf direkte Aufrufe zur Freundschaft mit Moskau beschränkt.

Im Gegenteil, alle Medien, die sich auf die Ziele Moskaus konzentrieren, versuchen, sich vor Anschuldigungen zu schützen, indem sie Leute mit gutem Ruf einstellen. Deren Aufgabe ist es, alle anderen Inhalte auf der Medienplattform durch ihre Präsenz zu legitimieren.

Ihre Rolle besteht gerade darin, öffentlich pro-ukrainisch zu bleiben – sie müssen als süße Hülle einer Pille mit fremden Bedeutungen und fremder Agenda dienen. Damit sie leichter zu schlucken ist.

Es ist wirklich sehr bequem, nicht darüber nachzudenken, aus welchen Händen man das Geld nimmt. Zu denken, dass man in der Opposition ist, und gleichzeitig nicht zu bemerken, dass man auf der anderen Seite der Gräben steht. Zu denken, dass man nicht für das Medienunternehmen, für das man arbeitet, verantwortlich ist. Zu beschwichtigen, dass »alle gleich sind«. Zumal diejenigen, die den Rachegedanken fördern, bereit sind, eine Größenordnung mehr zu zahlen als der Marktdurchschnitt. Eine gute Betäubung für das Gewissen.

Außerdem kann man sich immer darauf verlassen, dass das Gedächtnis der ukrainischen Gesellschaft wie ein Goldfisch ist. Dass sich jede Seite im Arbeitsnachweisbuch leicht umblättern lässt. Dass Geld nicht stinkt.

Nun, das ist nicht wahr. Es stinkt.

Ukrainische Barrikaden

Als das Schicksal des Landes von den Beschießungen im Osten abhing, gab es nur eine einzige Spaltung der Gesellschaft. Und die lief auf die Frage hinaus: Willst du eine unabhängige Ukraine oder nicht?

Im Jahr 2014 glich das Gespräch über Werte einer Szene der Kosakeninitiation aus »Taras Bulba«: »Glaubst du an Christus? Und glaubst du an die Heilige Dreifaltigkeit? Dann bekreuzige dich! Gut, dann geh in deine Kosakenhütte.« Nur dass die Menschen in der Ukraine anstelle von Fragen zum Glauben fragten, wem sie den Sieg im gerade begonnenen Krieg wünschten. Die Antwort auf die Frage erlaubte es, ein einziges Raster mit zwei Feldern auf die Landkarte des Landes zu legen. Ukraine oder Kleinrussland. Souveränität oder Vasallentum.

Dann änderte sich alles. Die Haupttestfrage blieb dieselbe, aber sie löste nicht mehr alle Probleme. Denn zu dem ursprünglichen Raster mit zwei Feldern kamen neue hinzu.

Bist du für oder gegen die europäische Perspektive? Für niedrige Steuern oder Welfare? Für das Recht auf freien Waffenbesitz oder ein staatliches Monopol? Für gleichgeschlechtliche Ehe oder Homophobie? Die Liste ließe sich beliebig fortsetzen.

Im Krieg sind all diese Fragen irrelevant: In den Schützengräben kämpft man für einen Traum von der Zukunft. Und dieser Traum hat meist nur sehr vage Umrisse. Doch jede Kampfpause wird zu einer Zeit, in der sich die Umrisse abzeichnen und die Wünsche artikuliert werden. Und diejenigen, die vor kurzem noch dasselbe geträumt haben, wie sie dachten, stellen plötzlich fest, dass es im Traum ihres Nachbarn vielleicht keinen Platz für sie gibt.

Die gleichen Leute wollen vielleicht auch, dass Kyjiw gewinnt. Aber einer von ihnen träumt von der Entthronung der Oligarchen, ein anderer vom »polnischen Modell«, ein dritter ist ein Libertärer und ein vierter ein Anarchist. Der Fünfte will Lebenspartnerschaften legalisieren, der Sechste will das Nuklearpotenzial wiederherstellen, der Siebte will einen dritten Majdan und der Achte will den Kuban zurück.

Wir sind es gewohnt, diejenigen, die mit unseren Ansichten nicht übereinstimmen, als »Dosenfutter« zu brandmarken und sie als »Kreml-Agenten« einzustufen. Manchmal entspricht das tatsächlich der Wirklichkeit, aber nicht immer. Und zwar aus einem einfachen Grund.

Die ukrainischen Widersprüche sind nicht linear. Sie ähneln Rastern mit unterschiedlich großen Feldern: Legt man sie übereinander, stellt man fest, dass es nicht zwei Gräben im Land gibt, sondern viel mehr. Und dass Menschen mit unterschiedlichen Ansichten über die Gegenwart und die Zukunft zu erstaunlich bizarren Kombinationen zusammenfinden können.

Im Prinzip ist das nicht verwunderlich: Das Land versucht, in einem beschleunigten Tempo mit sich selbst klar zu werden. Dieser Prozess kann nicht einfach sein, zumal die Ukraine nun einen externen Kurs einschlagen muss, für den andere Länder Jahrzehnte gebraucht haben. Dreiundzwanzig Jahre der bisherigen Diskussion über die Zukunft sind abgelegt im Archiv. Die neue Diskussion hat gerade erst begonnen.

Wir befinden uns in einer dramatischen Phase: Der alte Gesellschaftsvertrag ist in Vergessenheit geraten, und ein neuer ist noch nicht geschaffen worden. Er hat nur allgemeine Umrisse: aus der postsowjetischen Logik ausbrechen, sich gegen die ehemalige Metropole verteidigen und das Land lebenswert machen. Zunächst war das Land um etwas geeint, was es nicht wollte. Und jetzt sollen die Linien der gewünschten Zukunft gezogen werden.

Und das ist vielleicht das Schwierigste.

Schwierigkeiten der Übersetzung

Journalismus ist immer ein Verhandeln. Eine Befähigung, einem Land das Land zu erklären. Krieg definiert die Kontur der Identität mit grundlegenden Fragen, und selbst diejenigen, die sie auf die gleiche Weise beantworten, sind immer noch unterschiedlich und wollen unterschiedliche Dinge. Das Gespräch ist nur ein weiterer Versuch, etwas über die Menschen innerhalb dieser Kontur zu verstehen. In dem Moment, in dem das Verhandeln endet, reißen die Nähte auf.

Tatsache ist, dass sich die Ukraine in den letzten Jahren verändert hat, und es gibt keine Sprache, um die neue Realität zu beschreiben. Daher setzt die Logik des Krieges ein: wir beginnen, unseren Nachbarn im Schützengraben des Verrats zu verdächtigen. Und anstatt ein Gespräch zu versuchen, fällen wir sofort ein Urteil. Jedes Etikett ist eine verbale Munition, um einen Kompromiss zu verhindern. Es entspringt semantischer Armut. Einem Defizit in der Beschreibung. Der Bereitschaft, Unterschiede zu verabsolutieren.

Vor dem Krieg verlief die gesamte ukrainische Spaltung entlang der üblichen Linie »pro-russisch« versus »pro-ukrainisch«. Doch nach der Annexion der Krim und dem Einmarsch in den Donbas hat sich die Situation geändert.

Die Größe des pro-russischen Lagers ist geschrumpft. Ein großer Teil seiner Wähler blieb in den besetzten Gebieten. Das pro-ukrainische Lager, das auf dem Markt der Werte allein gelassen wurde, begann zu zersplittern. Es begann auseinanderzureißen, insbesondere in diejenigen, die man gemeinhin als links und rechts bezeichnen kann.

Die Linken wollen bürgerliche Freiheiten und Demokratie. Dialog und Dezentralisierung. Sie erkennen nicht das Recht des Staates an, das gesellschaftliche Leben zu regeln. Sie glauben an den Markt der Ideen und an die Fähigkeit eines jeden, in einem wettbewerbsorientierten Umfeld rationale Entscheidungen zu treffen. Sie sind misstrauisch gegenüber jeder Rede von einer »starken Hand« und befürchten, dass der während des Krieges eingeführte »Notstand« den Krieg selbst überdauern könnte. Für sie ist der Staat ein Leviathan, der auf strenge Diät gesetzt werden muss, damit sein Appetit nicht wächst.

Auf der anderen Seite der Barrikaden stehen diejenigen, die die Gesellschaft mobilisieren wollen. Diejenigen, die glauben, dass gordische Knoten durchgeschnitten, nicht gelöst werden sollten. Diejenigen, die davon überzeugt sind, dass Gesellschaften infantil sein können und dass bewusste Entscheidungen Erwachsenen vorbehalten sind. Diejenigen, die glauben, dass die Kriegsagenda sich von der Friedensagenda unterscheidet.

Jedes Lager hat seine eigene Reihe von Symbolen und Standards. Für die einen sind die Werte der Freiheit immer wichtiger als das Staatsinteresse. Andere wiederum sind der Ansicht, dass zu bestimmten Zeiten in der Geschichte Werte zugunsten des Überlebens des Staates als solchem verdrängt werden können. Einige sind der Meinung, dass eine politische Nation durch Disziplin gefördert werden muss. Andere stellen diese These in Frage.

Das Hauptproblem ist, dass es praktisch keine Kommunikation zwischen den Lagern gibt. Es gibt nicht einmal ein Vokabular, um den Gegner zu beschreiben. Vielmehr wird der gewohnheitsmäßige Reflex, der sich in den Vorkriegsjahren entwickelt hat, aktiviert. Jeder Befürworter der Ukraine hat sich daran gewöhnt, dass nur ein – offener oder latenter – Kreml-Anhänger ihm widersprechen kann. Und so führt jede abweichende Meinung zu dem Vorwurf, »bezahlt« zu sein oder eine Verschwörung zu betreiben.

Bis vor kurzem ähnelten die Ukraine und Russland siamesischen Zwillingen. Es ist kein Wunder, dass man in der Biografie fast aller peinliche Fotos oder kompromittierende Zeilen in seinem Lebenslauf finden kann. In einer Situation, in der es in der Ukraine viele Menschen gibt, die wirklich mit dem Kreml verbunden sind, schafft dies eine Atmosphäre des totalen Misstrauens. Hinzu kommt, dass jedes pro-russische Projekt heute gerne die »Opposition« imitiert.

Das Problem ist, dass Russland durchaus in beide Lager investieren könnte. Die Linke ist nützlich, weil ihre Agenda in Kriegszeiten zur Verwässerung des Gesellschaftlichen, zum Primat des privaten Interesses vor dem kollektiven führt. Die Rechte ist nützlich, weil sie zum Beispiel dazu benutzt werden kann, das staatliche Gewaltmonopol Kyjiws in Frage zu stellen. Und das gilt nicht nur für Russland: auch andere Akteure, denen ihre eigenen Interessen am Herzen liegen, sind bereit, in diese Lager zu investieren.

Aber all dies ändert nichts an der Hauptsache: Das pro-ukrainische Lager hat nämlich seinen monolithischen Charakter verloren. Das, was es dreiundzwanzig postsowjetische Jahre lang charakterisiert hat. Was im Kampf gegen diejenigen entstand, die die Ukraine als russische Kolonie betrachteten.

Der Krieg hat alte Diskussionen über den Haufen geworfen und neue hervorgebracht. Die Gesprächsverhandlungen mit denen, die die Ukraine zu einem russischen Territorium machen wollten, sind vorbei. Jetzt werden sie mit denen beginnen, die andere Rezepte für die Zukunft der Ukraine haben. Und in dieser neuen Realität werden wir lernen müssen, zu überleben.

Das Territorium der Schützengräben

Stellen wir uns vor, Moskau hätte beschlossen, sich aus dem Donbas zurückzuziehen. Die Soldaten ziehen ab, die Kollaborateure fliehen, und die ukrainische Armee übernimmt die Kontrolle über die Grenze. Und dann beginnt das Land zu streiten, bis es heiser ist.

Ein Teil der Bürger – pro-ukrainisch, patriotisch, an der Front gewesen – sagt,»der Donbas gehört uns« und sollte zurückgegeben werden. Der andere, ebenso pro-ukrainische und patriotische Teil, der ebenfalls von der Front zurückgekehrt ist, argumentiert, dass sie nicht für die Rückkehr des Donbas gekämpft haben, sondern um sich gegen die »russische Welt« zu verteidigen.

Praktisch jede Frage einer »friedlichen Lösung« kann sich in eine innere Barrikade verwandeln.

Amnestie? Einige werden sie unterstützen, weil sie notwendig ist, um »ein neues Kapitel aufzuschlagen«. Andere werden sie ablehnen, weil sie darin einen Verrat sehen.

Wiederaufbau des Donbas? Einige werden dies als Wiederaufbau des Landes bezeichnen. Andere werden es Reparationen nennen, die die Ukraine anstelle des Aggressors zahlt.

Sonderregelungen für die Region? Für die einen wird es eine Phase der »Rückgabe der Territorien« sein. Für andere wird ein freiwilliger Verzicht auf Souveränität sein.

Darüber hinaus wird das Ende der aktiven Phase eine Diskussion darüber auslösen, welche Art von Armee das Land braucht. Es wird von aufgeblähten Militärbudgets und der Notwendigkeit, diese zu kürzen, die Rede sein.

Darauf wird eine Diskussion über die Aufrechterhaltung von Sanktionen folgen. Es wird Stimmen geben, die sagen, dass ukrainische Waren den russischen Markt brauchen. Der wechselseitige Handel wird mit Zweckmäßigkeit und wirtschaftlicher Logik begründet werden.

Bei jedem Thema, das den Friedensprozess begleiten wird, werden die gleichen Brüche auftreten. Für die einen wird alles, was geschieht, eine Rückkehr zum Vorkriegskonzept der »Normen« bedeuten. Für die anderen wird es eine Aufhebung des Konzepts der »Normen« sein, das in der Ukraine nach der russischen Invasion entstanden ist.

Wenn wir das Land von 2013 als Norm betrachten, dann sollte die territoriale Integrität der Eckpfeiler sein. Dann sollten wir nach Kompromissen suchen, das Land wieder zusammenzunähen und Verhandlungen aufnehmen.

Wenn wir die Ukraine der letzten Jahre als Norm betrachten, dann steht die Souveränität im Vordergrund. Dann geht es im Krieg um Unabhängigkeit, nicht um Quadratkilometer. Und die Schutzgräben entlang der Frontlinie sind nicht nur ein Brückenkopf für die Befreiung der besetzten Gebiete, sondern auch eine Verteidigungslinie gegen alles, was dort passiert.

Manchmal ist der Frieden komplizierter als der Krieg. Jede dieser Diskussionen droht diejenigen zu entzweien, die noch vor kurzem auf der gleichen Seite der Barrikaden gestanden haben. Und jeder von ihnen wird Gefallene an der Front auf seinen Fahnen haben. »Sie starben (nicht) dafür, dass…«. Es ist immer bequem, die Toten zu Ideologen zu machen. Sie werden nicht mehr widersprechen.

Der Sieg schüttet nicht immer alte Schützengräben zu. Manchmal gräbt er auch neue.

Der belarussische Spiegel

Seit dreißig Jahren misst sich die Ukraine an ihren erfolgreicheren Nachbarn.

Um uns herum gab es viele Erfolgsgeschichten. Das Beispiel der baltischen Staaten stand uns vor Augen, das Polens, das der Tschechischen Republik und das der Slowakei. Wir haben unsere Wirtschaftsreformen an den Erfahrungen von Warschau gemessen, und das hat zu Depressionen geführt. Wir haben unsere Subjektivität an den Erfahrungen von Vilnius gemessen – und wurden enttäuscht. Unsere Nachbarn sind uns weit voraus, und die Ukraine sieht aus wie ein hoffnungsloser, miserabler Schüler, der in einem Kaleidoskop von Widersprüchen steckt.

Und dann begannen die Proteste in Belarus. Der Nachbarstaat wurde plötzlich zu einem weiteren Spiegel für unser Land. Nur sieht unser Spiegelbild in diesem Spiegel viel weniger peinlich aus als früher.

Vor dem Hintergrund von Belarus können wir unseren eigenen Weg messen. Und gleichzeitig können wir all die Fallen bewerten, die wir seinerzeit zum Glück vermeiden konnten.

Es ist noch nicht lange her, dass viele unserer Landsleute Aljaksandr Lukaschenka als vorbildlichen Staatsmann wahrgenommen haben. Er stand traditionell an der Spitze der Liste der beliebtesten ausländischen Politiker. Dies ermutigte einige dazu, über die Vorteile einer unveränderten Staatsführung nachzudenken. Wegen der »Kontinuität«. Wegen der »Beständigkeit«.

Doch es stellte sich heraus, dass die ganze Reihe der ukrainischen Präsidenten unsere eigene Versicherung gegen einen Diktator war. Keinem dieser einheimischen Garanten ist es je gelungen, sich in seiner Position so weit zu etablieren, dass er sich das Land aneignen konnte. Kein ukrainisches Staatsoberhaupt hatte die Chance, das Feld vollständig von Konkurrenten zu räumen. Der Machtwechsel garantierte die Vernunft der Regierung: wenn der Virus des Messianismus in den Büros der Bankowa-Straße sich einnistete, dann hatte er keine Zeit, sich dort auszubreiten. Der einzige Präsident, der eine Ausnahme sein sollte, landete schließlich in Rostow.

Darüber hinaus bewies Weißrussland die Vergeblichkeit des ukrainischen Traums von einem »hegemonialen Staat«. Das offizielle Minsk bewahrte das industrielle sowjetische Erbe in staatlichem Besitz und nahm damit alle Einwohner des Landes in Geiselhaft. In Belarus ist der staatliche Leviathan ohne Konkurrenten. Sein Recht auf Macht kann niemand anfechten. Es gibt einfach keine alternativen Zentren des Einflusses.

Während des Majdan dachte niemand daran, ein »Gleichheits-zeichen« zwischen Janukowytsch und der Wirtschaft des Landes zu setzen. Die Rufe nach einem Regierungswechsel gingen nicht einher mit Rufen nach einem Zusammenbruch der finanziellen Stabilität. Das liegt daran, dass Regierung und Wirtschaft in der Ukraine nicht bis zur völligen Ununterscheidbarkeit miteinander verflochten waren. In Belarus ist das Gegenteil der Fall. Und so sahen wir, wie oppositionelle Telegrammkanäle die Demonstranten dazu aufriefen, Geld von den Banken abzuheben und die Landeswährung zum Einsturz zu bringen. Denn sie glaubten zu Recht, dass die Stabilität des Regimes von der Stabilität des Systems abhängt. Die wirtschaftliche Vielfalt der Ukraine hingegen erlaubte es, die Politik zu bekämpfen, ohne einen Kreuzzug gegen die Wirtschaft auszurufen.

Drittens entpuppte sich die ganze berüchtigte belarussische Stabilität als eine Geschichte über den russischen Lebenserhaltungsapparat. Der Stabilitätsschalter wird von Moskau kontrolliert. Es ist Moskau, das darüber entscheidet, ob dieses pseudosozialistische Schutzgebiet lebt oder stirbt. Und wenn die Rentenzahlungen, die Weißrussland von Moskau als Gegenleistung für seine Loyalität erhielt, eingestellt werden, wird die ukrainische Wirtschaftskrise von 2014–2015 vor dem Hintergrund eines solchen Sturms wie eine leichte Dünung im Wasser erscheinen. Die ukrainischen einfachen Bürger mögen manchmal einen Klassenhass gegenüber der ukrainischen Wirtschaft empfinden, aber es ist die Privatinitiative, die uns einen Sicherheitsspielraum gibt, der unseren Nachbarn fehlt.

Belarus ist für uns zu einem weiteren Spiegel geworden. Aber anders als in Polen, Litauen oder der Tschechischen Republik sehen wir in diesem Spiegelbild nicht nur das Ausmaß dessen, was wir verloren haben. Wir sehen auch das Umfang dessen, was wir zu überwinden haben. Es genügt, genau hinzuschauen, um festzustellen: unsere Fehler sind eine Fortsetzung unserer Tugenden. Und was wir früher als Unzulänglichkeiten wahrgenommen haben, ist in Wirklichkeit eine Versicherung gegen die Diktatur.

Manchmal ist der beste Weg, die eigene Wirklichkeit zu beurteilen, in die Fenster der Nachbarn zu blicken.

Das Land, in dem der Anti-Majdan gewonnen hat

Belarus ist auch ein Beispiel dafür, wie die Niederlage des Majdan hätte ausfallen können.

In irgendeinem Moment verwandelt sich ein Protest in ein Fahrrad mit zwei Rädern: Wenn es stehen bleibt, fällt es um. Nur die Bereitschaft, auf Herausforderungen zu reagieren, zählt. Das Regime und die Demonstranten erhöhen ständig den Einsatz. Und wer zuerst die Karten auf den Tisch wirft, wird verlieren.

Dem ukrainischen Protest war nicht zu siegen vorherbestimmt. Zu jedem Zeitpunkt hing sein Schicksal von den Menschen ab. Von denen, die auf die Straße gingen. Von denen, die Medikamente und Lebensmittel brachten. Von denen, die den Protest gegen die Sicherheitskräfte und Tituschki verteidigten. Im postsowjetischen Raum funktioniert die stille Front nicht. Wer die Konfrontation gewinnt, hat die Möglichkeit, die ethischen Konturen des Landes zu bestimmen.

Diejenigen, die auf dem Majdan besiegt wurden, versuchen immer noch,»Was wäre, wenn« zu spielen. Sie sprechen vom Zusammenbruch der Verfahren und von der Geringschätzung der Demokratie. Sie machen den Majdan für den Verlust der Krim und des Donbas verantwortlich. Aber all dieses Gerede soll nur ablenken von der Hauptsache. Der Majdan war das einzige Hindernis für die Usurpation der Macht.

Im Winter 2013 war es schon fast so weit. In den Büros wurde nur noch über die endgültige Version des Szenarios gestritten. Die einen schlugen vor, die Präsidentschaftswahlen vom Parlament zu kaufen. Die anderen schlugen vor, die Altersgrenze für Kandidaten anzuheben. Hätte die Straße nicht interveniert, hätte der vierte Präsident vielleicht der letzte der Ukraine sein können.

Wäre der Protest gescheitert, hätten wir in den folgenden Jahren ein Szenario wie in Belarus erleben können. Aktivisten wären mit Gefängnis bedroht worden. Der Opposition hätte die Auswanderung gedroht. Die unabhängige Presse wäre vernichtet worden. Russland hätte es nicht nötig gehabt, auf der Krim und im Donbas einzumarschieren – aus dem einfachen Grund, weil es das ganze Land bekommen hätte.

Und dies hätte nicht vermieden werden können. Denn ein hartes Durchgreifen gegen die Opposition hätte Wiktor Janukowytsch unweigerlich den Weg in den Westen abgeschnitten. Unter diesen Umständen wäre er unweigerlich in die geöffneten Hände des Kremls gefallen. So wie Aljaksandr Lukaschenka nun endgültig in diese Hände gefallen ist. Ukrainische Oppositionelle im Exil würden europäischen Fernsehsendern Interviews geben, und Brüssel würde Sanktionen gegen Funktionäre der Partei der Regionen beschließen. Nur hätte dies keinen Einfluss auf die Situation gehabt.

Wenn heute die ukrainische Kreml-Partei versucht, dem Majdan die »Gebietsverluste« vorzuwerfen, ist das eine weitere Vertauschung von Begriffen. Denn im Herbst 2013 gab es in der Ukraine kein Machtzentrum, das die Entscheidung getroffen hat, den Majdan zu starten. Es gab keine Person, in deren Händen der Schalter für den Straßenprotest lag. Anders übrigens als die Situation auf der Krim und im Donbas, wo die Entscheidung zum Einmarsch vom alleinigen Bewohner des Kremls getroffen wurde. Auf die Frage: »Was habt ihr mit dem Majdan erreicht?«, gibt es eine konkrete Antwort: Wir haben den Usurpator vertrieben. Und der Rest der Abfolge von Ereignissen war das Ergebnis des Versuchs des Kremls, die Situation auszunutzen.

Es ist nicht überraschend, dass die Haltung zum Majdan in der Ukraine zu einem Lackmustest der Werte geworden ist. Ein Test von Freund und Feind. Die ukrainischen Proteste und der Krieg haben die Anti-Majdan-Partei völlig inakzeptabel gemacht und ihr das Recht auf Legitimität genommen. Das Recht auf eine Meinung und das Recht auf eine Stimme.

Belarus ist das beste Illustrierung dafür, was unser Land erwartet hätte, wenn der Protest gescheitert wäre. Das heißt nicht, dass die Ukraine die Chance, aus der postsowjetischen Umlaufbahn auszubrechen, für immer verloren hätte – so wie das Nachbarland sie auch nicht verloren hat. Aber wir können nur erahnen, wie lange wir auf ein neues Fenster einer Gelegenheit hätten warten müssen. Und in dem Moment, in dem es sich wieder öffnete, wäre ein Krieg unausweichlich gewesen.

Denn Imperien geben nicht gerne kampflos auf, was sie als ihr Eigentum betrachten.

Periphere Freuden

Der postsowjetische Raum ist ein wenig wie das Sonnensystem. In seinem Zentrum befindet sich das größte Objekt: Die Russische Föderation. Andere Länder kreisen um sie herum. Ganz in der Nähe, in der Umlaufbahn des Merkurs, befindet sich Belarus. Etwas weiter weg, in der Nähe der Venus, Armenien. Kasachstan ist noch weiter entfernt. Auf der am weitesten entfernten Umlaufbahn befindet sich die Ukraine, die versucht, in das benachbarte Sonnensystem zu gelangen.

Das ist nichts Neues. Vor dreißig Jahren umkreisten die Planeten des Warschauer Paktes die benachbarte Sonne. Aus Angst vor einer Wiederholung dieses Szenarios veranlasste die Russische Föderation, alles zu versuchen, um den Rest der Staaten in ihrer Schwerkraftzone zu halten.

Konservierungsprozesse sind zu einem Eckpfeiler der russischen Politik geworden. Daraus leiten sich alle »traditionellen Praktiken« ab: von »geistlichen Banden« bis hin zu prosowjetischer Nostalgie. Gleichzeitig wurde die Idee des Scheiterns der Planeten, die in andere Systeme umgezogen waren, verbreitet. Dass sie erbärmlich leben würden. Dass sie im alten System Spitzenreiter waren, im neuen aber zu Abgehängten geworden sind.

Das Komischste daran ist, dass diese Meinung durchaus ihre Existenzberechtigung hat. Aber sie ist selbst der beste Beweis dafür, dass alle diese Länder die richtige Wahl getroffen haben.

Ja, die baltischen Staaten beanspruchten in der Sowjetunion durchaus eine exklusive Rolle. Die europäische Atmosphäre, die es nirgendwo sonst in der UdSSR gab, faszinierte den unbedarften sowjetischen Touristen. Das Flair der Andersartigkeit, der Bohème und des Andersseins ließ viele Menschen davon träumen, nach Riga oder Tallinn zu ziehen. Sie lagen sehr nahe beieinander und waren gleichzeitig eigenständig.

Und nach dem Wechsel der Umlaufbahn wurden die baltischen Staaten zu einer europäischen Provinz. Ihre architektonischen und zivilisatorischen Vorzüge gingen vor dem neuen Hintergrund verloren. Nicht Sotschi und Jaroslawl, sondern Barcelona und Brügge wurden zu ihren Rivalen.

Aber gerade dieser Übergang von den Frontmen zu Provinz-
lern ist ein weiterer Beweis für die Richtigkeit der Wahl. Er verdeut-
licht die Kluft zwischen den beiden Sonnensystemen. Sie ist vergleichbar mit dem Unterschied bei Klassen – was in dem einen System als exklusiv empfunden wird, wird in dem anderen zur Norm.
Und dieser Vergleich fällt kaum zu Gunsten des ersteren Systems
aus.

Das Gleiche erwartet die Ukraine. Russische Wortführer erinnern gerne an die exklusive Rolle, die Kyjiw im sowjetischen »Sonnensystem« spielte. Sie drohen mit Vergessenheit und Provinzsta-
tus im Falle eines Übergangs in eine neue Umlaufbahn. Sie verweisen auf die baltischen Staaten und sagen eine Outsider-Rolle voraus. Und das ist gut so.

Gut, denn es wird so geschehen. Denn die Ukraine wird nach
dem Wechsel der Umlaufbahn tatsächlich zu einem der peripheren
Planeten werden. Aber in der modernen Welt gewinnen die effizi-
entesten Systeme wechselseitiger Abhängigkeiten. Und es ist besser, Peripherie eines funktionierenden Systems zu sein als der
Frontmann eines verfallenden Systems.

Auf der anderen Seite des Eisernen Vorhangs

Vor unseren Augen zeichnen sich immer deutlicher die Umrisse eines neuen Eisernen Vorhangs ab. Doch anders als im 20. Jahrhundert hat die Ukraine dieses Mal das Glück, auf der anderen Seite
der Schützengräben zu stehen. Wenn wir im vergangenen Jahrhundert in der gleichen Lage waren wie Ost-Berlin, so haben wir jetzt
alle Chancen, zum Westen zu werden.

Russland hat schließlich die Rhetorik des Kalten Krieges übernommen. Doch bis zu diesem Zeitpunkt war die Ukraine für die
ehemalige Metropole bereits in die Kategorie der Fremden und
Feinde aufgerückt. Und nun setzen die russischen Bürger unser
Land auf der Liste ihrer Hauptfeinde in die zweite Zeile. Gleich hinter den Vereinigten Staaten. Und noch vor der Europäischen Union.

Dieser Wandel kann nur begrüßt werden. Je größer die mentale Drift, desto weniger Illusionen gibt es. Je breiter die emotionale
Kluft, desto klarer die Grenze. Und in dem Krieg, den Moskau

beschlossen hat, dem Westen zu erklären, muss die Ukraine nicht mehr als russischer Brückenkopf und Geleitzug dienen.

Die Folgen des Scheiterns können wir am Beispiel von Belarus nachverfolgen. Das Nachbarland hatte nicht das Glück, den Weg der Reifung und Emanzipation, den die Ukraine gegangen ist, zu beschreiten. Und nun sperrt sein nichtgestürzter Diktator Belarus in den russischen Kreislauf ein. Und er mobilisiert es für einen Krieg mit dem Westen. An der Seite Russlands.

Ein Krieg mit dem Westen würde einen Krieg um Werte bedeuten. Einen Krieg gegen die Demokratie und gegen Haltung. Gegen Freiheit und Privatinitiative.

Länder, die sich im Krieg mit dem Westen befinden, werden selten zu Instrumenten der Entwicklung für ihre eigene Bevölkerung. Meistens verwandeln sie sich in Monster, die nicht zum Wohle ihrer Bürger, sondern auf deren Kosten leben.

Die gesamte Geschichte des 20. Jahrhunderts ist ein direkter Beweis dafür. Die Sowjetunion war die Herrschaft der Grauen und Biegsamen, der Unterwürfigen und Uniformen. Und nun hat die Geschichte also einen zweiten Kreislauf in Gang gesetzt. Der einzige Unterschied besteht darin, dass sich die Geografie des Schlachtfelds geändert hat.

Die Ukraine hatte Glück, dass sie abspringen konnte. Ja, die Grenze ist sehr nah. Ja, eine Reihe von ukrainischen Territorien lebt weiterhin unter fremder Flagge. Aber wenn sich die Geschichte unseres Landes anders entwickelt hätte, hätte der Kriegsschauplatz nicht an der ukrainisch-russischen, sondern an der ukrainisch-polnischen Grenze begonnen.

Und genau das ist unsere Chance. Denn die Wahl des Schützengrabens bestimmt die Regeln des Spiels. Sich in diesem Krieg für eine Seite zu entscheiden, ist eine Entscheidung für Werte. Wir werden neue Dinge lernen, Prinzipien befolgen und die Regeln des Lebens allmählich ändern müssen. Es wird keine Alternative geben. Alle Alternativen werden auf der anderen Seite des Eisernen Vorhangs liegen.

Und wenn wir durchhalten, dann wird unsere Zukunft eine Chance haben, die Vergangenheit zu überwinden.

Sag mir, wer dein Feind ist

Wir haben mit unserem Feind verdammt viel Glück gehabt. Unsere Verbündeten werden manchmal zu unseren Verbündeten, nicht weil wir sind, wie wir sind, sondern weil er ist, wie er ist.

Wie kann die Ukraine den Krieg gewinnen? Die richtige Antwort lautet, dass sie es nicht allein schaffen kann. Nicht einmal im Informationskrieg. Der russische Staatsrundfunk produziert Inhalte in mehr als zwanzig Sprachen: für Europa, Asien und beide Amerikas. Sein Gesamtbudget beträgt mehr als eine Milliarde Dollar. Und nun die Frage: Wie viele ukrainische Websites haben zumindest eine englischsprachige Version?

Wenn jemand glaubt, dass ein durchschnittlicher Redakteur einer tschechischen, rumänischen oder italienischen Nachrichtenseite ukrainische Websites mit »Google« übersetzt, so ist das eine Illusion. Denn wie viele Ukrainer lesen europäische Publikationen mit einem Browser-Übersetzer? Die harte Arbeit der ausländischen Kollegen sollte nicht überschätzt werden. Sie nehmen Inhalte auf, die sie verstehen. Aber die Ukraine bereitet nichts für den Export vor.

Unser Problem ist unsere Selbstüberschätzung. Wir haben uns daran gewöhnt, uns als Teil des Westens zu betrachten, und sind davon überzeugt, dass die Europäer die gleiche Einstellung zu uns haben. Aber für viele Länder der westlichen Welt stehen unsere Probleme kaum ganz oben auf der Liste.

Und wir sollten nicht vorschnell empört sein. Was wissen wir schon über den Konflikt im Südsudan, wo zweihunderttausend Menschen gestorben sind? Aber das ist doch Afrika, werden Sie vielleicht sagen. Nun ja, das stimmt. Aber bis vor kurzem wusste die Welt von uns nur, dass hier zwei Boxweltmeister leben.

Unsere einzige Hilfe ist die Geografie. Denn Donbas und Krim sind in der Wahrnehmung des Westens weit weg und nah zugleich. Weit weg in der Perspektive – »irgendwo im Osten, in der ehemaligen UdSSR«. Und nah, weil sie auf dem Kontinent liegt, nahe an den Grenzen, »zwischen Moskau und Warschau«.

Für die heißersehnte EU sind wir jedoch manchmal die dritte Welt. Dreiundzwanzig Vorkriegsjahre lang haben wir nichts getan, um diese Wahrnehmung zu ändern. Wir sind auf der Stelle getreten, haben das Alte aufgefressen, nichts Neues geschaffen. Und jetzt ernten wir dafür die Früchte.

Für uns ist unser Krieg die Frage Hamlets. Für »sie« ist es eine weitere unangenehme Geschichte irgendwo außerhalb der Oikoumene. Innerhalb der Oikoumene leben die »Unseren«. Außerhalb der Oikoumene sind es meist »Fremde«, die nach dem Residualprinzip Sympathie erhalten. Es interessiert uns nicht wirklich, was mit denen geschieht, die wir als »Fremde« betrachten, oder?

Die Zeit, die die Welt mit uns verbringt, ist direkt proportional zu unserem Interesse an der Welt. Damit unser Krieg für die westlichen Durchschnittsbürger keine abstrakte Geschichte über abstrakte Widersprüche mehr ist, müssen wir für sie »Unsere« werden.

Das Einzige, was uns rettet, ist unser Gegner. Russland bemüht sich so sehr, der UdSSR zu ähneln, dass es manchmal sogar Erfolg hat. Syrien, die amerikanischen Wahlen, der Fall Skripal, Hackerangriffe, Explosionen in der Tschechischen Republik – Moskau macht für die Ukraine die Arbeit, die Kyjiw sich nicht leisten kann. Wenn Russland den Konflikt auf einen bilateralen Konflikt beschränkt hätte, wären wir vergessen. Aber es macht ihn selbst bereitwillig zu einem globalen Konflikt.

Vom ersten Tag des Krieges an stellte Kyjiw diesen nicht als Konfrontation zwischen den beiden Ländern dar, sondern als Angriff des Kremls auf den Westen. Aber unsere Interpretation wurde zunächst abgetan, weil wir nur sehr bedingt als Teil des Westens wahrgenommen wurden. Und nur Moskaus eigenen Bemühungen ist es zu verdanken, dass wir nun Teil eines Gesamtzusammenhangs geworden sind.

Vor dem Hintergrund eines Monsters, das »frech, riesig, lauthals und bellend« ist (Nikolaj Radischtschew), sind wir nun zwar nicht »die Unseren«, aber doch wesentlich weniger »Fremde«. Die einzige Barriere. Die Mauer an der Grenze. Die Grenze zum Osten, der vor Nuklearkraft bebt und aus Angst vor der Zukunft die Vergangenheit sucht.

Aber unsere Integration in den Westen erfolgt aus der entgegengesetzten Richtung. Es ist eine situative Geschichte, die von den Händen Moskaus, nicht denen Kyjiws geschaffen wurde. Wir werden in dem Moment siegen, in dem wir wirklich »die Unseren« werden. Wenn wir uns aus dem Sumpf befreien, in dem wir im letzten Vierteljahrhundert herumgetrieben sind. Wenn wir und der Westen durch einen Raum der Werte geeint sind, nicht nur durch einen gemeinsamen Graben.

Das Land von Mamas Freundin

Jeder von uns hat ein Modell. Ein Land, das wir mit den ukrainischen Realitäten vergleichen. Eine Art Eichmaß oder Benchmark, dessen Entwicklungserfahrungen wir als die Norm betrachten. Und immer wieder wenden wir diese Schablone auf unseren Alltag an. Um dann wütend unser Alltagsleben zu verurteilen.

Wir verurteilen unsere Realität, weil sie nicht einem Heldenepos gleicht. Weil Korruption und Ineffizienz nicht aus unserem Leben verschwunden sind. Wir empören uns über Straßen, Zölle und Bestechungsgelder. Wir empören uns über »vertragliche Vereinbarungen«, Verzögerungen und das Ausbleiben von Durchbrüchen. Und jedes Mal verweisen wir auf das Beispiel anderer Länder, weil wir überzeugt sind, dass ihr Weg zu Freiheit und Souveränität glatt und ohne Schlaglöcher verlief.

Das Problem ist nur, dass wir keine Ahnung haben, was sie durchgemacht haben.

Wollen wir Finnland sein? Welches die Sowjetunion bekämpfte, ein komfortables Umfeld aufbaute und eines der besten Bildungssysteme der Welt schuf? Natürlich wollen wir das. Und wir erinnern uns daran, wie die finnische Armee die Rote Armee besiegte, die Unabhängigkeit und ihr Recht auf Souveränität errang.

Ein Beispiel für einen 3,5-Millionen-David und einen 190-Millionen-Goliath. Es wärmt die Seele und lässt einen an Wunder glauben. Aber ist die Ukraine wirklich bereit, die finnische Erfahrung zu wiederholen?

In der Vorkriegszeit lagen die Verteidigungsausgaben Finnlands zwischen 16 und 25 Prozent des BIP. Eine halbe Million Menschen durchlief die paramilitärischen Strukturen. Nicht nur Männer, sondern auch Frauen und Jugendliche erhielten eine militärische Grundausbildung. Der sowjetisch-finnische Krieg sieht nur aus unserer Zeit heraus wie ein unbestreitbarer Sieg Helsinkis aus. Doch im Frühjahr 1940 hätten unsere Einschätzungen ganz anders ausfallen können.

Die Verluste der finnischen Armee beliefen sich insgesamt auf über 70 000 Menschen (Gefallene, Verwundete und Vermisste). Das war mehr als ein Viertel der Soldaten. Infolgedessen verlor das Land ein Zehntel seines Territoriums. 430 000 seiner Bürger wurden evakuiert.

Ja, Finnland verteidigte seine Unabhängigkeit, wurde aber nach dem Zweiten Weltkrieg de facto zu einem Satelliten der UdSSR. Der finnische Außenhandel war an den sowjetischen Markt gebunden. Doch nicht nur der Handel, sondern auch die Diplomatie und die Wirtschaft hatten nur sehr begrenzte Souveränität. Der Zusammenbruch der Sowjetunion löste einen »Dominoeffekt« aus: Die finnische Wirtschaft geriet in eine Krise, die erst nach langer Zeit überwunden werden konnte. Und erst 1995 wurde das Land Teil der EU.

Das finnische Szenario für die Ukraine ist ein gesetzlicher Verzicht auf die besetzten Territorien. Anerkennung der Territorien als Teil Russlands. Evakuierung und Umsiedlung der Bewohner des Donbas und der Krim. Rückführung des Landes in den wirtschaftlichen Orbit Moskaus. Ablehnung der NATO und der EU. Jeder kann dies an seinen eigenen Maßstäben messen und entscheiden, ob er bereit ist, einen solchen Preis zu zahlen.

Noch häufiger nehmen wir das Gelobte Land als Beispiel. Israel, das tapfer gegen alle Widrigkeiten gekämpft hat. Es hat Kriege gewonnen und die komfortabelste Oase im Nahen Osten geschaffen. Wir wollen wie Israel sein und seine Rezepte kopieren.

Sie liegen in unserer Hand. Wir müssen nur 40 Prozent der arbeitsfähigen Bevölkerung für die Armee und die Hilfstruppen mobilisieren. Wir müssen von einer anfänglichen Gesamtstärke der Armee von 30 000 Soldaten 4 000 Soldaten im Kampf verlieren. Ja, die israelische Armee hat sich während des Unabhängigkeitskrieges vervierfacht, aber relativ gesehen sind die Verluste um ein Vielfaches größer als die der Ukraine.

Die »israelische Erfahrung« heißt Orthodoxe, die gegen den Krieg protestieren. Ein extrem gewalttätiger Konflikt zwischen der »Linken« und der »Rechten«. Ein Krieg der regulären Armee gegen befreundete Freiwilligeneinheiten. Die Neutralisierung von außer Kontrolle geratenen Radikalen, die übrigens den Zweiten Weltkrieg und den Holocaust überlebt haben. Verzweifelte Auseinandersetzungen darüber, ob man Entschädigungen von Deutschland akzeptieren sollte.

Die »israelische Erfahrung« bedeutet Verteidigungsausgaben in Höhe von einem Drittel des Haushalts. Bis 1959 Lebensmittelkarten. Ein Verteilungssystem für Lebensmittel, Güter des täglichen Bedarfs und sogar Strom. Der Staat kontrolliert das Einsparsystem mit Beamten, die von Tür zu Tür gehen. Ein Ministerium für Rationierung und Versorgung wird geschaffen. Es gibt eine Hyperinflation, die mehrere hundert Prozent pro Jahr erreicht.

Der militärisch-industrielle Komplex in Israel wurde von niemandem geschaffen. Er entstand als Folge des Waffenembargos und der Androhung von Sanktionen. Niemand hat in Israel die Wirtschaft aufgebaut – sie entstand nicht so sehr wegen, sondern trotz aller Umstände. Korruptionsskandale, Anschuldigungen gegen die politische und militärische Führung, Doppelmoral – all diese Geburtsmale der Ukraine waren typisch für Israel in seinen Anfangsjahren. Ja, im Vergleich dazu lebt die Ukraine heute in einem Raum totalen Komforts.

Wir ziehen gerne die Erfahrungen anderer als Beispiel heran. Aber alle unsere historischen Analogien funktionieren nur, weil wir Analphabeten sind.

Wir haben eine sehr vage Vorstellung davon, wie der Kampf um die Unabhängigkeit in den Ländern aussah, die wir mögen. Wir vergleichen ihre Kriegszeiten mit dem heutigen Stand der Dinge und glauben, dass diese beiden Perioden durch eine gerade historische Autobahn verbunden sind. In Wirklichkeit ist genau das Gegenteil der Fall.

Es gibt nichts Einfacheres, als für das eigene Land als Beispiel ein bestimmtes Ideal aufzustellen. Das Problem ist nur, dass dieses Ideal erfunden ist. In jedem »Erfolgsrezept« steckt all das, was wir heute um uns herum sehen. Blut, Schweiß und Tränen. Ein

»Verrat«, der wie ein »Sieg« aussah. Ein »Sieg«, der sich in einen »Verrat« verwandelte. Reformen und Rückfälle. Irrtümer und Intrigen. Und auch ein dunkler Tunnel des Staatsaufbaus, dessen Ausgang bestenfalls die Enkelkinder erreichen können.

Alles, was uns umgibt, ist nicht viel anders als das, was die Länder zu bewältigen hatten, denen es »gelungen« ist. Der einzige Unterschied ist, dass wir erst am Anfang der Reise stehen. Und die Prüfungen, die wir durchgemacht haben, sind nur ein Zehntel dessen, was Finnland und Israel durchmachen mussten.

Unsere Frustration rührt von unseren überzogenen Erwartungen her. Wir weigern uns zu glauben, dass die Schaffung eines effizienten Staates Generationen braucht. Wir wollen die strahlende Zukunft bereits morgen. Wir sind nicht bereit für die Kosten und träumen von einer blitzschnellen Zukunft.

In Wirklichkeit leben wir einfach im Inneren einer Geschichte. Ihr Ausgang wird darüber entscheiden, ob jemals jemand unserem Beispiel folgen wird. Wenn wir verlieren, werden alle unsere derzeitigen Probleme als Rezept für eine Niederlage dienen. Und wenn wir gewinnen, werden sie Teil des Siegesreiters in der Enzyklopädie. Als Beweis dafür, dass der Weg zur Souveränität immer kurvenreich ist, so wie er es für die Länder war, die wir so sehr bewundern. Aber unsere derzeitige Ausgangssituation allein prädestiniert uns zu nichts: weder zum Sieg noch zur Niederlage.

Der Sohn von Mamas Freundin ist bekanntlich klug, sportlich, höflich und fürsorglich. Und es gibt ihn nicht.

Die Großväter führten bereits den Krieg

Die Ukraine ist ein Land mit einer langen Geschichte und einem kurzen Gedächtnis.

Es gibt einen alten Witz.

Touristen finden in den Karpaten ein altes Versteck, und heraus krabbelt ein hundertjähriger Großvater mit einem Maschinengewehr:

»Gelobt sei Jesus. Nun, was gibt es Neues?

»Krieg, Großvater.«

»Gegen wen kämpfen wir?«

»Gegen Moskau.«

»Und wo genau kämpfen wir?«

»Im Donbas.«

»Nun... Die Jungs machen sich gut...«

Man sagt, dass ein Witz durch die unerwartete semantische Auflösung am Ende lustig wird. Und wenn uns diese Pointe lustig vorkommt, dann hat die Geschichte eine schlechte Nachricht für uns. Denn die »unerwartete semantische Auflösung« wird nur von denjenigen bemerkt werden, für die 2014 eine Überraschung war.

Für einen Träger der sowjetischen Erinnerung ist der Krieg der Ukraine mit Russland unlogisch und unmöglich.

Für die Binnenvertriebenen ist die russische Invasion ein Dolchstoß in den Rücken und ein Verrat.

Für einen unpolitischen Bewohner der Hauptstadt ist alles, was geschieht, eine Störung, die behoben werden muss.

Aber für den alten Mann im Witz ist alles ganz natürlich. Es ist derselbe Krieg. Mit demselben Gegner. Aus denselben Gründen. Nur am anderen Ende des Landes.

Wir alle sind Geiseln unserer eigenen Erinnerung. Sie ist kurz und ist bestenfalls etwa siebzig Jahre angelegt. Die Ereignisse unserer Realität können je nach historischer Optik an Logik verlieren oder gewinnen.

Im Jahr 2015 erzählte mir ein polnischer Kollege vom Unterschied zwischen seinem Land und meinem. Er sagte, dass in Polen der gesamte Zeitraum von 1991 bis 2014 als eine unerwartete historische Atempause wahrgenommen wurde. In dieser Zeit mussten sie mobilisieren, Reformen durchführen und das Verteidigungssystem vorbereiten. Denn für sie ist das normative Russland ein Imperium, das auf Übernahme und Expansion ausgerichtet ist. Und man muss darauf gefasst sein, dass sein »Tauwetter« immer nur von kurzer Dauer ist.

Die Ukraine war vom Gegenteil überzeugt. Sie betrachtete das geschwächte Russland als die neue Normalität. Sie glaubte, dass das Zeitalter des Imperiums vorbei sei. Und so waren die zwei Jahrzehnte, die sie hätte nutzen können, vergeudet.

Dies ist eine gute Illustration dafür, wie das historische Gedächtnis funktioniert. Es hilft uns, uns nicht in Illusionen zu verlieren. Es lehrt uns, Fenster für Gelegenheiten zu erkennen und zu nutzen. Die Ereignisse der letzten Jahre können eine gute Impfung für uns sein. Natürlich nur, wenn wir es wagen, diese Ereignisse in einen breiteren Zusammenhang zu stellen.

Das ist ganz einfach. Jahrhunderte Leben im Kolonialstatus. Zwei Jahrzehnte Pufferdasein. Phantomschmerzen des Imperiums, die die Invasion und den Unabhängigkeitskrieg ausgelöst haben. Nichts Neues. Nichts Unlogisches.

Solange wir alles, was geschieht, als eine historische Verwerfung wahrnehmen, verlieren wir. Solange wir glauben, es gäbe Raum für Kompromisse, verlieren wir. Solange wir sagen, dass der Krieg die Schuld einer »militanten Minderheit« ist, verlieren wir.

Wir werden erst in dem Moment zu gewinnen beginnen, wenn wir alle aktuellen Ereignisse mit den Augen des alten Mannes aus dem Witz betrachten. Für den die Nachricht vom Krieg mit Russland keine Neuigkeit war. Für den der neue Krieg nur die Fortsetzung seines eigenen ist. Eines Krieges, der lange vor 2014 begann.

Und dann werden wir seinen Optimismus verstehen. Denn wenn man sich die Landkarte des Landes ansieht, machen sich die Jungs nach sechzig Jahren wirklich gut.

4 Medien

Die gefakte Zukunft

Wir erfinden gerne ethische Placebos für uns selbst. Formulierungen, die uns davon überzeugen, dass Wahrheit und Gerechtigkeit über Lüge und Manipulation siegen werden. In Wirklichkeit stellt sich aber heraus, dass Genie und Schurkerei durchaus vereinbar sind. Und die Wahrheit siegt nicht unbedingt über das Unrecht. Der Kampf zwischen Fakten und Fakes ist in vollem Gange, und der Ausgang dieses Kampfes ist keineswegs klar.

Geistreiche Witze über das »zweitälteste Gewerbe« machen gerne Menschen, die nicht wissen, dass der Journalismus etwa 500 Jahre alt ist. Er ist ein weiteres Erbe der »Gutenberg-Galaxis«. Die nach der Erfindung des Buchdrucks entstanden ist. Aber nicht als einzige. Marshall McLuhan schrieb in seinem gleichnamigen Buch, dass Protestantismus, Kapitalismus, Individualismus, Demokratie und Nationalismus durch das Aufkommen der Drucktechnik ermöglicht wurden. Die Welt, wie wir sie kennen, ist ein Produkt des Buchdrucks, der vor fünfhundert Jahren erfunden wurde.

Und in den folgenden Jahrhunderten hat sich der Journalismus im Gleichschritt mit dem Rest der Welt verändert. In der Mitte des 17. Jahrhunderts erschien in Publikationen die erste Werbung. Bis Mitte des 19. Jahrhunderts wurde die bezahlte Werbung zur Grundlage des Geschäftsmodells. Doch alles änderte sich, als die Welt entdeckte, dass sie in der »Internet-Galaxie« lebte.

Im Jahr 1993 gab es weltweit 130 Websites. Im Jahr 2007 wuchs ihre Zahl auf 1,2 Milliarden. Heute verbrauchen rund vier Milliarden Nutzer jede Sekunde 45 TB an Datenverkehr. Das Web ist nicht nur ein Kommunikationsmittel geworden. Es hat die Kommunikation selbst verändert. Seit Jahrhunderten sind die Menschen daran gewöhnt, durch ein Schlüsselloch auf die Welt zu schauen. Jetzt hat die Technologie die Tür weit aufgestoßen, und wir stehen auf der Schwelle, durch die alle Winde der Information wehen. Und wir müssen erst noch lernen, wie wir in dieser neuen Realität leben können.

Das Aufkommen des Internets galt einst als der endgültige Sieg über die Zensur. Als ein Raum der Kommunikation aller mit allen. Als ein Territorium der Freiheit, das die Zange der Regierungen nicht erreichen konnte. Aber es stellte sich heraus, dass die institutionelle Zensur durch eine freiwillige Zensur ersetzt worden war.

Der Mensch erwies sich als kein rationales, sondern als zur Rationalisierung neigendes Wesen. Er trifft zuerst eine Entscheidung und sucht erst dann nach einer Bestätigung für seine Richtigkeit. Infolgedessen besteht der Informationsraum heute aus sich nicht überschneidenden Blasen. Die Bewohner der einzelnen Blasen leben in ihrer eigenen Informationsrealität. Statt eines Raums der Kommunikation aller mit allen hat sich das Web in isolierte Interessenclubs verwandelt. Seine Mitglieder normieren ihre Überzeugungen und bemerken erst bei Umfragen und Wahlen die Existenz anderer Ansichten.

Der Kommunikationsraum hat sich verändert. Die Technologie hat die Medien ihrer monopolistischen Rolle als Vermittler zwischen denen, die sprechen, und denen, die zuhören, beraubt. Die institutionelle Abdichtung ist verschwunden, und die Wirksamkeit der üblichen Formen der Zensur ist erheblich untergraben worden. Doch neben der Zensur der Wahrheit ist auch die Zensur der Fakes geschwächt worden. Jeder kann online finden, was er will. Und es spielt keine Rolle, wie es mit der Realität übereinstimmt.

Und in dieser neuen Realität zeigt es sich, dass Fakten nicht unbedingt über Fakes siegen. Vielmehr verlieren sie oft haushoch gegen sie.

Emotionen sind das Öl der menschlichen Seele, und diejenigen, die sie fördern, sind diejenigen, die reich werden. Der Reiz von Fake News liegt darin, dass sie nicht an die Ratio appellieren. Ihre Besonderheit besteht darin, dass sie die Realität konstruieren, die ihre Anhänger um sich herum sehen wollen.

Fakten sind trocken und mathematisch. Fakes sind grell und emotional. Um eine Tatsache zu verstehen, muss man den Kontext kennen. Fakes hingegen bieten ein Bild der Welt, das oft dicht mit Verschwörungstheorien gespickt ist.

Außerdem lassen sich Fakes nicht nur gut »verkaufen«. Sie werden auch ebenso effektiv weitergegeben. In seinem Buch »Ein Handwerk« schreibt Leonid Bershidsky, dass der Durchschnittsmensch Informationen in erster Linie braucht, um Small Talk zu führen. »*Die Menschen neigen dazu, entweder über Dinge zu sprechen, die sie direkt betreffen, oder über Dinge, die sie informiert und intelligent erscheinen lassen. Wie sehr die Medien in ihrer Werbung auch behaupten mögen, dass sie zu einer guten Entscheidungsfindung beitragen, sie helfen den Lesern in erster Linie, den Small Talk in Gang zu halten. Der unmittelbarste Nutzen, den eine Publikation einem Leser bieten kann, ist die Fähigkeit, im Gespräch zu glänzen, nicht dumm dazustehen und kein wichtiges Thema zu verpassen, das alle diskutieren*«, so der Autor.

Aber wer sagt denn, dass Small Talk nicht konspirativ sein kann? In diesem Sinne hängt die Nachfrage nach Fakes und Fakten direkt vom Niveau des Publikums ab. Je einfacher der Gesprächspartner ist, desto geringer ist der Qualitätsniveau. Je niedriger das Niveau, desto unwahrscheinlicher ist es, dass eine langweilige Tatsache eine grelle Lüge übertrumpft. Wir befinden uns also wieder einmal in einer Situation, in der die Astronomie der Fakten gegenüber der Astrologie der Fakes den Kürzeren zieht.

Lange Zeit wurden Fakten in der Regel in der Verpackung der »Seriosität« verkauft. Doch das scheint nicht mehr auszureichen. Die Tatsache, dass in den wohlhabenden westlichen Ländern zunehmend Populisten gewählt werden, lässt sich damit erklären, dass sich Fakes viel besser verkaufen als eine hochwertige Beschreibung der Realität.

Dies schafft einen Raum neuer Herausforderungen. Vielleicht lässt sich die Wahrheit tatsächlich schlecht vermarkten. Vielleicht müssen wir darüber nachdenken, in welche Art von Verpackung wir die Fakten verpacken. Andernfalls besteht die Gefahr, dass wir mit einem Qualitätsprodukt auf dem Markt bleiben, das den Kampf um den Massenkonsumenten verliert. Einem, der volles Stimmrecht hat. Der die Zukunft des Landes nicht weniger bestimmt als Universitätsprofessoren.

Die großen institutionellen Medien in den Industrieländern versuchen seit langem, Antworten auf neue Herausforderungen zu finden. Sie machen interaktive Angebote, entwickeln Spiele und

experimentieren mit Formaten. Sie erstellen unterschiedliche Inhalte für verschiedene Plattformen. Sie lernen, Fakten an neue Ziel-
gruppen zu verkaufen. Sie arbeiten mit einem »Wrapper« und
scheuen sich nicht vor dem Wort »Marketing«. Und selbst das
schützt die entwickelten Länder nicht vor den Sprachrohren der
Dummheit.

Mussten Informationen früher auf ihrem Weg zum Publikum
eine redaktionelle Face Control durchlaufen, so sind diese Barrie-
ren heute verschwunden. Und in dieser neuen Realität ist der Handel mit Emotionen manchmal weitaus profitabler als zusätzliches
Wissen. Auf dem Medienmarkt beginnt die Nachfrage das Angebot
zu bestimmen.

Es wird nicht langweilig werden. Zum Glück. Leider.

Das Land kennenlernen

Das analoge Zeitalter hatte eine Besonderheit. Nimmt man ein be-
liebiges demokratisches Land und stellt sich die Medien und ihr
Publikum als einen mathematischen Bruch vor, so würde im Zähler
die große Vielfalt von Menschen stehen. Sie mögen unterschiedliche Ansichten und Einkommen, Bildungsniveaus und Erfolge haben. Aber sie alle wurden durch das Informationsbild, das sie kon-
sumierten, einander angeglichen. Denn im Nenner dieses Bruches
standen meist die gleichen Medien.

Fernsehsender und Zeitungen mögen sich in ihrer Zielgruppe,
ihrer redaktionellen Ausrichtung, ihren Parteipräferenzen und den
von ihnen vertretenen Werten unterscheiden. Aber ihre Zahl war
begrenzt und überschaubar. Aufgrund ihrer vergleichsweise gerin-
gen Zahl mussten sie sich alle an bestimmte gemeinsame Berufsre-
geln halten. Und an bestimmte universelle Wertprinzipien. Die Medien waren institutionelle Vermittler zwischen den Produzenten
von Inhalten und den Verbrauchern. Und es gab keine andere Möglichkeit, das Publikum zu erreichen, als den Redaktionen die Trag-
fähigkeit des eigenen Standpunkts zu beweisen. Das Internet hat
die alte Realität aufgehoben und eine neue geschaffen. Heute leben
wir in einem Zeitalter, in dem die Menschen direkt mit ihren Mit-
menschen kommunizieren und die Vermittler umgehen. Wir haben

die Blogosphäre, ein Kind der sozialen Medien und der Online-Plattformen.

Es ist noch nicht lange her, da war jeder Freak, der davon überzeugt war, dass die Erde wirklich flach ist, zur Einsamkeit verdammt. Er konnte glauben, dass nur er die Wahrheit kannte und dass alle anderen entweder Heuchler oder Verblendete waren. Das Internet gab Freaks die Möglichkeit, sich gegenseitig zu finden, Inhalte für Gleichgesinnte zu erstellen und ihre Ideen zu verbreiten. Das Internet ermöglichte es den verstreuten Freaks auch, sich zusammenzuschließen und eine politische Forderung aufzustellen. Worauf der Markt mit einem politischen Angebot reagierte.

Medien, die »für alle« waren, wurden durch Medien »für die Unsrigen« ersetzt. Sogar Facebook indexiert den Newsfeed auf der Grundlage unserer Vorlieben. Uns werden die Autoren angezeigt, deren Beiträge uns gefallen. Diejenigen, die wir nicht mögen, verschwinden früher oder später aus unseren Feeds. Und so entwickelt jeder Social-Media-Nutzer irgendwann seine eigene Informationsrealität, die sich von der seiner Nachbarn im Treppenhaus unterscheidet. Anstatt ein Medium für die Kommunikation »aller mit allen« zu werden, haben das Internet und die sozialen Netzwerke das Informationsfeld und damit auch die Gesellschaft segmentiert. Der Dialog hat aufgehört, wir haben begonnen, in einer Situation multipler Monologe zu leben.

Unser Land ist da keine Ausnahme. »Wer sind all diese Menschen?«, fragen wir uns jedes Mal, wenn wir die Ergebnisse soziologischer Untersuchungen erhalten. Aus Trägheit geben wir den Soziologen die Schuld, beschuldigen sie, käuflich und politisch bestellt zu sein. Aber wir werden einfach Opfer unserer eigenen Gewohnheit, uns zu normieren. Der Gewohnheit, in der Gewissheit zu leben, dass alle um uns herum die Realität genauso wahrnehmen wie wir.

Und das ist eine ziemlich ernste Herausforderung für alle. Denn der Schlüssel zur Stabilität eines jeden Staates ist das gegenseitige Vertrauen der Bürger. Das es ihnen ermöglicht, aneinander zu glauben und damit auch an die Verfahren. Wenn wir glauben, dass unser Nachbar uns hinreichend ähnlich ist, wenn wir überzeugt sind, dass wir mehr Gemeinsamkeiten als Unterschiede haben, erkennen wir sein Recht an, über seine Stimme zu verfügen, wie er will. Wenn wir ihn aber als Außenseiter wahrnehmen, wenn seine Interessen den unseren zuwiderlaufen, dann haben wir keinen Grund, seiner Wahl zu vertrauen. Und den Wahlergebnissen als solchen.

Nein, das ist nicht nur ein Problem für unser Land. Selbst die stabilsten Länder, zu denen wir früher aufgeschaut haben, stecken heute in dieser Krise. Die alten Grenzen der Identität verschwimmen. Neue wachsen vor unseren Augen heran. Es ist schwierig, von der Einheit eines Traums zu sprechen, wenn die Beschreibung der Realität nicht stimmt. Wenn diese Diskrepanz zu den exotischsten Phobien führt. Und genau unter diesen Bedingungen muss die Ukraine mit sich selbst ins Reine kommen.

Wissen Sie, die Geschichte hat einen ziemlich schrägen Sinn für Humor.

Das ABC der Manipulation

Anfang der Nullerjahre wurde in Russland ein Buch mit dem Titel »Die Ohren, die den Esel wedeln. Eine Summe der politischen Techniken« veröffentlicht. Darin ging es darum, wie man den Kampf um die öffentliche Meinung gewinnen und gleichzeitig die Medien manipulieren kann.

Der Autor schrieb in dem Büchlein insbesondere über sich selbst erfüllende Vorhersagen – wenn Erwartungen das Verhalten bestimmen. Über »formgebende Fragen«: wenn das Stellen einer Frage wichtiger ist als das Erhalten einer Antwort. Über das absichtliche Einpflanzen von gefaktem, kompromittierendem Material, so dass echte Enthüllungen vor dem Hintergrund ihrer offensichtlichen Unschlagbarkeit nicht mehr funktionieren.

Und es ging in ihm auch darum, dass Journalisten sehr anfällig sind für Manipulationen. Einfach wegen der Reaktivität des Berufsstandes.

»Die Journalisten selbst sind aufgrund der Besonderheit ihres Berufs pathologisch unfähig zu verstehen, was die Agenda ist. Sie sind stolz darauf, wie kreativ sie etwas darstellen und präsentieren können, wie sie Schwarz

in Weiß und Weiß in Schwarz verwandeln, aber sie verstehen nicht, was genau sie schwarz oder weiß malen und für wen das funktioniert.

Der Unterschied zwischen Journalisten und guten PR-Leuten ist derselbe wie zwischen Bauarbeitern und Anstreichern. Nur Anstreicher glauben nicht, dass das Haus eines anderen zusammenbricht, wenn sie es schwarz streichen, aber dass es hundert Jahre lang hält, wenn sie ihr eigenes weiß streichen. Journalisten haben oft das Problem, dass sie ständig verwechseln, wo ihr Haus ist und wo das eines anderen.«

Der Autor des Buches argumentiert, dass die Agenda immer wichtiger ist als die Art und Weise, wie man darüber berichtet. Als Beispiel erzählt er eine Geschichte über die Bürgermeisterwahlen in einer Kleinstadt. Der amtierende Bürgermeister mit 30 % der Stimmen und ein Dutzend Konkurrenten bewarben sich um den Sitz. Einer von ihnen war ein lokaler Geschäftsmann, der die Dienste der örtlichen Journalisten ablehnte.

Die Medienschaffenden, die ohne Aufträge geblieben waren, beschlossen, sich zu rächen. Während des gesamten Wahlkampfs kritisierten sie unaufgefordert und beharrlich jeden seiner Schritte. Der alte Bürgermeister hoffte, 30 % der Stimmen zu erhalten, der Rest würde sich auf alle Konkurrenten »verteilen«. Doch am Ende gewann der Geschäftsmann, mit 40 % der Stimmen.

Das lag daran, dass es den örtlichen Journalisten gelang, 60 % der Wähler davon zu überzeugen, dass der Geschäftsmann schlecht ist. Aber es gelang ihnen nicht, den Rest zu überzeugen. Stattdessen vermittelten sie den Menschen das Gefühl, dass es keine anderen Alternativen gab, dass die gesamte Liste der Themen auf die Wahl zwischen dem Bürgermeister und dem Geschäftsmann ausgerichtet war.

Solche Situationen entstehen jedoch nicht nur zufälligerweise. Die Medien sind von Natur aus »reaktiv«, so dass es keinen Sinn macht, einen Journalisten zu kaufen, wenn man ihn manipulieren kann. Zum Beispiel, indem man Medienanlässe schafft. Es spielt keine Rolle, wie Sie die Agenda eines anderen ausspielen. Wichtig ist nur, dass man überhaupt die Agenda eines anderen ausspielt.

Tatsache ist, dass der moderne Mensch in einem Zustand des »ewigen Referendums« lebt. Er muss ständig entscheiden, ob er mit dieser oder jener Tatsache oder Aussage einverstanden ist. Ob er etwas unterstützt oder ablehnt.

Deshalb geht der Hauptkampf um die Agenda. Es geht um die Themen, bei denen der Durchschnittsbürger aufgefordert wird, sich eine Meinung zu bilden. Bei den Präsidentschaftswahlen zwischen Carter und Reagan zum Beispiel lagen die Kontrahenten Kopf an Kopf. Niemand hätte das Ergebnis vorhersagen können. Aber am Vorabend der Wahl wurde auf allen Fernsehkanälen die Geiselkrise gezeigt, und für die Amerikaner wurde die Außenpolitik zu einem Wahlkriterium. Und die Außenpolitik war der Trumpf von Reagan. Er hat gewonnen.

»Wenn Sie also in einer Zeitung oder im Fernsehen Dutzende von Kommentaren mit unterschiedlichen Ansichten lesen, sollten Sie sich nicht vorschnell darüber freuen, dass Sie es mit einer freien Presse zu tun haben. Das Wichtigste sind nicht die Kommentare, nicht das Für und Wider, das Wichtigste ist das Thema, das diese Kommentatoren aufwerfen.«

Mit anderen Worten: Ein Kommentar ist eine der bequemsten Möglichkeiten, »ein Thema aufzublasen« und an die Spitze zu bringen. Wenn Sie um einen Kommentar von einem hochrangigen Beamten zu einem Thema bitten, löst dies einen reaktiven Effekt aus. Daraufhin beginnen andere Medien und Redner, sich zu demselben Thema zu äußern.

Die Größe des Kommentators ist jedoch für die Verbreitung des Themas unerheblich. Einfach deshalb, weil der Wert einer Information schon lange nicht mehr durch den Wert der Quelle bestimmt wird, aus der sie stammt. Die Förderung eines Themas kann mit der Aussage eines absoluten »Freaks« beginnen, wenn es gelingt, dass diese Aussage beim Publikum ankommt.

»Der Wert einer Information liegt nicht in der Quelle, sondern in dem Ausmaß, in dem sie sich selbst reproduzieren kann. Information ist nicht Wissen, nicht Daten, nicht etwas Vollständiges und Wertvolles an sich. Information ist ein Anreiz zum Handeln oder eine Rechtfertigung für das Handeln. Erst im Handeln gewinnt sie ihren Wert.«

Wir können hinzufügen: Der Wert von Informationen kann auch in der Untätigkeit liegen. Ob man für einen Kandidaten stimmt oder nicht. Ob man zu einer Demonstration geht oder zu Hause bleibt. Ob man Geld für ein Projekt spendet oder gleichgültig bleibt.

Aber die Quelle der Information selbst ist zweitrangig. Ganz einfach, weil Informationen ein Virus sind. Der sich in unsere Motivation einmischt und unser Handeln bestimmt. »Die Löffel wurden gefunden, aber der Bodensatz blieb«.

1999 beförderte Boris Beresowskij Wladimir Putin zum Präsidentschaftskandidaten. Als einer seiner Hauptkonkurrenten galt Jewgenij Primakow, der von Beresowskijs Gruppe heftig angegriffen wurde. Vor allem der Journalist Sergej Dorenko kümmerte sich in einer Sendung des damaligen Fernsehsenders ORT darum.

Dorenko warf dem siebzigjährigen Primakow nicht nur vor, Russland an den Westen »verraten« zu haben, sondern betonte auch, dass Putins Rivale alt sei. Jedem war klar, wer Dorenko war und für wen er arbeitete, aber das hielt den »Gedankenvirus« nicht auf, sich zu verbreiten. Denn Beresowskijs Stab gelang es, eine Agenda zu erstellen, über die Bedeutung des Alters des künftigen Präsidenten.

Der Wähler, der zuvor die Kandidaten anhand ihrer beruflichen Qualitäten und ihrer Erfahrung verglichen hatte, fügte der Liste der Auswahlkriterien die Frage des Alters hinzu. Solange es nicht zur Sprache kam, war das Thema zweitrangig. Sobald es geäußert wurde, wurde es wichtig. Primakows Stab ließ sich auf dieses Spiel ein. Sie sprachen über die Gesundheit und Arbeitsfähigkeit ihres Kandidaten. Doch all dies schadete ihm nur. Denn sie spielten innerhalb der ihnen auferlegten Agenda, und Primakow wäre ohnehin nicht in der Lage gewesen, jünger zu werden als der 45-jährige Putin.

Etwas Ähnliches geschah in den Vereinigten Staaten bei der Wahl des 73-jährigen Ronald Reagan für eine zweite Amtszeit. Sein Hauptkonkurrent war der 56-jährige Walter Mondale. Als Reagan zu seiner Fähigkeit, den Staat zu führen, befragt wurde, sagte er, er »habe nicht die Absicht, die Jugend und Unerfahrenheit seines Gegners für politische Zwecke auszunutzen«. Reagan gewann, weil er die Agenda nach seinen Vorstellungen änderte. Primakow verlor, weil er nach den Regeln eines anderen spielte.

Die Franzosen glauben, dass 25 % ihrer Landsleute Muslime sind (in Wirklichkeit sind es 8 %). Wir leben in einer Welt, in der es eine riesige Kluft gibt zwischen der Realität und dem, was die Menschen darüber denken. Und der Kampf dreht sich nicht um die Realität, sondern um ihre Beschreibung.

Das Investieren in eine Agenda ist keine Verschwörungstheorie. Es handelt sich um eine gängige politische Technik, die seit Jahrzehnten eingesetzt wird.

Die öffentliche Meinung muss nicht auf vulgäre Art und Weise gekauft werden, sie kann kunstvoll gekauft werden.

Journalisten sind in der »Reaktivität« ihres Berufs gefangen und haben die Gewohnheit, »bei Medienanlässen zu arbeiten«.

Meinungsführer und Prominente in »Verschlusssachen«, »Leaks« und »Insiderinformationen«.

Der Mann auf der Straße in »Rauch ohne Feuer« und »Es ist alles nicht so eindeutig«.

Der Autor des oben genannten russischen Buches verließ übrigens kurz nach den russischen Wahlen die politische Technik. Er wechselte in den Staatsdienst, in die Präsidialverwaltung. Denn wer sagt denn, dass nur ein Politiker und nicht der ganze Staat Kunde von Manipulationen sein muss?

Wer hat Sie bezahlt?

Wir sagen gerne, dass es der Wahrheit bestimmt ist, zu gewinnen. Aber das stimmt nicht. Der Gewinner ist derjenige, der seine Wahrheit allen anderen aufzwingt.

Bei dem Wort »Krieg« denken wir in erster Linie an das Klirren von Metall. Wir glauben nach wie vor, dass Schlachten um Quadratkilometer geführt werden. In Wirklichkeit ist das Schlachtfeld nicht mehr die Realität, sondern unsere Vorstellung davon.

Und wenn Sie Ihre Medienarmee nicht füttern, bereiten Sie sich darauf vor, von der Armee eines anderen gekapert zu werden. Deren Motive werden von den Motiven ihrer Sponsoren bestimmt.

Alle ukrainischen Medien werden nach ihren Finanzierungsquellen in fünf Typen unterteilt.

Staatshaushalt. Während in Russland alle großen Medien vom Staat finanziert werden, ist es in der Ukraine genau umgekehrt. Nur wenige Medien erhalten Haushaltsmittel, und oft ist die Höhe der Mittel für die Aufgaben, die sie erfüllen sollen, unzureichend. Diese Akteure sind gezwungen, Stiefkinder des Medienmarktes zu sein.

Westliches Geld. Zu dieser Kategorie gehören gleich zwei Arten von Medien. Diejenigen, die von Zuschüssen leben, und die ukrainischen Redaktionen internationaler Holdings. Sie können es sich leisten, nicht nach Werbekunden zu suchen, nicht auf Quantität statt auf Qualität zu setzen und sich nicht auf die Klickraten zu konzentrieren. Gleichzeitig bleiben sie alle eine Art »Informations-Existenzminimum« für den ukrainischen Verbraucher. Im Land des siegreichen Fernsehens spielen sie eine wichtige, aber nicht dominierende Rolle.

Russisches Geld. Die giftigsten Inhalte und die abscheulichsten Darstellungen sind die Säulen, auf denen diese Medien stehen. Je nach Aufgabe können sie entweder das Bild des Kremls von der Realität fördern oder das ukrainische Bild zerstören. Einige betreiben direkte Propaganda. Andere greifen ukrainische Narrative an. Andere stürzen den Zuschauer in ein von Menschenhand geschaffenes Chaos und zerstören damit das Konzept der Fakten selbst.

Sie versuchen so gut es geht Seriosität vorzutäuschen, indem sie bekannte Medienpersönlichkeiten anheuern, für sie zu arbeiten. Sie geben vor, Opposition zu sein und verstecken sich hinter der Redefreiheit. Letztlich zielen sie darauf ab, die ukrainische Souveränität zu demontieren und die Idee der Kapitulation zu fördern. Darüber hinaus wird ihre Arbeit durch den Ehrgeiz einheimischer Kommentatoren erleichtert, die bereit sind, unabhängig von dem Endziel der Medien »ins Fernsehen zu gehen«.

Finanz- und Industriekonzerne. Ihnen gehören traditionell die größten Fernsehsender auf dem ukrainischen Markt. In den vergangenen Jahren schufen sie, wenn ein solcher Konzern eine Medienressource erwarb, ein abgestuftes System zu ihrer Verteidigung, einschließlich politischer Parteien und Medien.

Die Agenda der einzelnen Fernsehsender hängt immer davon ab, wie sich die Beziehungen ihrer Eigentümer zu den Behörden entwickeln. Einige von ihnen sind je nach Eigentümer aktiv in politische Spiele verwickelt. Andere versuchen, Geschäftsmodelle zu entwickeln. Die Ukraine ist nach wie vor ein »Fernsehland«, in dem die Mehrheit der Menschen ihre Informationen über den Fernsehbildschirm bezieht, und daher bleibt diese Art von Medien der Schlüssel zum Massenbewusstsein.

Das Publikum. Dieser Punkt vereint Medien, die versuchen, ein Unternehmen zu sein. Das Publikum zahlt für sie, entweder direkt (durch Spenden oder Abonnements) oder indirekt (durch die Einschaltung von Werbung). Das einzige Problem ist, dass dieser Ansatz in der ukrainischen Realität selten funktioniert. Der Werbemarkt ist klein, die Konkurrenz der »Bezahlmedien« ist groß, und die Leser sind es nicht gewohnt, für Inhalte zu bezahlen.

Darüber hinaus betrachtet das ukrainische Publikum den Erhalt von Informationen als »Unterhaltung« und »Sozialisierung«, obwohl es sich in Wirklichkeit um eine Geschichte von Sicherheit handelt. Sie sind also bereit, für ihre Grundbedürfnisse (nach Maslow) zu zahlen, fügen dieser Liste aber nicht »das Bild der Realität« hinzu. Die Tatsache, dass das Land aufgrund dieses Ansatzes Populisten und Gauner wählt, ermutigt niemanden, aus seinen Fehlern zu lernen.

Bis zu einem gewissen Grad lässt sich diese Situation erklären. Die Ukraine ist ein armes Land Ost-Europas. Einer Schätzung zufolge ist die Nachfrage nach hochwertigen Informationen in Ländern gegeben, in denen zwei Drittel der Bevölkerung über ein verfügbares Jahreseinkommen von etwa 7 300 Dollar (in Kaufkraftparität) verfügen. Darüber hinaus darf diese Einkommensschwelle in den letzten zehn Jahren nicht gesunken sein. Wenn diese Regel nicht erfüllt ist, sparen die Bürger an Informationen.

Wir stellen uns den Krieg nach wie vor in den Kategorien des 20. Jahrhunderts vor. Das Problem ist, dass diese Vorstellungen nichts mit der Realität zu tun haben. Unsere Gedanken bestimmen unser Handeln, und deshalb können wir diesen Krieg auch ohne Panzerkeile gewinnen.

Doch wer zahlt für Ihre Inhalte?

Klubregeln

Der ukrainische Wähler wartet so sehnsüchtig auf neue Gesichter, als würden sie nicht von den alten unterstützt werden. Das Problem ist jedoch, dass der innenpolitische Markt ein Verkäufermarkt und kein Käufermarkt ist.

Jede politische Karriere ruht auf drei Säulen. Um mit seinen Ideen bei den Wählern durchzudringen, braucht ein Politiker drei Ressourcen: organisatorische, finanzielle und mediale. Einfach gesagt, ein Team, Geld und Medien.

Angenommen, Sie haben es geschafft, ein starkes Team zusammenzustellen. Angenommen, Ihre Mitstreiter sind bereit, unentgeltlich als Volontäre zu arbeiten. Angenommen, Sie haben Unterstützung in den Regionen gewonnen und Zellen in Schlüsselbereichen gebildet. Aber das ist nur die Spitze des Eisbergs. Es ist eine notwendige Bedingung, aber nicht ausreichend.

Denn dann haben Sie es mit der zweiten Ressource zu tun, der finanziellen. Ohne Geld wird Ihre Kampagne sterben, bevor sie begonnen hat. Von Tür zu Tür zu gehen, mag funktionieren, wenn Sie für einen Sitz in der Kommunalverwaltung kandidieren. Aber auf nationaler Ebene werden Sie Hunderte von Händen brauchen. Und Hände haben Münder. Wer glaubt, Wahlkampf sei billig, wird eines Besseren belehrt: Wahlkämpfer, Öffentlichkeitsarbeit, Soziologie des Stabs.

Und selbst wenn Sie in der Lotterie gewonnen haben und Ihre Parteizelte nun auf der Straße stehen, haben Sie es noch mit dem Problem der dritten Ressource zu: der Information. Denn für die meisten ukrainischen Normalbürger ist das Fernsehen die wichtigste Informationsquelle. Außerdem sind die Fernsehzuschauer die diszipliniertesten Wähler. Und der Zugang zu den größten Sendern des Landes gehört den Finanz- und Industriekonzernen. Um die Loyalität dieser Sender zu gewinnen, muss man mit ihren Eigentümern verhandeln. Und die haben ihre eigenen Interessen.

Infolgedessen steht jedes »neue politische Gesicht« von Anfang an vor einem Dilemma. Ein Kandidat mag kristallklar, unbefleckt und kompromisslos sein. Er hat vielleicht ein tolles Team und einen Reformplan. Aber um Geld und Medienressourcen für seinen

Wahlkampf zu bekommen, wird er sich auf einen der Finanz- und Industriekonzerne verlassen müssen. Diese wiederum werden in der Erwartung von Dividenden in ihn investieren. Und diese Schulden werden Ihre neuen Idole zurückzahlen müssen, wenn sie erfolgreich sind.

Die Nachfrage der Wähler nach »neuen Namen« ist gut, aber sie reicht nicht aus. Wer sie befriedigen kann, muss zunächst dafür sorgen, dass ein potenzieller Käufer von seinem »Angebot« erfährt. Und das erfordert ernsthafte Investitionen. Dafür wird man sicherlich Kompromisse eingehen müssen.

Und so finden wir uns jedes Mal in einer Situation wieder, in der die Forderung nach »neuen Gesichtern« diesen neuen Gesichtern nicht den Weg in die Politik öffnet. Und wenn man über das Auftauchen eines neuen, unerwarteten Idols freudig erregt ist, sollte man fragen, auf wessen Schultern dieses neue Idol steht.

Und deshalb gilt: schauen Sie ihm auf die Füße.

Mehrheitspartei

Wenn Sie im Fernsehen nichts zu sehen bekommen, dann sind Sie einfach nicht das Zielpublikum. Aber freuen Sie sich darüber nicht zu sehr.

In der Ukraine ist das Fernsehen nach wie vor die wichtigste Informationsquelle für einen großen Teil des Landes. Das genau ist die Mehrheit, für die Inhalte produziert und Werbung gemacht wird. Die Verbraucherwünsche dieser Mehrheit sind der Mainstream, auf den das Angebot zugeschnitten ist.

Wenn Sie nicht fernsehen, bedeutet das nur, dass Sie zur Minderheit gehören. Sie können auf diese Tatsache stolz sein. Aber in Wirklichkeit bedeutet es, dass Sie eine Minderheit bleiben. Während Ihre Zukunft hingegen von der Mehrheitspartei bestimmt wird.

Telefonverkäufer können genauso viel über das Land erzählen wie Soziologen. Die Reaktion auf die Programme wird täglich beobachtet. Geschlecht. Alter. Geografie. Inhalte, die keine Zuschauer finden, verschwinden aus dem Äther. Natürlich gibt es Ausnahmen: wenn es sich um politische Inhalte handelt oder um solche, die die Interessen des Eigentümers betreffen. Aber der Großteil der Inhalte orientiert sich immer an der Nachfrage. Und wenn Sie denken, dass Sie das Fernsehen aufgegeben haben, bedeutet das in Wirklichkeit, dass das Fernsehen Sie aufgegeben hat.

Die sozialen Netzwerke haben ihren Nutzern die Illusion vermittelt, sie seien der Mainstream und die Norm. In Wirklichkeit sind sie es nicht. Die Ukraine ist nach wie vor ein analoges Land, in dem die diszipliniertesten Wähler immer noch vor einem blauen Bildschirm sitzen. Und wenn Sie deren Weltsicht verstehen wollen, versuchen Sie mal, Ihren Fernseher zu entstauben.

Wahrscheinlich werden Sie Antworten auf viele Ihrer Fragen finden. Zum Beispiel, warum die Politiker über Sie schweigen. Warum Ihre Anliegen nicht in ihre politischen Programme aufgenommen werden. Warum die Nachfrage nach dem, was Sie mögen, so gering ist. Und andersherum.

Vielleicht werden Sie verstehen, warum vor den Wahlen niemand mit Ihnen spricht. Warum die politische Speisekarte aus Gerichten besteht, die Sie nicht bestellt haben. Warum Sie immer wieder das kleinere Übel wählen müssen. Und warum man nicht so sehr »für« die eigenen Leute stimmt, sondern »gegen« die krassen Außenseiter.

Natürlich kann man stolz darauf sein, dass sich die Minderheit manchmal als die fortschrittlichste Klasse entpuppt. Dass sie über die Zukunft nachdenkt und ein Bild der Zukunft entwirft. Aber bei Wahlen verschwinden all diese qualitativen Unterschiede. Denn der Wert eines Häkchens auf einem Wahlzettel hängt nicht davon ab, wer es gesetzt hat. Genauso wie es keine Rolle spielt, aus welcher Art von Portemonnaie eine Banknote zum Bezahlen der Waren genommen wird.

Manchmal muss man, um ein Land zu verstehen, die sozialen Medien verlassen und den Fernseher einschalten. Das ist ernüchternd.

Mikrofonständer

Ist es akzeptabel, einem Chauvinisten Sendezeit einzuräumen? Wo sind die Grenzen dessen, was in einem Streitfall akzeptabel ist? Hat jede Sichtweise das Recht auf Sendezeit? Diese Debatte spaltet die Ukraine in diejenigen, die der »Legalität«, und diejenigen, die der »Legitimität« Priorität einräumen.

Im Sinne der »Legalität« ist alles erlaubt, was nicht verboten ist. Jeder hat das Recht auf eine Tribüne, unabhängig von seinem Hintergrund, seiner Kompetenz oder den angebotenen Rezepten. Bei diesem Ansatz können Kreml-Anhänger von Redefreiheit sprechen. Korrumpierte können die Korruption kritisieren. Adepten der Vergangenheit können über die Entkommunisierung streiten.

Unter dem Gesichtspunkt der »Legitimität« muss man das Recht auf die Tribüne verdienen. Rechtliche Gleichheit bedeutet nicht gleichen Zugang zum Mikrofon. Dieser Ansatz verwehrt denjenigen, die glauben, dass die Erde flach ist, den Zugang zum Äther. Und es stuft jede Plattform als marginal ein, die Onkologen und psychischen Heilern gleichermaßen Zeit gibt.

Der erste Ansatz erklärt die Medien zu einem Raum der totalen Freiheit und Verantwortungslosigkeit. Der Freiheit, weil sie bereit sind, jedem zuzuhören, unabhängig von seinem Ruf. Der Unverantwortlichkeit, weil sie die Verantwortung auf das Publikum abwälzen. »Unsere Zuschauer werden jedem zuhören und ihre eigenen Entscheidungen treffen.«

Der zweite Ansatz verlangt von den Medien eine Werteverpflichtung. Er zwingt die Redaktionen dazu, eine Position zu beziehen und für diese verantwortlich zu sein. Er geht davon aus, dass Poplawskyj und Dschemiljew zwar rechtlich gleichgestellt sind, aber der Anteil der »Legitimität« der beiden unterschiedlich ist. Deshalb hat die Meinung von Mustafa Dschemiljew viel mehr Gewicht und Bedeutung als die Meinung des singenden Rektors.

Eines der grundlegenden Probleme in der Ukraine ist das fast vollständige Fehlen einer Institution für Fachwissen. Das gilt für alles, von Filmkritiken bis zu politischen Kommentaren. Jeder Unsinn, der auf Sendung gesagt wird, hat keine Konsequenzen für den Autor. Es wird sich nicht auf seinen Ruf auswirken, weil es in diesem Land keine Institution für Reputation gibt. Das Publikum erinnert sich nicht an die Fehler der anderen, und so glaubt jeder, das Recht zu haben, neue Fehler zu machen.

Wir haben keine Berufsverbände, die Menschen wegen Inkompetenz die Mitgliedschaft entziehen. Um den Status eines »Politikwissenschaftler« zu erlangen, muss man es nur wollen. Die kommerziellen Medien sind wie Staubsauger: sie stellen jeden vor die Kamera, der bereit ist, zum Beginn der Sendung nicht zu spät zu erscheinen. Jeder äußert sich zu allem.

In einer solchen Situation steht jede Redaktion vor einer Wahl. Sie kann entweder die Rolle eines Expertensiebs einnehmen und selbst entscheiden, wem sie eine Tribüne gibt. Oder sie kann eine distanzierte Haltung einnehmen und sich hinter den Buchstaben des Gesetzes verstecken. Darin steht kein einziges Wort über berufliche und ethische Kompetenz.

Infolgedessen ähneln in der Ukraine Sendungen über Politik immer mehr einem Gespräch mit einem Taxifahrer. Jeder weiß über die Ordnung des Landes Bescheid, so wie man über Fußball Bescheid weiß. Der gesunde Menschenverstand gebietet jedoch, dass sich Wirtschaftswissenschaftler zur Wirtschaft äußern sollten, und um über Mexiko zu sprechen, reicht es nicht aus, vor der Sendung einen Artikel aus Wikipedia zu lesen.

Zweifellos steht es der Redaktion frei, jeden einzuladen, dem dieses Recht nicht durch ein Gerichtsurteil entzogen wurde. Gleichzeitig trägt sie damit aber auch alle Reputationsrisiken. Und es liegt an ihr zu entscheiden, ob der Gast eine Plattform zum Predigen bekommt oder zur Beichte gerufen wird.

»Journalistische Standards« haben nichts mit Verantwortungslosigkeit zu tun. Im Gegenteil, es geht um Verantwortung. Um die Bereitschaft, Entscheidungen zu treffen. Um die Fähigkeit, den Kontext zu erkennen. Um die Fähigkeit, die Konsequenzen zu sehen, nicht nur für sich selbst, sondern auch für die Polis und ihre Bürger.

Die Erde ist rund. Der Planet dreht sich um die Sonne. Impfungen bewahren vor Krankheiten. Die Ukraine ist ein Opfer der russischen Aggression. Zwei plus zwei ist gleich vier.

Verantwortung heißt, die Dinge beim richtigen Namen zu nennen.

Regeln des Berufsstandes

Es gibt eine äußerst wichtige Nuance im Journalismus.

In unserem Land werden die Spielregeln für unseren Beruf nicht von den Journalisten festgelegt, sondern von den Medieninhabern. Und alles, was man tun kann, ist, sich nicht an einem Krieg zu beteiligen, den man nicht gewinnen will.

Das Jahresbudget eines durchschnittlichen Fernsehsenders ist geringer als die Kosten für den Unterhalt eines Armeebataillons. Doch die Effizienz der Investitionen ist unvergleichlich höher. Wozu die Landschaft mit Raupenketten zu plätten, wenn man sie mit Gedankenviren umpflügen kann?

Es gibt immer eine Kluft zwischen der Realität und dem, was die Menschen sich vorstellen. Es reicht, dort Keile einzutreiben, um den gewünschten Effekt zu erzielen. Was nützt es, Menschen zu vernichten, wenn man sie auf seine Seite ziehen kann? Die Ukraine wird derjenigen folgen, der ihr seine Agenda aufzwingt.

Die ukrainischen Medien sind größtenteils nicht für ein Geschäft geschaffen worden. Der Durchschnittsbürger ist nicht daran gewöhnt, für Inhalte zu bezahlen, und er wird dies auch nicht tun, solange es viele Schwarznutzer auf dem Markt gibt. Und selbst wenn sie es tun, übersteigen die potenziellen Gewinne aus der Medienmanipulation immer die direkten Einnahmen aus bezahlten Abonnements. Deshalb hat jeder von uns die Möglichkeit, nur eine einzige Entscheidung zu treffen. Rechtzeitig auszusteigen.

Wir wählen unsere Redaktionen nach dem Grad der Toxizität des Arbeitgebers aus. Unsere Einträge im Arbeitsnachweisbuch richten sich nach dem Grad der Abscheu. Die Anzahl der Nullen in der Gehaltsabrechnung ist ein Aufschlag für das Gewissen. Je mehr sie sind, desto stärker ist die Betäubung.

Deshalb ist das Einzige, was bei der Arbeitstätigkeit zählt, ist die Skizze Ihrer gewünschten Zukunft. Ihrer eigenen und der Ihres Arbeitgebers. Wenn sie übereinstimmen, haben Sie Glück. Wenn nicht, machen Sie sich daran, Ihren Lebenslauf herumzuschicken. Oder überzeugen Sie sich und alle anderen im Umkreis davon, dass »alle gleich sind«.

Viele Menschen entscheiden sich für die zweite Möglichkeit. Das ist der einfachste Weg, sich mit der neuen Rolle zu arrangieren. Der einfachste Weg, schnell einzuschlafen und die Bar vor dem Schlafengehen nicht zu leeren. Außerdem kann man sich immer damit trösten, dass es in diesem Land die Institution der Reputation nicht gibt. Alles wird vergessen und alles wird vergeben sein. Doch das Bankkonto bleibt.

Man kann auch mit dem neuen Eigentümer um das Recht auf eine »Sondermeinung« feilschen. Und mit der eigenen Hygiene in einem fremden Bordell prahlen. Und dabei geflissentlich ignorieren, dass dein Medienunternehmen das Land an den Rand des Abgrunds treibt. Genauso sorgfältig die Vorstellung verjagen, dass deine persönliche Redefreiheit nur ein Käse mit Melone für ein leichtgläubiges Publikum ist. Am Ende ist es egal, wer am Ruder ist, ein vorsätzlicher Schurke oder ein nützlicher Narr. Das Ergebnis wird sich dadurch nicht ändern.

Die Redaktionspolitik unterliegt niemals der Kontrolle der Redaktion. Unsere gesamte Karriere ist eine Geschichte von situativen Allianzen. Solcher, die wir mit den Medieninhabern eingehen. Unser Gewissen braucht nur so lange keine Betäubung, wie die Endpunkte unserer Routen übereinstimmen. Sobald es Divergenzen gibt, stehst du vor einer Wahl. Auf der einen Seite der Skala werden solide Kosten stehen. Auf der anderen gibt es einige altmodische Begriffe wie Selbstachtung.

Wir sind Söldner. Wir können unsere eigene Armee nicht aufbauen. Dazu werden uns immer die Mittel fehlen. Eine unabhängige Redaktion kann nur von Zuschüssen leben, die nie für alle ausreichen werden. Unser gesamter Entscheidungsspielraum ist die Wahl der Flagge, unter der du kämpfen wirst.

Es gibt viele Hochstapler in unserem Beruf. Plünderer erzählen uns gerne, dass es keinen Unterschied zwischen den Flaggen gibt. Jedes Mal, wenn es Zeit ist zu gehen, bleiben sie. Wenn es an der Zeit ist, etwas zu sagen, schweigen sie. Sie versuchen, uns in ihre Reihen zu rekrutieren. Manchmal mit Erfolg.

Denn es besteht immer die Gefahr, müde zu werden. Der ethischen Dilemmas. Der kurzen Planungshorizonten. Der ewigen Vergleich der Ziele, der eigenen und der des Arbeitgebers. Die innere

Stimme erinnert dich an dein Alter, deine Stabilität und deine Verantwortung gegenüber deiner Familie. Du wirst beginnen, deine Kompromisse mit deinen Kindern rechtfertigen. Du wirst beginnen, auf Kosten der Familie in deine persönliche Zukunft zu investieren.

Dies ist die Weggabelung, den ich am meisten fürchte. Denn früher oder später wird sie in meinem Leben auftauchen. Ich habe Angst, sie nicht zu sehen wirst. Ich habe Angst, die falsche Entscheidung zu treffen. Zumal es nur wenige Argumente für die richtige Entscheidung geben wird.

Zum Beispiel die Zukunft des Landes.

5 Veränderungen

Unmögliches ist möglich

Ich habe einen persönlichen Albtraum: Aufwachen im Jahr 2013.

Ich werde im Voraus wissen, was passieren wird. Janukowytsch wird das Assoziierungsabkommen mit der EU nicht unterzeichnen. Studenten werden verprügelt. Der Majdan wird beginnen. Angriffe, Molotowcocktails auf der Hruschewskij-Straße. Scharfschützen, die »Himmlische Hundertschaft«, Flucht des Präsidenten.

Annexion der Krim. Blockade von Militäreinheiten. Beschlagnahmung von Schiffen. Meine ehemaligen Freunde schwören neue Eide. Meine zukünftigen Freunde gehen auf das Festland. Die Armee schaut nachdenklich auf ihre Panzer und versucht herauszufinden, ob sie fahren und schießen können.

Dann der Donbas. Girkin. Freiwilligenbataillone. Die Märtyrerlisten wachsen, und wir erinnern uns nicht mehr an die Namen. Im August schießen Militante eine Boeing ab. Von da ab Ilowajsk. Das erste Minsker Abkommen.

Dann erneut Kämpfe. Debalzewe. Das zweite Minsker Abkommen. Russland spricht über radioaktive Asche und Gimpel. Spielfilme verlieren gegenüber Nachrichtenfilmen in Sachen Dramatik.

All das werde ich im Sommer 2013 wissen. Aber was werde ich mit all diesem Wissen tun? Und vor allem: Wer wird mir glauben? Bei dem Satz: »...und der ehemalige Präsident von Georgien wird für die Region Odesa zuständig sein« werden meine Freunde einen Krankenwagen rufen.

Das Einzige, was ich 2013 tun kann, ist, Dollar-Scheine zum Wechselkurs 1:8 zu kaufen.

Wer hat am Vorabend des Majdan an einen Krieg mit Russland geglaubt? An die Annexion der Krim und die Besetzung des Donbas? »Invasion« war ein Wort aus dem Wortschatz der Rückständigen. Alle anderen glaubten an das Budapester Memorandum und an Achmetows Fähigkeit, seine Interessen zu schützen.

Wer hätte Mitte 2013 geglaubt, dass Janukowytsch innerhalb von sechs Monaten verschwinden würde? Zwei Drittel des Landes waren nicht bereit zu protestieren, die Opposition konnte keine Massenkundgebung auf die Beine stellen, und die ganze Intrige drehte sich um 2015 und die Aussichten auf eine zweite Runde.

Wer hätte zu Beginn des Majdan noch an die Präsidentschaft Poroschenkos geglaubt? Die Anführer waren Jazenjuk, Tjahnybok und Klitschko. In diesem Triumvirat gab es keine zusätzlichen Plätze. Der Sieg von Petro Oleksijowytsch schien so unwahrscheinlich wie die Wiedergeburt von Julia Wolodymyriwna.

Alles wird obsolet. Und es geht nicht nur um die Ukraine vor dem Majdan. Versuchen Sie sich vorzustellen, dass Sie im September 2016 aufwachen. Und Sie erzählen Ihren Freunden, was sie in drei Jahren erwartet. Wenn Sie endlich eine TV-Fernbedienung finden und ihnen den künftigen Präsidenten zeigen – wie werden sie reagieren? Und wie schnell wird derselbe ominöse Krankenwagen vor der Tür stehen?

Nichts ist undenkbar. Nichts ist untertrieben. In unserer Realität gibt es keine »kühnen Vorhersagen«. Wir wetteifern in Annahmen. Dann kommt die Zukunft und reißt unsere Sandburgen ein. Wir sind es gewohnt, das rituelle »alles ist wie immer« zu wiederholen, aber in Wirklichkeit gibt es kein »alles« und kein »immer«. Engel und Dämonen wechseln ihre Plätze, Idole werden zu Antihelden, und rote Linien werden nur gezogen, um etwas zu haben, das man überschreiten kann.

Keiner ist linear. Jede Figur verändert sich jeden Tag, und jedes Mal verändert sich unsere Einstellung zu ihr. Wer war Ihor Kolomojskyj für uns im Jahr 2014? Für wen hielten wir Illja Kiwa im Jahr 2015?

Wie hat sich unsere Einstellung zu Micheil Saakaschwili im Jahr 2016 verändert?

Es gibt wenig Kontinuität in unseren Zickzackkursen. Noch schlimmer ist die Logik. Es gibt keine linearen Szenarien mehr, und die Figuren sind ihres Monopols auf Gut und Böse beraubt. Die Handlung garantiert uns keinen unausweichlichen Sieg, und die Realität überzeugt uns davon, dass die Welt nicht von Idealen, sondern von Interessen regiert wird.

Diejenigen, die wir heute als Helden betrachten, können morgen ihre Rolle ändern. Diejenigen, die uns als Favoriten erscheinen, können morgen in Vergessenheit geraten. Die Propheten von heute werden zu Blödianen, und die Freaks können sich als Propheten erweisen. Niemand ist zu irgendetwas verdammt, eine endgültige Fassung ihrer Biografie haben nur die Toten.

Lehren vom August

Sechs Jahre vor Beginn unseres Krieges fand Russlands Invasion in Georgien statt. Heute leiten wir das Jahr 2014 aus dem Jahr 2008 her, aber seien wir mal ehrlich. Wie viele von uns haben damals den russisch-georgischen Krieg als Vorläufer des russisch-ukrainischen Krieges wahrgenommen?

29 % der Ukrainer hielten Georgien für den Aggressor in diesem Krieg. 25 % Russland. 20 % wiesen beiden Seiten die Schuld zu. Dies sind die Ergebnisse einer Umfrage, die das Rasumkow-Zentrum unmittelbar nach dem fünftägigen Krieg durchgeführt hat. Bezeichnend, nicht wahr?

Wir erfinden uns gerne im Nachhinein. Aber in Wahrheit waren wir 2008 ganz anders als heute. Bestenfalls »alles ist nicht so eindeutig«. Schlimmstenfalls: »Wir sind selbst schuld«. Faktisch drei Viertel des Landes.

Mehr als ein Jahr nach dem Einmarsch Russlands in Georgien wird die zweite Runde der ukrainischen Präsidentschaftswahlen von Personen bestritten, in deren Programmen der »georgische Kontext« einfach nicht vorkommt. Und es sind nicht nur die Figuren von Tymoschenko und Janukowytsch. Letztlich haben die Wahlstäbe auf der Grundlage der gesellschaftlichen Nachfrage gearbeitet. Und in jener Ukraine gab es keine Nachfrage nach Verteidigung.

Aufrufe zum Aufbau der Armee wurden als Alarmmache empfunden. Aufrufe, sich auf die Verteidigung vorzubereiten, wurde als Panikmache empfunden. Der Kontext der Marineübungen im Schwarzen Meer blieb unverändert: Imaginäre Abwehr eines »Drittstaat« und Bekämpfung illegaler bewaffneter Gruppen. Bei den illegalen bewaffneten Gruppen handelte es sich um die

Krimtataren. Und die Schwarzmeerflotte der Russischen Föderation, so die Legende der Übung, war ein Verbündeter.

Der russisch-georgische Krieg war tatsächlich ein Vorläufer des russisch-ukrainischen Krieges. Nur in einem ganz anderen Sinne.

Wir beklagen uns über die Kurzsichtigkeit unserer westlichen Verbündeten. Über ihre Zahnlosigkeit. Über ihre mangelnde Bereitschaft, Risiken angemessen zu bewerten. Aber 2008 haben wir uns genauso verhalten.

Wir beklagen, dass die Invasion in unser Land nicht zur völligen Isolierung des Aggressors geführt hat. Dass die Welt weiterhin mit Moskau Handel treibt. Sein Gas kauft und ihm alles andere verkauft. Aber waren wir selbst bereit, die georgische Souveränität auf Kosten ukrainischer Gewinne zu verteidigen?

Wir verurteilen den moralischen Relativismus. Wir fordern, die Verantwortung des Angreifers und des Opfers nicht gleichzusetzen. Aber wo war im Jahr 2008 unsere Prinzipienfestigkeit?

Ich war keine Ausnahme. Auch ich gehörte zur Mehrheit. Deshalb ist jeder Jahrestag des russisch-georgischen Krieges für mich auch eine Erinnerung daran, wie sehr ich mich verändert habe.

Wir geben anderen die Schuld für Dinge, für die wir vor nicht allzu langer Zeit noch uns selbst hätten verantwortlich machen können. Wenn Sie die Logik der europäischen normalen Menschen verstehen wollen, denken Sie an sich selbst zurück.

Dieser Krieg hat uns jedoch eine weitere Lektion erteilt. Georgien war kein Teil der »Russischen Welt«, wie man es in Bezug auf die Ukraine zu sagen pflegt. Es hatte seine eigene Sprache. Seine eigene Kirche. Seine eigene Geschichte, Kultur und Traditionen. Die Distanz zwischen Georgiern und Russen ist viel größer, und lässt viel weniger Raum für die Rede von »einem Volk«. Dennoch hat sie all dies nicht vor einer Invasion geschützt.

Denn Sprache, Kirche und Identität sind wichtige Voraussetzungen, aber nicht ausreichend. Sie können die Aufgabe des Angreifers erschweren, ihn aber nicht aufhalten. Denn ein Imperium misst seinen Appetit nicht an kulturellen Unterschieden, sondern an den möglichen Kosten.

Daher kann nur die eigene Armee eine fremde Armee aufhalten. Und eben die Identität dieser Armee bestimmt, ob sie bereit ist, das Feuer zu eröffnen.

Das bewies die Krim.

Gesetze der Friedenszeit

Seit der Erlangung der Unabhängigkeit ist die Ukraine in zwei Lager geteilt.

Im ersten Lager waren diejenigen, für die die Existenz des Landes ein Wert war. Im zweiten Lager gab es diejenigen, für die sie einfach eine Selbstverständlichkeit war. 1991 stimmten die Ersteren für die Unabhängigkeit um der Ukraine willen. Die letzteren stimmten für die Unabhängigkeit, um nicht Zentralasien zu ernähren.

Die Ersteren waren stets in der Unterzahl, aber es gelang ihnen, ihrer Agenda Nachdruck zu verleihen. In den folgenden dreiundzwanzig Jahren zog sie von Westen nach Osten und erweiterte ihr Areal um neue Oblaste. Die letzteren schrumpften ständig, sowohl zahlenmäßig als auch territorial. Ihre Agenda war defensiv, sie konnten ihre Gegner nicht assimilieren, aber es gelang ihnen, den Vordringen der ersteren nach Osten zu verlangsamen.

Der Majdan war eine Initiative des ersten Lagers. Nach dem Wahlsieg hätte es jedoch die Interessen des zweiten Lagers in Betracht ziehen müssen. Auf deren symbolischen Bannern die gleiche Sowjetunion und der »Große Vaterländische Krieg«, die »starke Hand« und das Imperium stehen würden. Nach dem ersten Majdan erfolgte diese Gegenreaktion innerhalb von zwei Jahren. Und fünf Jahre später wurde Wiktor Andrijowytsch durch Wiktor Fedorowytsch ersetzt.

Das gesamte Gleichgewicht wurde durch den Krieg gestört.

Denn die Friedenszeit nährt immer die Agenda des »Privaten«. In dieser ist der Einzelne wichtiger als das Gemeinwesen. Der Bürger hat Vorrang vor dem Staat. Die private Freiheit ist wichtiger als die kollektive Ideologie.

Doch Krieg stärkt immer die Agenda des »Kollektiven«. In der das »Gemeinsame« wichtiger ist als das »Private«. In der das

»Gesellschaftliche« wichtiger ist als das »Individuelle«. In der das Überleben des Staates zur Priorität wird. Nur im Krieg hat der Staat das Recht, einen Bürger zu nehmen, ihn als Soldat zu verkleiden und ihn zu seiner eigenen Verteidigung in die Schützengräben zu schicken.

Die Ukraine könnte nur in einer friedlichen Situation fragil und vielfältig bleiben. Moskau konnte seine Anhänger in der Ukraine nur schützen, solange es keinen Krieg gab. Indem es ihn entfesselte, schuf es eine Situation, in der die Gleichwertigkeit der Agenden in Vergessenheit geriet. Wo die pro-russische Vision der Zukunft der Ukraine ihre ethische Grundlage verlor.

Und es geht nicht nur darum, dass ein Teil der prosowjetischen Wählerschaft in den besetzten Gebieten blieb. Es geht darum, dass die Kriegssituation dem »Gemeinsamen« das moralische Recht gab, sich in das »Private« einzumischen. Die Folge waren Sprachquoten im Bildungswesen und in den Medien, die neue Symbolik der Armee und des öffentlichen Raums, die Entkommunisierung von Straßen und Schulbüchern.

Die militärische Invasion zerstörte das Gleichgewicht. Sie gab dem ersten Lager die moralische Oberhand und zog dem zweiten den Boden unter den Füßen weg. Der Drive des »Westens« nach »Osten« wird sich nur noch verstärken, und Moskau hat diesem Prozess nichts entgegenzusetzen. Die alten Fahnen sind in Verruf geraten, und an ihre Stelle werden neue treten.

Die schlimme Ironie ist, dass Moskau den Krieg begonnen hat, um das ehemalige ukrainische Gleichgewicht zu bewahren, und es mit seinen eigenen Händen vollständig zerstört hat. Und solange der Krieg andauert, wird das Gebiet der Unterstützer der Russischen Föderation in der Ukraine schrumpfen.

Das Einzige, was der Kreml diesem Prozess entgegensetzen kann, ist Frieden. Einer, der die Ukraine in Verhandlungen verwickeln wird. Über die Vergangenheit und die Zukunft, über Vektoren und Rechte. Ein Frieden, der wieder die Ethik des »Privaten« und nicht die des »Kollektiven« in den Vordergrund stellt. Dies ist das Einzige, was den Prozess der Ukrainisierung der Ukraine aufhalten könnte. Der Ukrainisierung, auf die Kyjiw nach Krim und Donbas ein Anrecht erhielt.

Der Krieg für die »Russische Welt« zerstört die »Russische Welt«. Der Krieg gegen die »Ukrainische Welt« stärkt die Ukrainische Welt. Der beste Weg für Moskau, den Krieg zu gewinnen, ist, ihn zu beenden. Der beste Weg, Kyjiw zu schwächen, ist, ihm seinen Verteidigungsstandard zu nehmen.

Der Sinn der Gambit-Eröffnung ist jedoch für diejenigen, die »Tschapajew« spielen, unverständlich.

Der virtuelle Stepan Bandera

Jeder, der die Ukraine auf einem Globus finden kann, hat eine Vorstellung davon, wie unser Land aussehen wohl aussieht. Das Problem ist, dass diese Vorstellung meist nichts mit der realen Ukraine zu tun hat. Das genau ist es, was Moskau und Warschau, die ukrainische Linke und die ukrainische extreme Rechte zusammenbringt.

Die neue Symbolik des Staates ist zu einem Stolperstein geworden. Roman-Schuchewytsch-Alleen und Denkmäler für Stepan Bandera, Straßenslogans und Flaggenfarben.

Im »linken« Lager herrscht Unzufriedenheit mit den neuen Standards. Und aus dem »rechten« Lager weht es nach Unverständnis, denn die enorme Zunahme des »symbolischen Rechten« geht mit dem Verlust des »rechten Elektorats« einher.

Diese Situation ist jedoch nicht überraschend.

Historisch gesehen war die Ukraine nämlich ein Feld des Wettbewerbs zwischen zwei Projekten. Auf der einen Seite gab es das russische imperiale Projekt und später das sowjetische. Auf der anderen Seite stand das ukrainische ethnische Projekt. Und dann kam der Majdan.

Ganau da wurde das ukrainische politische Projekt geboren. Dasjenige Projekt, bei dem es um Werte und Ideologie geht. Das dem Patriotismus Vorrang gegnüber der Aktion gibt. In einem Krieg kann es nicht anders sein: deine Identität wird dadurch bestimmt, wessen Sieg und wessen Niederlage du am Ende der Konfrontation willst. Und durch das, was man bereit ist zu tun, um dies zu erreichen. Blut, Erde und die Sprache der Wiegenlieder treten in den Hintergrund.

Doch dem neuen Projekt fehlte es einfach an einer eigenen Symbolik. Und so begann die Ukraine in ihrem Kampf mit dem Imperium, das Erbe der ukrainischen Nationalisten auf die Fahnen zu heften. Sie hatte keine andere Symbolik zur Hand.

So landeten Stepan Bandera und Roman Schuchewytsch auf den ukrainischen Straßen. Ihre Reinkarnation war unvermeidlich, und sei es nur, weil sie die Idee des bewaffneten Kampfes für die Unabhängigkeit symbolisierten. Doch all das Gerede von der Wiedergeburt des »Ethno-Nationalen« oder »Proto-Faschistischen« ist der beste Marker für die Unzulänglichkeit der Diskussion. Das Symbolische zu erben, bedeutet keineswegs, das Instrumentelle zu erben. Parallelen sollten nur in Bezug auf das gemeinsame Ziel – das Erlangen der Unabhängigkeit – gezogen werden, nicht in Bezug auf die Methoden.

Die ukrainischen Linken, die Helden in weißen Gewändern fordern, wollen nicht verstehen, dass es im Krieg auch um Gefühle geht. Hätte sich die russische Propaganda nicht auf Stepan Bandera, sondern zum Beispiel auf Jewhen Konowalez konzentriert, gäbe es wahrscheinlich heute eine nach ihm benannte Allee in Kyjiw. Denn die Kraft der Aktion ist gleich der Kraft der Gegenaktion. Denn die Änderung von Ortsnamen ist wie das Hissen einer Flagge. Und wenn dein Gegner irgendein Symbol bekämpft, dann kann genau dieses Symbol im Zentrum deines Pantheons stehen.

Die ukrainischen Ethno-Nationalisten sind in eine andere Falle getappt. Die neue Ukraine macht sich ihre Ästhetik zu eigen, weigert sich aber, ihre Ethik zu übernehmen. Und der gleiche Slogan »Ruhm für die Ukraine! Ruhm den Helden!«, der 2013 den Trägern des ethnischen Projekts zugeschrieben wurde, ist plötzlich in der ganzen Gesellschaft verbreitet. Und er erklang aus dem Munde von Menschen, deren Nachnamen nicht unbedingt ukrainische Endungen haben.

In die gleiche Falle des Missverständnisses tappten die westlichen Nachbarn der Ukraine. Die Proteste des offiziellen Warschaus über alt-neue Namen und Flaggen sind schließlich ein optischer Fehler. Es fällt ihnen auch schwer, sich an die Tatsache zu gewöhnen, dass die Vergangenheit als Spender von Symbolen

fungiert und nicht als eine Auswahl fertiger Rezepte für die Staatsbildung.

Symbole sind nicht mehr gleichzusetzen mit Ideologie. Identität der Form bedeutet nicht Identität des Inhalts. Für die moderne
Ukraine sind Roman Schuchewytsch und Stepan Bandera keine realen historischen Figuren mehr. Sie sind »sphärisch« geworden
und »im Vakuum«.

Höchstwahrscheinlich wird das symbolische Pantheon der
Ukraine in ein paar Jahrzehnten durch neue Namen ergänzt werden. Solcher, die moralische Autoritäten bleiben, weil sie den Test
der Zeit bestanden haben. Solcher, deren Namen wir heute in Märtyrerlisten lesen. Das ist unvermeidlich für ein Land, welches Na-
tion-building in Echtzeit betreibt.

Aber es braucht es nur wenig: den Krieg gewinnen.

Kulturpolitik

Hin und wieder macht einer der ukrainischen Stars einen Knicks
vor Moskau und erhält eine Reaktion.

In den ukrainischen sozialen Medien gibt es immer zwei Phasen der Reaktion auf einen Skandal. Zuerst ist man empört über
das, was gesagt wurde (»was für ein Schurke«), und dann sind sie
empört über die Empörung (»sie haben jemanden gefunden, auf
den sie reagieren können«). Manchmal kommt noch eine dritte Reaktion hinzu: »er ist einfach ein Narr«. Die lächerlichste aller Reaktionen ist jedoch der Versuch, Kultur und Politik voneinander zu
trennen.

Es gibt keine Kultur außerhalb der Politik. Denn »Politik machen« bedeutet im weitesten Sinne, die Regeln des Lebens zu definieren. Es geht um die Festlegung von Normen und Abweichun-
gen, von richtig und falsch. Letztlich bedeutet »Politik machen«, ein
Bild von der Zukunft zu definieren. Jeder von uns ist auf die eine
oder andere Weise an diesem Prozess beteiligt: sowohl wenn wir
das Kreuzchen auf dem Wahlzettel machen als auch wenn wir gar
nicht ins Wahllokal gehen.

Denn die Weigerung, sich »politisch zu engagieren«, ist nur
eine andere Form deiner öffentlichen Position. Wenn du dich »aus

der Politik heraushältst«, bedeutet das, dass du das Recht, über deine Zukunft zu bestimmen, nur an jemand anderen delegierst.

Darüber hinaus bedeutet im Lichte der Öffentlichkeit zu stehen, dass Rechte nicht ohne Pflichten möglich sind. Es ist die Publizität, die es ihrem Inhaber ermöglicht, viel zu verdienen, häufig zu reisen, ein buntes Leben zu führen und überall gesehen zu werden. Aber die Steuer auf all das ist die erfolgende Reaktion auf einen Fehler. Und die wird immer lauter und heftiger ausfallen als die Reaktion auf ein Gespräch in der Küche. Und das ganze Gerede darüber, dass ein Star nur und ausschließlich sich selbst gehört, ist Heuchelei. Das Land schenkt einer öffentlichen Person gerade deshalb Aufmerksamkeit, weil ein Star keine Privatperson ist.

Denn eine Person des öffentlichen Lebens ist jemand, der u. a. den »Rahmen der Normalität« vorgibt. So jemand setzt Trends in Mode und Stil, Musik und Verhalten. Ein Prominenter hat das Recht zu glauben, dass er in der Lage ist, seine Meinung bei den Fans zu legitimieren. Und die ukrainische Gesellschaft hat das Recht zu glauben, dass sie den Prominenten selbst delegitimieren kann.

Das Land hat sich verändert, und das ukrainische Showbusiness hat das nicht verstanden. Vielleicht, weil es sich in den dreiundzwanzig Jahren seiner Vorkriegsexistenz an die Rolle der »Eloi« gewöhnt hatte. Er hatte sich daran gewöhnt, dass seine Realität aus ganz anderen Bausteinen des Alltagslebens bestand als die Realität seines Publikums. Und als der Krieg im Lande ausbrach, wollten viele das einfach nicht wahrhaben.

Schließlich hatte die Sowjetzeit sie gelehrt, dass man erst dann als Star gelten konnte, wenn man nach Moskau zog. Deshalb sehen wir Jahr für Jahr russische Städte in den Tourneeplänen ukrainischer Künstler. Und immer wieder hören wir, dass »wir alle Frieden brauchen«. Tag für Tag sehen wir emsige Versuche, auf zwei Stühlen gleichzeitig zu sitzen.

Das ist nicht überraschend. Für diese Menschen bedeutet die Akzeptanz der neuen Realität, ihre Komfortzone zu verlassen. In der es so angenehm ist, die Kinder des anderen zu taufen, sich gegenseitig auf Charterflügen zu besuchen und über etwas

Abstraktes zu schimpfen, damit man sich, Gott bewahre, nicht mit jemand Bestimmten streitet.

Viele Stars sprechen in ihren Interviews weiterhin mit dem Publikum auf beiden Seiten der Grenze. Vielleicht verstehen sie nicht, dass das ukrainische Publikum und das russische Publikum nicht mehr dasselbe sind. Und was in Moskau auf Beifall stößt, führt in Kyjiw zu einem Raunen.

Und je mehr du die Realität ignorierst, desto größer ist die Wahrscheinlichkeit, dass sie dich ignoriert.

Die Fahnen unserer Kinder

Benedict Anderson, britischer Soziologe und Professor an der Cornell University, hat einmal ausführlich erklärt, warum die Ukraine eine lokale orthodoxe Kirche braucht.

Ende des letzten Jahrhunderts wurde sein Buch »Imagined Communities« veröffentlicht. Darin analysierte er das Wesen politischer Nationen und die Phasen ihrer Entstehung.

Anderson schrieb, dass jede Gemeinschaft, die größer als ein Dorf ist, dazu verurteilt ist, imaginär zu sein. Ihre Mitglieder kennen sich nicht persönlich, und daher funktioniert die Interaktion innerhalb der Gruppe nach völlig anderen Regeln.

Tatsächlich wurden Städte, Staaten und Imperien erst da möglich, als die Menschheit eine kognitive Revolution erlebte. Eine solche, nach der die Menschen begannen, imaginäre Realitäten zu schaffen.

Imaginierte Realitäten sind bestimmte Vereinbarungen der Menschen über sich selbst und die Spielregeln. Der bedingte »Mythos« als System kollektiver Repräsentationen wurde zur Grundlage, die es der Spezies Homo sapiens ermöglichte, sich über alle anderen zu erheben. Denn allein er ermöglicht es den Menschen, in großen Gruppen zu interagieren.

Katholiken, die einander nicht kannten, organisierten einen Kreuzzug. Die Bürger eines Landes, die sich nicht kennen, sind durch die Flagge, die Hymne und den Glauben an die Existenz ihrer Nation geeint. Weil die Menschen sich einig sind und an den

Wert des Papiergeldes glauben, können Sie Papierrechtecke und Metallscheiben gegen Lebensmittel und Waren eintauschen.

In der Tat ist die gesamte moderne Welt ein Raum der Mythen. Von Mythen, die in ihren verschiedenen Variationen in der Lage sind, die Menschen zu vereinen. Religiöse Mythen vereinen Menschen, die den gleichen Glauben teilen. Der Glaube an das Geld ermöglicht die Existenz des Banken- und Kreditsystems. Der Glaube an die Menschenrechte ermöglicht es uns, die Regeln des Lebens in modernen Gesellschaften zu humanisieren. All diese Mythen haben gemeinsam, dass sie in der kollektiven Vorstellung der Menschen existieren.

Wir sind daran gewöhnt zu glauben, dass die Realität entweder objektiv oder subjektiv sein kann. Aber es gibt auch noch eine dritte Ebene der Realität, die intersubjektive. Diejenige, die auf dem Glauben und damit auf der Interaktion einer großen Zahl von Menschen beruht. Und auch die Nationen gehören zu den intersubjektiven Realitäten.

Unsere Zivilisation ist auf intersubjektiven Realitäten aufgebaut. Sie haben einige Gesellschaften zu erfolgreichen Vorbildern gemacht, und andere an den Rand der Geschichte gedrängt. Der Unterschied zwischen Nord- und Südkorea liegt nicht in der Biologie oder Geografie. Der Unterschied liegt in den Weltsichten, die in diesen Ländern existieren. Wir haben uns imaginäre Gemeinschaften geschaffen und sind Teil von ihnen geworden.

Aber die Sache ist die, dass diese Realitäten nicht nur nebeneinander bestehen, sondern sich manchmal sogar bekämpfen. In der Tat ist jede Revolution nichts anderes als eine Veränderung des Mythos. Wenn ein Paradigma der Selbstwahrnehmung und des Verständnisses der Welt durch ein anderes ersetzt wird. Und die gesamte Geschichte des aktuellen Krieges zwischen der Ukraine und Russland ist unter anderem ein Wettstreit zweier Mythen über die Ukraine. Dem ukrainischen und dem russischen.

Moskau möchte, dass die Ukraine nach den Vorstellungen des Kremls von ihrer Vergangenheit und Zukunft lebt. Dass der russische Mythos und die russische Interpretation in dem Nachbarland vorherrschen. Doch die Ukraine setzt dem ihren eigenen kollektiven Mythos über sich selbst entgegen. Der wiederum aus ganz anderen Details besteht.

Dies ist eine Wahrnehmung der Geschichte. Ein Wunschbild von der Zukunft. Eine Einstellung zum Begriff der »Normen«. Und zu den eigenen Institutionen, sozialen, staatlichen und religiösen. Zu allem, was die Konturen des Landes umreißt, zu seinen Grenzen, und zu dem, was uns vor den Versuchen der ehemaligen Metropole des Imperiums schützt, uns zu beweisen, dass wir nicht existieren.

Sie können sich als moderner, säkularer und von sozialen Stereotypen freier »Weltbürger« betrachten. Intersubjektive Realitäten und kollektive Identitäten abtun. Sagen, dass der Staat im 21. Jahrhundert der Kirche keine Beachtung schenken sollte. Aber das ändert nichts an der Tatsache, dass die Konfrontation weitergeht. Und der Lackmustest ist die Frage nach den Konsequenzen, die uns alle erwarten, falls dieser Kampf so oder so ausgeht.

Die Lebensqualität in den Ländern unterscheidet sich nicht aufgrund der Biologie. Schließlich sind wir alle 98 % Affen und 70 % Wasser. Was zählt, ist die kollektive Wahrnehmung der Realität, die in dieser oder jener Gesellschaft vorherrscht. Was wir als normativ ansehen und was nicht. An welche kollektiven Mythen wir glauben und welchen Lebensregeln wir gehorchen. Und um unsere eigenen Spielregeln im Lande aufstellen zu können, müssen wir uns zunächst vor den Versuchen schützen, uns die Regeln eines anderen aufzudrängen.

Nach dem Tomos – dem Dekret des Ökumenischen Patriarchen zur Verleihung der Autokephalie an die ukrainische orthodoxe Kirche – wurde die ukrainische symbolische Palisade um einen weiteren Mauerabschnitt ergänzt. Diese Palisade allein garantiert uns noch keinen Erfolg und Triumph. Aber sie gibt uns die Chance, dass unsere Zukunft von uns selbst bestimmt wird.

Und nicht von denen, die glauben, dass ihr kollektiver Mythos den unseren verdrängen sollte.

Was-wäre-wenn-Gerede

Die Autokephalie der ukrainischen Ortskirche gehört zu den Dingen, die sich nicht zurücksetzen lassen.

Die NATO entstand in der Mitte des 20. Jahrhunderts. Die Europäische Union, die auf den Vertrag von Maastricht als Ausgangspunkt zurückgeht, erst in den frühen neunziger Jahren. Die Ukraine strebt den Beitritt zu beiden Vereinigungen an, aber wer kann schon mit Sicherheit sagen, wie lange beide bestehen werden?

Wir wissen nicht, wie das Schicksal des Schengener Abkommens aussehen wird. Es wird bald vierzig Jahre alt, aber die Pandemie hat bereits zu ihren Anpassungen im täglichen Leben geführt. Die Assoziierung mit der EU und die Visafreiheit erscheinen jetzt wie Siege, aber wer kann für die Dauerhaftigkeit beider Abkommen bürgen?

Vor diesem Hintergrund ist der Tomos vielleicht der wichtigste Wendepunkt der letzten Jahre. Ganz einfach, weil er kein Verfallsdatum hat. Die kirchlichen Horizonte sind weiter als die säkularen. Und die Tatsache, dass sich die Entscheidung über die Autokephalie der Ukraine auf die Ereignisse des 15. Jahrhunderts bezieht, ist nur eine weitere Bestätigung dafür.

Der Tomos hält nicht nur das Abdriften der Ukraine von der ehemaligen Metropole des Imperiums fest. Er verändert nicht nur die Machtverhältnisse in der orthodoxen Oikoumene. Er dient auch als historischer »Safe«, aus dem heraus man sich immer wieder erneuern kann.

Man kann gegen den Feind oder gegen sich selbst verlieren. Man kann sich unter Besatzung wiederfinden oder nach »Venezuela« abrutschen. Aber weder wir noch sonst jemand wird den konfessionellen Point of no return zurücksetzen können.

Und in gleicher Weise verändert die Erlangung der Autokephalie durch die ukrainische Kirche den Raum des Symbolischen in Russland selbst. Und es geht nicht nur um die Frage der Taufe der Rus'. Wir müssen verstehen, dass die gesamte Geschichte der Kirchenspaltung auch eine Folge der »Ukrainisierung« der russischen Kirche ist.

Bereits 1912 schrieb Nikolaj Kapterew, dass ein wesentlicher geopolitischer Faktor, der Moskau zu einer Kirchenreform drängte, »die Eingliederung Kleinrusslands war, das damals unter der kirchlichen Jurisdiktion des Patriarchats von Konstantinopel stand.« Zitat: »*In Moskau erregte die Orthodoxie der Kleinrussen, wie die der Griechen jener Zeit, nur deshalb starke Zweifel, weil die kirchliche Zeremonialpraxis der Südrussen mit der griechischen Praxis jener Zeit übereinstimmte und sich von der Moskaus unterschied.*«

De facto zwang der russische Staat seine eigene Kirche in die Knie, um den Ritus mit Konstantinopel und Kyjiw zu vereinheitlichen. Letztere wiederum brauchten nichts zu ändern. Und so gab es einfach keine »Schismatiker« in der Ukraine. Der ukrainisch-griechische Ritus wurde einfach zur neuen Normalität für das damalige Russland.

Moskau wiederholt gerne, dass es das Dritte Rom ist. Aber diese Formulierung aus dem 16. Jahrhundert, die dem Mönch Philotheos aus dem Eleasar-Kloster zugeschrieben wird, ist auch nicht einzigartig. Zwei Jahrhunderte zuvor, im 14. Jahrhundert, erklärten sich der serbische König Stefan Dušan und der bulgarische König Johannes Alexander, die mit der byzantinischen Dynastie verwandt waren, auf dieselbe Weise zu Erben Roms. Und in bulgarischen Schriften findet sich die Vorstellung, dass das neue Konstantinopel Tarnowo ist (die damalige Hauptstadt des bulgarischen Staates).

Im Grunde beraubt der Tomos den russischen Staat gleich zweier Säulen. Es ist schwierig, sich als das Dritte Rom zu betrachten, wenn das Zweite Rom seine Subjektivität unter Beweis stellt. Und er gewährt der Kirche die Autokephalie, zu deren »Verdauung« Moskau einst beschlossen hat, seine eigenen Gläubigen durch den Fleischwolf zu drehen.

Der Verlust des Konzepts des »Dritten Roms« bringt wiederum eine andere wichtige Diskussion an die Oberfläche. Zum Beispiel, dass der russische Staat nicht so sehr der Erbe Konstantinopels als vielmehr des Ulus Dschötschi ist. Er ist die Goldene Horde.

Karamsin zum Beispiel gibt viele Hinweise darauf, wie Moskau »mongolische Gene« absorbierte. Der Autoritarismus des Monarchen in diesem Teil des Kontinents war viel stärker als der der europäischen Könige. Auch dies war ein Erbe des Reiches von Dschingis Khan, das notwendig war, um die verschiedenen Länder und Stämme zusammenzuhalten. Dieses Phänomen wurde unter anderem von Plano Carpini im 13. Jahrhundert beschrieben.

Die strenge Hierarchie der Gesellschaft, gepaart mit der Idee einer »Großmacht«, ist ebenfalls ein Erbe des Reiches von Dschingis Khan. Daraus erwuchs die Forderung nach der Sakralisierung des Staates als Überwert. Wo ein Untertan nur noch eine Funktion für den Staat ist und nicht mehr andersherum.

Leibeigenschaft, Versklavung der Untertanen, Abschaffung der Selbstverwaltung: all dies wurde im postmongolischen Russland Realität. Und die Sakralisierung des Autokraten machte starke Institutionen und die Idee der Herrschaft des Rechts über die Macht unmöglich. Im Gegensatz zu Westeuropa, wo sich, beginnend mit der englischen Magna Carta von 1215, die – wenn auch äußerst langsame – Bewegung für eine andere Ausgestaltung des Staatsorganismus fortsetzte.

Man kann die offiziellen Ideologen des russischen Staates verstehen. Es ist angenehmer und prestigeträchtiger, die Kontinuität von Byzanz abzuleiten als vom Ulus Dschötschi. Die Realität ist jedoch, dass Moskau, nachdem es das Territorium des ehemaligen Eroberers besetzt hat, dessen Regeln des inneren gesellschaftlichen Lebens geerbt hat. Während es sich rhetorisch auf Konstantinopel berief, tendierte das postmongolische Russland in seiner politischen Praxis eher zum Erbe der Hauptstadt der Goldenen Horde Sarai.

Und deshalb, ja. Für die ukrainische Kirche ist der Tomos mehr als eine Geschichte über die Vorwahlzeit. Es ist eine Geschichte darüber, wie das Symbolische das Politische verwandelt. Denn die Zukunft gehört demjenigen, der ein Monopol auf die Interpretation der Vergangenheit hat.

Das Zeitalter der Experimente

Die ukrainische Debatte über die Zukunft ist übrigens auch eine Auseinandersetzung darüber, welche Art von imaginärer Gemeinschaft das Land aufbauen soll. Und sie wirft die Frage auf, ob sich die historische Logik umgehen lässt.

Vor langer Zeit habe ich Bücher der Brüder Strugatzki gelesen. Unter anderem schrieben sie einen Roman mit dem Titel »Es ist schwer, ein Gott zu sein«. Darin schickt die Erde, die es zu Wohlstand gebracht hat, ihre Agenten, die »Progressoren«, zu rückständigen Planeten. Ihre Aufgabe ist es, den fremden, rückständigen Gesellschaften zu helfen, das Mittelalter so schnell wie möglich zu überwinden. Die Idee scheitert. Es stellt sich heraus, dass die Leiter der sozialen Evolution nicht plastisch ist, und die Sprossen zu überspringen ist nicht jedermanns Sache. Solange man nicht selbst die Treppenstufen hinaufsteigt, wird sich nichts ändern.

Daran denke ich unwillkürlich jedes Mal, wenn ich über die Zukunft der Ukraine spreche. Denn unserem Land fiel es von außen zu in einer Phase zu sein, die sich in der Geschichte unserer Nachbarn vor hundert Jahren abgespielt hat. Und alle Auseinandersetzungen drehen sich um die Frage: Können wir bei unserem Versuch, zu den anderen europäischen Ländern aufzuschließen, »eine Abkürzung nehmen«?

Das gesamte 20. Jahrhundert war ein Zeitalter des Zusammenbruchs von Imperien. Sie zerfielen in Nationalstaaten. Die Nationalstaaten konstruierten ihre eigenen Mythen. Sie schufen staatliche Attribute. Sie erfanden für sich selbst neue Interpretationen der Geschichte. Einige von ihnen fielen später in das Imperium zurück, wie die baltischen Staaten, aber diese Jahrzehnte der »Selbsterfindung« wurden zu Punkten ohne Wiederkehr, die auch die sowjetische Besatzung nicht zurücksetzen konnte.

All diese Prozesse berührten jedoch nicht die Ukraine. Das 20. Jahrhundert hindurch war unser Land eine imperiale Kolonie. Und das Fenster der Gelegenheit für eine nationale Entwicklung öffnete sich für Kyjiw erst im Jahr 1991.

Zu diesem Zeitpunkt hatten unsere Nachbarn längst die Frage abgelegt, wer sie waren und warum. Und die Ukraine musste sich mit hundertjähriger Verspätung in dieselbe Auseinandersetzung stürzen. Und die Hauptdebatte ist nun, ob das Land mehrere Treppenstufen überspringen kann, oder ob es jede einzelne nacheinander gehen muss.

Was eine Nation zu einer Nation macht, ist ein kollektiver Mythos, ein gemeinsames Verständnis von ihrer eigenen Geschichte
und ihren Helden, Werten und Symbolen. Eine Nation wird in dem
Moment geboren, in dem sie beginnt, sich selbst »vorzustellen«.
Und sie stirbt, wenn ihre Vorstellung von sich selbst durch eine von
außen aufgezwungene Interpretation verdrängt wird. A und O
sind nicht die Territorien, sondern das, was die Menschen, die dort
leben, glauben oder nicht glauben.

Die Ukraine hat erst vor relativ kurzer Zeit begonnen, sich
selbst zu »imaginieren«. Dieser Prozess verstärkte sich, nachdem
die russische Invasion jeden Bürger dazu zwang, sich zu entscheiden in der Antwort auf die Frage, wer er ist und warum. Doch in
der Folge war die ukrainische Öffentlichkeit erneut gespalten.

Auf der einen Seite der Barrikaden standen diejenigen, die das
Land mit einem symbolischen Zaun umgeben wollten. Mit einer
neuen Ideologie, Ästhetik und Ethik. Diejenigen, die das Entstehen
einer unabhängigen Kirche und einer souveränen Version der Geschichte bejubelten. Diejenigen, die sich darüber freuten, dass sowjetische Denkmäler abgebaut und Straßen umbenannt wurden. Sie
verwiesen auf die Erfahrungen der Nachbarländer und meinten,
die Umrisse des Staatsaufbaus seien bereits fertig und man müsse
das Rad nicht neu erfinden.

Ihre Gegner bestanden darauf, dass diese Rezepte hoffnungslos veraltet seien. Dass all das nichts weiter als archaisch und Jahrhunderte alt sei. Dass kollektive Identitäten zweitrangig seien, und
dass supranationale Menschenrechte wichtiger seien als jede nationale Mythologie. Ihrer Ansicht nach hat die moderne Menschheit
universellere Ansätze zur Staatsbildung entwickelt, und es hat keinen Sinn, sich an die Exposés aus der Ära Piłsudski und Mannerheim zu klammern.

Es ist schwer, ihnen zu widersprechen, denn die moderne
Welt hat es tatsächlich geschafft, die üblichen Grenzen zu überschreiten. Die westliche Zivilisation sieht bunt, frei und multikul-
turell aus. Und die traditionellen Umrisse von »imaginierten Gemeinschaften« sehen manchmal aus wie ein Missbrauch der persönlichen Freiheit.

Wenn es da nicht ein »aber« gäbe. Alles, was uns in der modernen Welt gefällt, ist auf den Fundamenten nationaler Identitäten aufgebaut worden. Alles, was wir mögen, ist das Produkt von Diskussionen, an denen die Ukraine nicht teilgenommen hat. Bevor sie sich vereinigten, gelang es den westlichen »imaginierten Gemeinschaften«, sich zu trennen und auf sich selbst zu einigen.

Manche mögen denken, dass die moderne westliche Welt trotz ihrer jüngsten Vergangenheit so attraktiv geworden ist. Es ist jedoch sehr wahrscheinlich, dass sie nur ihretwegen so attraktiv geworden ist.

Symbolische Errungenschaften

Die symbolischen Reformen in der Ukraine werden oft wirtschaftlichen Reformen gegenübergestellt.

Es heißt, der Kampf gegen die Korruption sei wichtiger als die Entkommunisierung. Die Steuerreform sei dringender als die Farbe der Barette. Sie kommen zu dem Schluss, dass das, was »getan« wurde, nur ein Mittel ist, um unsere Aufmerksamkeit von dem abzulenken, was »nicht getan« wurde.

Und wir laufen Gefahr, Geiseln dieser Logik zu werden. Und das aus mehreren Gründen.

Erstens, weil es keinen Gegensatz gibt. Symbolische Reformen und institutionelle Reformen sind keine »Entweder-Oder«-Diskussion. Das eine widerspricht dem anderen nicht. Wir befinden uns nicht in einer Situation, in der wir eine bestimmte begrenzte »Reformressource« zur Verfügung haben, die nur für eine Sache ausgegeben werden kann. In diesem Sinne stand die Entkommunisierung nicht im Widerspruch zur Steuerreform. Aber sie hat auch nicht zu ihr beigetragen. Es handelt sich lediglich um unterschiedliche Prozesse.

Zweitens gehen wir gewöhnlich davon aus, dass die Behörden versucht haben, durch Reformen im »symbolischen« Bereich (neue Daten, Ortsnamen, historisches Narrativ) den mangelnden Fortschritt im »institutionellen« Bereich (Reform der Gerichte, Staatsanwälte, Steuerbehörden) zu vertuschen. Aber sobald wir diese Sichtweise einnehmen, tappen wir sofort in eine Falle.

Denn der Erfolg von Reformen in jedem Bereich wird durch den Grad der Opposition bestimmt. Lobbyisten für Veränderungen konkurrieren immer mit Lobbyisten für den Status quo. Eine symbolische Transformation war bis 2014 nicht möglich. Es gab eine sehr spezifische Anti-Lobby gegen diesen Prozess. Krieg und Besatzung verschoben die Kräfteverhältnis. Die Marginalisierung der prorussischen Agenda schuf ein Fenster der Möglichkeiten. Genau das Fenster, durch das sich all die symbolischen Reihen zwängen konnten, die zur neuen Normalität wurden. Moskau hat das System der gegenseitigen Kontrolle, das das sowjetische Erbe jahrzehntelang auf Bannern und Straßen lebendig hielt, einfach zerstört. Die Lobbyisten des Status quo haben gegen die Lobbyisten des Wandels verloren. Aus diesem Grund war die stilistische Erneuerung schnell und weit verbreitet.

Aus demselben Grund sind die institutionellen Reformen in der Ukraine ins Stocken geraten. Denn in diesem Bereich sind die Positionen der »Status-quo-Lobbyisten« keineswegs geschwächt worden. Die Kasten beim Zoll, bei der Staatsanwaltschaft und bei den Gerichten sind nicht verschwunden. Der Krieg und die Besatzung haben ihre Widerstandskraft nicht geschwächt. Und deshalb ist es für die »Lobbyisten des Wandels« viel schwieriger, in diesem Bereich tätig zu werden, als für ihre Kollegen, die die symbolische Reform durchgeführt haben.

Die symbolischen Veränderungen sind nicht auf Kosten der institutionellen Veränderungen gegangen. Es handelt sich einfach um zwei parallele Prozesse. Die Wirksamkeit der jeweiligen Reformen hängt von den Machtverhältnissen ab. Und es macht keinen Sinn, das eine gegen das andere auszuspielen. Veränderungen in einem Bereich werden nicht auf Kosten des Ausbleibens von Veränderungen in einem anderen Bereich erreicht.

Und wenn Sie sich über die Menge des »Nichtgemachten« ärgern, ist das kein Grund, das »Gemachte« zu tadeln. Schließlich geht es bei der Entwertung um Emotionen, nicht um Logik.

Die Toxizität der Träume

Die ukrainische Zivilgesellschaft ist wie ein Boxer, der dachte, er würde die alten Eliten in der ersten Runde ausknocken. Aber sein Gegner hat angefangen zu clinchen, und jetzt muss er die ganzen zwölf Runden durchboxen.

Deshalb steht in der Rangliste der Gefühle die Enttäuschung eindeutig an erster Stelle. Über das langsame Tempo der Reformen. Über die gemächliche Personalrotation. Über die Tatsache, dass eine totale Änderung der Spielregeln nicht stattgefunden hat.

Jeder Erfolg wird als halbherzig empfunden. Jede Errungenschaft wird als kosmetisch empfunden. Jeder Fortschritt wird als Versuch gesehen, die Vision zu verwischen. Diese Skepsis ist zum großen Teil berechtigt. Die ukrainischen Reformen haben die Ukraine nicht wirklich in ein »zweites Polen« verwandelt. Aber der Fokus ist, dass sie das nicht hätten tun können.

Und es geht nicht nur darum, dass Polen zwei Jahrzehnte gebraucht hat, um seinen heutigen Status zu erreichen. Der Punkt ist, dass Warschau, anders als Kyjiw, im 20. Jahrhundert eine vollwertige Erfahrung mit seiner eigenen Staatlichkeit gemacht hat. Und während der Sowjetzeit behielt diese Republik das Recht auf Privateigentum an Grund und Boden. Die Polen mussten nicht darüber verhandeln, ob ihre Hauptstadt in Warschau oder in Moskau liegt. Sie haben nicht darüber diskutiert, ob sie die Unabhängigkeit brauchten oder nicht.

Und in der Ukraine gab es all dies. Infolgedessen hatten viele Menschen kein Gefühl für den inneren Wert der Unabhängigkeit. Und die Souveränität des Landes wurde als eine Ressource betrachtet, die in Moskau gegen ein paar Boni eingetauscht werden konnte. Diese Situation begann sich erst nach dem Majdan, der Krim und dem Donbas zu ändern.

Doch jetzt zahlt das Land den Preis für seine Kurzsichtigkeit. Für ein Abdriften, das zwei Jahrzehnte andauerte. Für Trägheit und Gleichgültigkeit.

Aus den Sesselbewohnern von gestern werden keine Sprinter. Jeder Weg zu einem Ergebnis ist immer eine Überwindung. Selbst der Prozess des Abnehmens ist eine lange, vielschichtige

Geschichte, verbunden mit strenger Disziplin und schweißtreiben-
der Arbeit. Mit Selbstbeherrschung, Unbehagen und Müdigkeit.
Mit dem unvermeidlichen Risiko des Scheiterns und des Rückfalls.
Und warum ist jemand der Meinung, dass die staatliche Reform
einfacher sein sollte als der Kampf des Einzelnen gegen das Übergewicht?

Einige würden sagen, dass es die engagierten Bürger sind, die
den Wandel vorantreiben können, und sie hätten Recht. Aber
gleichzeitig verhalten sich der aktive Teil der Gesellschaft und die
einfachen Menschen zueinander wie eine Dampflok und die Waggons. Der erstere kann die Richtung vorgeben, aber das Los der
letzteren ist die Trägheit. Wenn man sie vernachlässigt, kann der
gesamte rollende Zug leicht entgleisen.

Jede Enttäuschung entsteht durch überzogene Erwartungen.
Und je nüchterner wir unsere Aussichten einschätzen, desto weni-
ger Enttäuschungen wird uns erwarten. Auch im Falle erfolgreicher
Reformen wird die Ukraine nicht zu Polen werden. Aus demselben
Grund, aus dem erfolgreiche Reformen Polen nicht zu Deutschland
gemacht haben.

Denn zwanzig Vorkriegsjahre der Untätigkeit können nicht
ungeschehen gemacht werden. Wir werden aber in der Rolle bleiben, die Führenden aufzuholen. Doch der Krieg im Osten wird unsere Widerstandskraft weiter beeinträchtigen. Die Nachbarschaft
mit Russland beraubt die Ukraine der Stabilität.

Unsere Ermüdung über die schleppenden Reformen ändert jedoch nichts an der Hauptsache: Das Land hat einfach keine Alternative zu diesen Reformen. Es gibt keinen »dritten Weg«, der ein
Happy End bringen kann. Magische Rezepte für die Schaffung von
Superhelden gibt es nur im Kino. Im normalen Leben funktionieren
nur Training, Diät und harte sportliche Logik.

Der beste Weg, nicht enttäuscht zu werden, ist, sich nicht ver-
zaubern zu lassen. Nur im Märchen verbringt Ilja Muromez 33
Jahre auf dem Ofen und verprügelt dann seine Feinde. In Wirklichkeit behandelt er Wundliegen und Muskelschwund.

Impfung durch den Zaren

Wir können lange darüber streiten, was Russland zu Russland macht, und jede neue Antwort wird die vorherige ergänzen. Aber das A und O jeder Beschreibung wird das Monopol sein, in Politik und Wirtschaft, bei der Entscheidungsfindung und der Bestimmung der Zukunft. Es ist kein Zufall, dass Russlands Polyphonie in den 1990er Jahren in eine Zeit fiel, in der Kohlenwasserstoffe billig waren. Und dem Kreml gelang es, die Vertikale wieder aufzubauen, als die Ölpreise es für Moskau überflüssig machten, Wettbewerbsfähigkeit zu spielen.

Tatsächlich verwandelte sich Russland in den Nullerjahren in eine Öl- und Gasleitung, und alles andere wurde zu wirtschaftlichen Polypen auf dieser Leitung. Es gab genug Geld, um die Ineffizienz aufrechtzuerhalten. Um sein Leben an einem Beatmungsgerät zu verlängern. Um nicht nur die Angestellten des öffentlichen Sektors, sondern auch die privaten Unternehmen an das Budget-Wohlfahrtssystem zu binden. Was durch eben diese Leitung ermöglicht wurde. Sie diente entweder direkt ihm oder denen, die zumindest etwas Geld an ihr verdienten.

Und der Hauptunterschied der Ukraine – das Oligopol – ist nur entstanden, weil es im Land keinen einzigen bedeutenden Rohstoff gab. Kein einziges Exportprodukt reichte aus, um alle zu versorgen. Deshalb wuchsen statt einer einzigen Vertikalen gleich mehrere heran. Sie konkurrierten auch um Einfluss, woraus alles entstand, worauf das Land stolz war. Das Parlament. Die Medien. Miteinander konkurrierende Zentren der Entscheidungsfindung.

Ein politisches Monopol nach russischem Vorbild war in der Ukraine auch deshalb unmöglich, weil es kein Monopol auf Geld gab. Und genau dieser Wettbewerb ergänzte die ideologische Vielfalt der Ukraine. Sie hat es Janukowytsch nicht ermöglicht, sich an der Macht zu halten, und sie hat es auch verhindert, dass das Land nach seiner Flucht in institutionelle Bedeutungslosigkeit versank. Denn neben dem »Alphatier« gab es noch andere im Lande, die ihre eigenen Interessen verfolgten. Die sich irgendwann mit den Interessen des Majdan deckten. Sowohl die Straße als auch die Finanz- und Industriekonzerne brauchten die Ukraine.

Der Winter 2013 und das ganze Jahr 2014 erwiesen sich als eine Zeit, in der sich die Ziele situativ überschnitten. Der Kampf gegen einen gemeinsamen Feind, sei es Janukowytsch oder der Kreml, bedeutet jedoch nicht, dass die Ziele identisch sind. Denn die Ukraine und der Majdan wollten Veränderungen. Veränderungen, die keineswegs im Interesse der Oligarchen lagen.

Der gesamte Kampf für Reformen ist ein Kampf gegen Monopole. Denn aus wirtschaftlichen Monopolen entstehen auch politische: Die Loyalität der abhängigen Menschen bestimmt ihre Wahl in den Wahlkabinen. Deshalb versuchen die Nutznießer der Monopole, die Reformen zu torpedieren.

Der Vorteil der ukrainischen Zivilgesellschaft ist, dass es mehrere oligarchische Drachen gibt. Doch die Schwierigkeit ist, dass es immer noch Drachen sind. Und als Schwert dienen die Memoranden des Westens, der sich nur dann bereit erklärt, den Drachen zu füttern, wenn er auf vegetarische Kost umsteigt. Jede neue Tranche gibt es nur, wenn das Raubtier sich bereit erklärt, seinen Appetit und seinen Lebensraum zu reduzieren.

Alles, was der Westen der Ukraine vorschlägt, ist eine Absage an den Paternalismus. Eine Aufsplitterung der Interessen. Die Schaffung von Wettbewerb und Konkurrenz. Systeme der Kontrollen und des Ausgleichs, die Macht und Wirtschaft in ein System mit vielen Zugängen und Ebenen verwandeln. Wo keine einzelne Interessengruppe ein Monopol auf politische Weichenstellungen hat.

Je weniger Bürger im Bereich der Wohlfahrt – sei es des Staates oder der Oligarchie – verbleiben, desto höher ist das Niveau des politischen Wettbewerbs. Je mehr Ukrainer wirtschaftlich motiviert sind, desto fundierter werden ihre politischen Entscheidungen sein. Deshalb sind Kleinunternehmen und privates Unternehmertum das Rezept für die Zukunft. Und jede Dominanz des Staates und der Monopole in der Wirtschaft bedeutet den Erhalt des Elends.

Märkte und Reformen sind nur ein weiterer Schritt auf dem Weg zur Erlangung der Subjektivität für den einfachen Menschen. Einer solchen, die aus dem Bewusstsein des persönlichen Vorteils entsteht. Nur die wirtschaftliche Motivation dient den Wählern als

Grund, Wahlprogramme zu lesen und die Forderung nach Verantwortung zu stellen.

Ohne den Krieg wäre das alles nicht möglich gewesen. Es war der Krieg, der die alte Matrix zerstörte. In ihr nahm Kyjiw abwechselnd Geld aus Moskau und Brüssel an, weigerte sich aber, seinen Verpflichtungen nachzukommen, und drohte, in ein anderes Lager zu fliehen. Doch jetzt ist es nicht mehr möglich, Geld von der Russischen Föderation zu nehmen, und die Eliten sind gezwungen, die EU um Kredite zu bitten und der Selbstkastration zuzustimmen.

Das bedeutet jedoch nicht, dass sie die Änderungen nicht torpedieren werden. Dass sie nicht versuchen werden, Ausnahmen für sich selbst in die neuen Regeln zu schreiben. Dass sie keine Paternalisten schaffen werden, die auf dem Stimmzettel nach Almosen suchen werden. Aber ihre frühere Omnipräsenz weicht langsam.

Die Formel für die Zukunft ist eigentlich einfach. Wettbewerb, Aufsplitterung der Interessen und die Aneignung wirtschaftlicher Motivationen durch die Menschen sind ein Segen. Monopole, Konzentration und Bevormundung sind ein Übel. Rezepte für Wohlstand sind bereits erfunden worden, ebenso wie Szenarien für den Niedergang. Der Krieg erhöht nur den Einsatz.

Künftige Lehrbücher über die Geschichte der Ukraine werden entweder eine Beschreibung des Erfolgs enthalten oder es wird sie gar nicht geben.

Anatomie der Korruption

Wissen Sie, warum es so schwierig ist, die Korruption zu überwinden? Weil sie dafür sorgt, dass alle ein wenig verlieren und einige wenige viel gewinnen.

Es ist kein Zufall, dass manche Stellen als Entlassungsstellen gelten. Es hängt alles von den Besonderheiten der jeweiligen Behörde ab. In manchen Ministerien und Einrichtungen ist die Korruption dünn gesät, in anderen konzentriert sie sich.

Es ist eine Sache, wenn an einem Korruptionssystem fünfhundert Leute hunderttausend im Monat verdienen. Etwas ganz anderes ist es, wenn auf der Liste zwanzig Personen stehen, von denen jede mehrere zehn Millionen verschlingt. Im ersten Fall ist es einfacher, das System zu bekämpfen. Im zweiten Fall ist es einfach gefährlich.

Je unschärfer die Interessen sind, desto schwieriger ist es, sich zu ihrer Verteidigung zu organisieren. Der erforderliche Aufwand steht in direktem Verhältnis zu Ihrer Prämie. Wenn ein normaler Mensch regelmäßig, aber relativ wenig verliert, wird er nicht protestieren. Wenn ein »Korruptionär« ein Vermögen an Ihnen verdient, wird er das System bis zum Schluss verteidigen.

Die gesamte Geschichte der Menschheit besteht aus dieser Konfrontation. Auf der einen Seite gibt es den freien Markt, der jeden betrifft, wenn auch auf diffuse und tangentiale Weise. Ihm steht eine kleine, aber motivierte und deshalb mächtige Interessengruppe gegenüber. Und jede dieser Interessengruppen profitiert davon, gegen den Markt und das kollektive Interesse zu handeln.

Der einfache Mensch beschwert sich gerne über Korruption. Er fordert, sie zu bekämpfen. Aber die Frage ist ganz einfach: Was ist er bereit, persönlich in diesen Prozess zu investieren? Wie viel Aufwand ist er bereit, zu betreiben, um die Interessengruppen zu besiegen, die an ihm schmarotzen?

Dies ist vergleichbar mit der Geschichte der Entoligarchisierung. Die Spitzenreiter der »Forbes«-Liste haben hart gearbeitet, um die soziale Leiter hinaufzuklettern. Sie haben die brutalste natürliche Auslese der 1990er Jahre durchlaufen. Um ihnen Einfluss und Ressourcen zu nehmen, muss man genauso viel Anstrengungen unternehmen, wie sie es getan haben, um diesen Einfluss zu erlangen.

Natürlich könnte man sagen, dass der Kampf gegen Korruption und Monopole die Aufgabe des Staates ist. Außerdem vertritt er unter normalen Bedingungen die öffentlichen Interesses. Aber in einer verzerrten Realität ist er ein Vertreter der Interessen bestimmter Kasten.

Aber das genau ist er Punkt: Bevor man sich auf den Staat verlässt, muss die Gesellschaft ihn privatisieren. Und der ukrainische Durchschnittsbürger ist nicht einmal bereit, denjenigen, die ihn vor dem Drachen schützen sollen, marktübliche Löhne zu zahlen. Und dann ist er überrascht, dass diese Gehälter den »Lancelots« von den Drachen selbst gezahlt werden.

Natürlich können wir uns auf Zahlen berufen. Wir können sagen, dass Millionen von Menschen die Korruption bekämpfen wollen. Aber Tatsache ist, dass die bloße Zahl der Teilnehmer an politischen Prozessen wenig aussagt. Was zählt, ist nicht die Zahl, sondern die Organisation der Struktur.

Unorganisiertes hat keine Subjektivität. Das Organisierte schon. Die Macht gehört immer einer organisierten Minderheit. Um Macht zu beanspruchen, muss man sich organisieren. Oder sich denen anschließen, die das bereits getan haben.

Eine infantile Gesellschaft wartet auf Wunder. Auf gute Zauberer, fünfhundert Eis am Stiel und den sofortigen Triumph von Wahrheit und Tugend. Aber die Wirklichkeit gehört nur denen, die sie zähmen.

Das ist alles.

Die Formel des Bösen

Es gibt viele Definitionen des Bösen. Kurzgefasst ist diese: das Böse ist die Aneignung von Gemeingut.

Ein Taschendieb stiehlt keine Brieftasche. Er stiehlt die öffentliche Sicherheit. Er eignet sie sich an und reduziert damit das Gemeinsame zugunsten des Privaten. In diesem Sinne gibt es keinen Unterschied zwischen ihm und jemandem, der sich betrunken hinter das Steuer setzt.

Korruption, Monopole, Bestechungsgelder sind nichts anderes als ein Verstoß gegen die Regeln des fairen Wettbewerbs. Wenn ich für alles einem konkreten »ich« extra bezahlen muss. Und das ganze Kalkül beruht darauf, dass die Verluste von allen und ein bisschen geteilt werden, während der Bonus für jemand bestimmten und groß ist.

Und so beginnt jedes Übel mit der Aneignung des Gemeinwohls. Mit der Zerstörung des gemeinsamen Kapitals. Mit der Privatisierung dessen, was allen gehört.

Die Qualität eines Staates wird dadurch bestimmt, wie viele »Gemeingüter« es in ihm gibt: Saubere Parks und sichere Straßen.

Ein wettbewerbsfähiges Umfeld in der Wirtschaft und im öffentlichen Auftragswesen. Effiziente Verwaltungsdienste.

Jeder Zigarettenstummel, der am Mülleimer vorbeigeworfen wird, ist ein Abzug von der Gesamtsumme. In diesem Sinne ist ein gewöhnlicher Mensch, der eine Garage auf einem Spielplatz aufstellt, wie ein Monopolist, der eine Dienstleistung zum dreifachen Preis verkauft und die Konkurrenten mit Hilfe administrativer Mittel ausschaltet.

Darüber hinaus wird der Diebstahl des Gemeinsamen gerne mit Altruismus erklärt.»Um der Kinder willen«.»Der Familie zuliebe«. Die Formel zur Selbstrechtfertigung ist immer dieselbe: der Dieb versteckt seine Verantwortung mit der Begründung, dass er sich um seine Lieben kümmert.

Die Entropie des Staates beginnt in dem Moment, in dem die Zahl derer, die das Gemeinwohl privatisieren, die Zahl derer übersteigt, die es schaffen. Genau dieses Verhältnis ist Teil dessen, was man kollektive Ethik nennt. Wenn die Logik der»Ausplünderung« siegt, geht es mit dem Land bergab. Setzt sich die Ethik des Investierens durch, wird der Staat zu einem Punkt des Wachstums.

Im Großen und Ganzen ist dies eine der größten Herausforderungen der modernen Ukraine.

Auf der einen Seite stehen diejenigen, die so leben, wie sie es gewohnt sind. Im Paradigma des Aufzehrens des Kollektiven. In der Logik der Privatisierung des Kollektiven. Sie betrachten weder das Land noch den Staat als das ihre. Sie erkennen nur und ausschließlich ihre eigenen Familien als ihr eigenes an. Und sie sind bereit, nur in sie zu investieren und allen anderen etwas wegzunehmen.

Sie alle stehlen von denjenigen, die auf der anderen Seite stehen. Von denjenigen, die Steuern zahlen. Von denjenigen, die versuchen, sich an die Regeln zu halten. Und von denen, die diese Regeln zu ändern versuchen, wenn sie zugunsten des ersten Lagers aufgestellt sind.

Letztere können in der Armee dienen oder in Schulen unterrichten. Sie können Arbeitsplätze schaffen oder Codes schreiben. Sie können im öffentlichen Dienst arbeiten oder Künstler sein. Was sie jedoch von anderen unterscheidet, ist, dass ihre Welt nicht an der Schwelle ihrer persönlichen Wohnung endet. Es gibt etwas Gemeinsames in ihrer Welt, etwas, das nicht ihnen persönlich gehört, und sie sind bereit, darin zu investieren. Auch wenn jemand anderes immer wieder versucht, es sich anzueignen.

Wir werden dann gewinnen, wenn es mehr von Letzteren gibt. Und wir werden verlieren, wenn wir bereit sind, Gemeinheit im Interesse der Familie zu rechtfertigen. Unserer eigenen Familie.

Philosophie des Verrats

»Alle sind gleich« und »nichts ändert sich« ist keine Diagnose, sondern ein Bekenntnis. Die Menschen sagen uns einfach, wie sie sind.

Eine Gesellschaft verliert ihre Lebensfähigkeit, wenn der Grad des Zynismus in ihr überhandnimmt. An diesem Punkt löst sie sich auf und reagiert nicht mehr auf äußere Reize. Ein Schock jeglichen Ausmaßes löst in ihr kein kollektives Gefühl aus: keine Trauer, keine Einigkeit, keine Solidarität. Die Gesellschaft atomisiert sich und beginnt aus Individuen zu bestehen, deren Bindungen untereinander gekappt sind. Und dann kann man mit einer solchen Gesellschaft alles machen.

»Alle sind gleich« ist eine Formulierung für Einheit im Getrenntsein. Wer das sagt, versucht nur, eine Entschuldigung für seine eigene Trägheit zu finden. Er ist ein Verfechter von Faulheit und Skrupellosigkeit, des Unwillens, die Komfortzone zu verlassen und etwas zu verändern. Die Formulierung wird von Menschen ohne Ideale benutzt, um anderen die Existenz von Idealen abzusprechen.

Überlegungen wie »nichts ändert sich« sind selbstzerstörerisch. Zynismus als Weltanschauung leugnet die höchsten menschlichen Motive. Er basiert auf dem fehlenden Glauben an das Beste im Menschen und berücksichtigt nur das Schlechteste in ihm. Und in jedem Fall ist er nichts anderes als eine Projektion der eigenen inneren Welt auf die umgebende Wirklichkeit.

Die Ironie liegt darin, dass der Unglaube an Werte auch der Hauptinhalt des modernen Russlands ist. Welches gleichzeitig unermüdlich wiederholt, dass Lüge und Täuschung das A und O der Weltordnung sind. Dass Russland in diesem Sinne Russland nicht gegen die Regeln verstößt und keine roten Linien überschreitet, sondern einfach das tut, was alle anderen auch tun. Daher wird jeder Vorwurf in Bezug auf die Krim, auf den Kampf gegen Andersdenkende oder die Heuchelei im Donbas mit der Formulierung »selbst auch einer« pariert.

Die Optik des »Unglaubens« besteht darin, dass seine Verletzung als Norm proklamiert wird. Unglaube als die höchste Tugend. Es ist, als würde man zynisch und arrogant blinzeln, wenn jemand versucht, von Überwindung zu sprechen. Sie sagen: »Das haben wir schon erlebt, das wissen wir« und »daran ändert sich nichts«. Und jedes solch arrogantes Verdikt erinnert an ein Geständnis.

Denn der Mensch ist schwach und misst andere an seinen eigenen Maßstäben. Er hält seine eigenen Ansichten und Überzeugungen für die Norm und den Maßstab für die Bewertung der anderen. Deshalb beginnt sich die Welt für ihn erst dann zu »verändern«, wenn er selbst etwas Neues tun. Etwas, das ihn über das Gewohnte hinausführt. Etwas, das seine Wahrnehmung der Grundlagen verändert.

Die Ausmalung der Welt um uns herum ist ein Spiegel unserer eigenen Gefühle. Die Art und Weise, was eine Person als Realität ausmalt, ist ein Spiegelbild ihrer inneren Welt. Ein schwieriger Mensch hat eine schwierige Welt, ein einfacher Mensch hat eine einfache Welt, ein freundlicher Mensch hat eine freundliche Welt, und ein Geizhals hat eine verräterische Welt.

Wenn Sie also hören: »Nichts ändert sich«, bedeutet das, dass Sie eine Person vor sich haben, die sich nicht ändert. Er soll sich nicht verallgemeinern.

Der Kampf um die Gleichgültigen

Die Ukraine befindet sich in einem Zustand der täglichen Expansion. Von sich selbst in sich selbst.

Die gesamte Geschichte unseres Landes ist ein Wettbewerb zwischen zwei Projekten: Kleinrussland und der eigentlichen Ukraine. Zunächst war der Hauptkonkurrent des imperialen Projekts ethnisch. Der überwiegend ethnische Nationalismus bekämpfte die Kommunisten, betrieb den Partisanenkampf in den Wäldern und schrieb Bücher im Exil. Erst in den letzten Jahren ist das ethnische Projekt der Ukraine durch ein politisches Projekt ersetzt worden. Eines, bei dem es nicht um Blut und Boden, sondern um Werte geht.

Der Majdan ertönte in verschiedenen Sprachen und mit verschiedenen Nachnamensendungen. Menschen, die als Kinder keine ukrainischen Wiegenlieder gesungen bekamen, schlossen sich den Freiwilligenbataillonen und Volontären an. Und all das löste bei vielen Menschen ein Gefühl der Verwunderung aus. Soziale Aufzüge öffneten sich, Fenster der Möglichkeiten flogen auf, Worte gewannen an Gewicht, und eine politische Nation wurde geboren.

Doch der erste Eindruck trügt. Denn die Gesellschaft ist wie der Ozean: Jeder Sturm reicht zwanzig Meter unter die Oberfläche. Weiter unten bewegt sich das Wasser auch beim stärksten Tsunami nicht. Die Wellen der Mobilisierung haben soziale Gräben geschaffen, die die Dicke der alltäglichen Trägheit durchbrechen: in jeder Region tauchen Freiwillige und Veteranen, Aktivisten und Engagierte auf. Doch um sie herum leben weiterhin diejenigen, die nicht bereit sind für den Wandel. Diejenigen, die sich auf die Werte des täglichen Überlebens konzentrieren. Diejenigen, für die ein Kühlschrank wichtiger ist als eine Flagge.

Und da musste sich die neugeborene Ukraine einer zweiten Herausforderung stellen. Die vielleicht nicht weniger anspruchsvoll ist als der Widerstand gegen den Aggressor. Nämlich der Assimilierung der Gleichgültigen.

Die Gleichgültigen gehen nicht auf den Majdan. Sie werden nicht Freiwillige. Sie leben nicht für die Zukunft. Sie schätzen Trägheit und Gewohnheit und sind nicht bereit, sich zu verändern und etwas zu bewirken. Sie nehmen sich selbst als Norm wahr und sind daher der Überzeugung, dass »alle gleich sind«. Gegenseitiges Misstrauen hat sie getrennt, aber auch geeint. Alles außerhalb ihrer privaten Quadratmeter ist »fremd«. Für sie gibt es kein kollektives Gut, und wenn es in der Nähe auftaucht, versuchen sie, es so schnell wie möglich zu privatisieren.

Für sie ist der aktuelle Krieg ein Kampf zwischen zwei externen Akteuren. Einer davon ist mehr oder weniger aus der sowjetischen Vergangenheit bekannt. Eine Vertikale zum Anlehnen. Ein Chef, der es besser weiß. Ein Paternalismus, der ihnen die

Verantwortung abnimmt. Die Formel ihres täglichen Lebens ist zu
sehr auf das Unmittelbare ausgerichtet, um an Langfristiges zu
denken.

Das zweite Projekt will das Alte und Vertraute aufbrechen. Es
spricht über das Komplexe und das Fremde. Es verlangt Verantwortung und Engagement. Es zwingt dazu, die Komfortzone zu
verlassen und lehnt Nostalgie ab. Dieses neue Projekt verlangt von
ihnen Anstrengungen, derer sie überdrüssig geworden sind und zu
denen sie nicht bereit sind. Es kritisiert ihre Gegenwart und Vergangenheit. Es stellt Diagnosen und drängt auf eine Behandlung.
Darüber hinaus greift es in den Bereich des Intimen und Persönlichen ein: Er erweitert die Reichweite der Staatssprache und entfernt
Symbole der Vergangenheit.

Das erste Projekt ist Kleinrussland. Das zweite ist die Ukraine.
Das erste wird von Moskau geleitet. Das zweite wird von der Zivilgesellschaft angeführt.

Der Kampf um die Gleichgültigen hat nicht nachgelassen. Die
neue Ukraine, die auf dem Majdan geboren wurde, dehnt sich auf
neue Gebiete aus. Auf Einzelindustriestädte und Industriezonen.
Sie versucht, die Vertikale in eine Horizontale umzugestalten. Sie
entzieht dem Glauben an magische Hechte und Veränderungen auf
dem Silbertablett den Boden. Sie zwingt uns, uns zu verändern und
über Ursache und Wirkung nachzudenken. Außerdem muss sie gegen die alten Eliten ankämpfen, die versuchen, neue Rhetorik mit
alten Schemata zu vermischen. Und die am wenigsten gewillt sind,
ihr ausgetretenes Terrain denjenigen zu überlassen, die an die
Spitze der sozialen Pyramide aufsteigen.

Der Hauptkonkurrent der Ukraine ist die Trägheit. Im Denken
und Handeln. In Lebensstil und Ausblick. Deshalb ist die Hauptdiskussion die zwischen »Lasst uns in Ruhe!« und »Man kann nicht
auf die alte Art leben!« Darüber hinaus bleibt auf dem Gebiet der
sozialen Missionierung weiterhin der Kreml aktiv und er ist auch
bereit, für das Recht zu kämpfen, die Ukraine in die Anabiose zu
treiben. Aber wenn er in den vergangenen Jahren versucht hat, an-
zugreifen, ist er jetzt gezwungen, sich zu verteidigen. Und die
oberste Grenze seine Ambitionen ist es, die Überreste der »Klein-
russland-Idee« zu erhalten.

Vor unseren Augen entfaltet sich das vielleicht ehrgeizigste Projekt des postsowjetischen Raums. Diejenigen, die von einer Aufschiebung der Reformen sprechen, unterschätzen einfach das Ausmaß der Herausforderung. Wir müssen kämpfen gegen die oben, die nicht können, und gegen die unten, die nicht wollen. Das gegnerische Lager hat jahrhundertelange Gewohnheiten. Tonnen von Misstrauen. Hunderte von Metern an Trägheit, die das ukrainische Meer von der Oberfläche bis zum Grund durchdringen.

Im Grunde genommen muss die Ukraine in nur wenigen Jahren den Weg bewältigen, für den andere Länder Jahrzehnte gebraucht haben. Einen neuen sozialen Standard setzen. Sich auf eine Norm einigen. Das Feindliche lokalisieren und das Neutrale assimilieren. Das Land ist gespalten in diejenigen, die Neues schaffen, diejenigen, die das Alte beibehalten wollen, und in diejenigen, denen es egal ist.

Jeder wählt seine eigene Seite.

Der Staat bin ich

Nur wer den Staat als »seinen« Staat betrachtet, kann mit ihm kooperieren. Und das ist eine weitere Demarkationslinie in der Ukraine.

Ethische Systeme werden oft aus dem kollektiven Familiengedächtnis geboren. Vielleicht erinnerst du dich nicht mehr an deinen Großvater, der wegen eines falschen Trinkspruchs zu Lagerstrafen verurteilt wurde, aber dein Vater erinnert sich an ihn. Und er lehrt dich, dass jede Zusammenarbeit mit der Vertikalen – und sogar mit dem Militär – tabu ist.

Außerdem gab es in der UdSSR zwei Arten von Nicht-Staatlichkeit. Auf der einen Seite gab es die Gefängnissubkultur, die nach der Idee der Nicht-Kooperation mit den Behörden lebte. Auf der anderen Seite gab es die intellektuelle Subkultur der Dissidenten, die sich außerhalb des offiziellen und feierlichen Rahmens sah. Die Gefängnisse wurden zu einem Ort der Verbreitung, an dem die Letzteren die Erfahrungen der Ersteren übernahmen.

Die postsowjetischen Länder begrüßten das Jahr 1991 mit demselben Gefühl: Die Distanz zum Staat galt als Standard. Jede

Form der Zusammenarbeit mit den Strafverfolgungsbehörden galt als Denunziation. Jeder Bericht über ein Fehlverhalten als »Verrat«.

Der Punkt der Abgrenzung war also die Haltung gegenüber dem Staat. Wenn die Gesellschaft die Vertikale nicht als »ihre eigene« betrachtet, versucht sie, sich vor ihr zu verkriechen und betrachtet die Sicherheitskräfte zu Recht als eine Kaste, mit der man besser nichts zu tun haben sollte.

In der Ukraine gab es diese Realität bis 2014. Aber seit dem Beginn des Krieges haben viele Menschen entdeckt, dass der Staat auch ihre Heimat ist. Diejenigen, die sich entschlossen, die Spielregeln zu ändern, bewegten sich innerhalb des Systems: Sie meldeten sich freiwillig zur Armee oder arbeiteten freiwillig für staatliche Stellen. Die Berliner Mauer zwischen der Horizontalen und der Vertikalen war durchbrochen. Auch wenn nur lokal.

Die Trägheit jedoch ist noch nicht überwunden. Ebenso wenig die Tradition des Misstrauens, die sich über Jahrhunderte hinweg entwickelt hat. Deshalb ist die ukrainische Gesellschaft nach wie vor gespalten in diejenigen, die die Zusammenarbeit mit den Behörden als »Denunziation« betrachten, und in diejenigen, die sie als normale Interaktion zwischen denen, die schützen, und denen, die geschützt werden, ansehen.

Die letzten Jahre haben offensichtlich nicht ausgereicht, um mit dieser gesellschaftlichen Tradition zu brechen. Dies gilt umso mehr für eine Gesellschaft, die seit Jahrzehnten daran gewöhnt ist, eine Person in Uniform und mit Befugnissen als Vertreter einer fremden und feindlichen Umgebung wahrzunehmen.

Die Tradition der »Nicht-Kooperation« wurde nicht nur durch Blatnjak-Lieder, sondern auch durch die Biografien von Intellektuellen genährt. Die sich aus dem geringfügigsten Anlass oder ohne Grund unter der repressiven Eisfläche wiederfanden. Und die immer noch Witze über den »Genossen Major« als banale Möglichkeit wahrnehmen, das Gespräch in Gang zu halten.

Und in diesem Grenzgebiet liegt eine weitere ethische Bruchlinie in der heutigen Ukraine. Auf der einen Seite stehen diejenigen, die sich aufmachen, den regierenden Reichstag zu stürmen. Auf der anderen Seite stehen diejenigen, die sich weiterhin von der Vertikalen distanzieren. Der Kampf zwischen denen, die den Staat als den ihren betrachten und bereit sind, in ihn zu investieren, gegen diejenigen, die nicht an den Staat glauben und ihn nicht als ihren eigenen betrachten.

In der Tat entscheidet sich jetzt die Frage, ob die nächste Generation von Ukrainern Radio »Chanson« hören wird. Ob sie die Institutionen als ihre eigenen betrachten wird. Und ob sie beginnen wird, das Gesetz als Mittel zur Durchsetzung von Gerechtigkeit wahrzunehmen.

Seien Sie nicht skeptisch. Schließlich sind die Witze über Verkehrspolizisten ebenso verschwunden wie die Verkehrspolizisten selbst.

Ein Land der Kasten

»Das Gericht entlässt Schmiergeldzahler aus der Haft«. »Sicherheitskräfte setzen die Unternehmen unter Druck«. »Beamter schlägt Passant und bleibt ungestraft«. Jede solche Nachricht löst beim Durchschnittsbürger einen natürlichen Hass aus. Dieser richtet sich gegen den Staat.

Der einfache Mensch kann das nachvollziehen. Die Dramatik des Konflikts ist in jeder Nachricht die gleiche. Auf der einen Seite stehen Menschen mit Macht und Autorität. Auf der anderen Seite stehen diejenigen, die von ihren eigenen Steuern ihre Gehälter bezahlen. Je länger der Staat ineffektiv und bösartig bleibt, desto weniger Sympathie erweckt er.

Aber der Punkt ist, dass in dem oben beschriebenen Schema der schwache Staat der Verlierer ist.

Denn für jeden korrupten, bestechlichen oder skrupellosen Menschen dient der Staat als Schirm, mit dem er seine eigenen Interessen deckt. Den er zu seinem eigenen Vorteil ausbeutet. Den er schwächt, indem er den Begriff des »Gemeinwohls« verwischt.

Traditionell betrachten wir die Mitarbeiter des Innenministeriums, der Staatsanwaltschaft oder der Gerichte als Teil des Staates. Die Besonderheit ist jedoch, dass sie nur Vertreter von Kasten sind. Sie sind durch gegenseitige Verantwortung miteinander verbunden. Sie sind an der Selbsterhaltung und an der Vergrößerung ihrer eigenen Macht interessiert. Letztlich arbeiten sie nicht für den Staat, sondern für sich selbst.

Das zeigte sich deutlich bei der Annexion der Krim, als Vertreter des Sicherheits- und Machtapparates einen Eid auf den Besatzer ablegten. Sie haben nicht ihr Land verteidigt, sondern nur ihre eigene Komfortzone bewahrt. Für sie ist das System nur insofern wichtig, als es die bequeme Existenz der Kaste sichern kann. Gleichzeitig glauben sie aber auch nicht, dass sie irgendwelche Verpflichtungen ihm gegenüber haben.

Die wenigen Ausnahmen auf der Krim verdeutlichen nur das Verhältnis zwischen »Kaste« und Beamten. Für die anderen ist der Eid nur ein Initiationsritus, um Befugnisse zu erlangen, die sie dann in ihrem eigenen Interesse und im Interesse Ihresgleichen einsetzen.

Das alles hat nichts mit Staat zu tun.

Vielleicht haben wir den Fehler gemacht, die ukrainische Realität, die nicht das Recht hatte, so genannt zu werden, einen Staat zu nennen. Das lässt den Schluss zu, dass die Staatsbildung in diesem Land erst relativ neu ist.

Sie begann, als die Aggression ausländischer Institutionen uns zwang, uns unsere eigenen zu schaffen. Aber die Rotation war nicht vollständig. So gibt es in jeder ukrainischen Institution »Vertreter des Neuen« und »Anhänger des Alten«. Außerdem ist dieses Verhältnis in jeder Institution anders. An einigen Stellen, wie z. B. in der Armee, von deren Reform das Überleben des Landes abhängt, ist die Zahl der Befürworter des Wandels größer. An anderen Stellen, wie in den zivilen Bereichen, in denen sich die Korruption konzentriert, gibt es eine aktive Ablehnung neuer Leute und neuer Regeln.

In jeder Nachricht über Gesetzlosigkeit und Rechtlosigkeit geht es nicht um den Staat. Es geht um seine Abwesenheit. Es geht um das Kastendenken. Um das Fehlen fairer Spielregeln. Um die Unausgewogenheit des Systems. Um die Schwäche der staatlichen Schlichtung. Es geht um Menschen, die die Abwesenheit von Institutionen ausnutzen und deren Aufbau zu verhindern suchen.

Die Abwesenheit des Staates kommt allen zugute, die mit dem Ungleichgewicht Geld verdienen. Das Großunternehmen, das gegen die Regeln des fairen Wettbewerbs verstößt, und der einfache Ordnungshüter, der einen Verkaufsstand »deckt«. Der Richter, der sich bestechen lässt, und die Sonderdienste, die die Unternehmen unter Druck setzen. Sie alle sind Schmarotzer bei der Privatisierung des öffentlichen Gutes.

Jede Nachricht zu diesem Thema beweist, dass der Staat in der Ukraine nicht stark, sondern schwach ist. Im Gegensatz zu den Kasten, die sich in einem Vierteljahrhundert gebildet haben. Sie wollen uns wirklich glauben machen, dass sie der Staat sind.

Aber das ist nicht so.

Die Überlebenden-Verzerrung

Es gibt die Theorie der »Überlebenden-Verzerrung«. Sie besagt, dass man aus den Erfahrungen der Gewinner keine Schlussfolgerungen ziehen kann. Wenn Sie die Wahrheit wissen wollen, fragen Sie die Verlierer.

So beurteilen wir beispielsweise die Freundlichkeit von Delfinen anhand der Erfahrungen der Menschen, die diese Tiere vor dem Ertrinken gerettet haben, indem sie sie ans Ufer schoben. Die Erfahrungen derjenigen, die von Delfinen in die entgegengesetzte Richtung geschubst wurden, lassen wir außer Acht.

Die gleiche Theorie gilt auch für die Beziehung zwischen den Ukrainern und dem Staat.

Zur Veranschaulichung: Im russischen kollektiven Unbewussten sind »Macht« und »Staat« untrennbar miteinander verbunden. Sie sind Fleisch vom eigenen Fleisch, wie eine Schlange, die sich in den eigenen Schwanz beißt. Daher ist für den russischen Durchschnittsbürger ein Regierungswechsel gleichbedeutend mit einem Angriff auf den Staat.

In Russland ist eine Stimme für den amtierenden Präsidenten eine Stimme für den Status quo des Staates. Sie ist ein Votum für die Grenzen und den Einlagensatz, die Flagge und die Infrastruktur. Jeder Vorschlag, etwas zu ändern, macht dem russischen Bürger Angst. Denn in seiner Vorstellung könnte es mit einer Revision von Korruptionsregelungen beginnen und mit einer Überprüfung des nuklearen Status enden.

Das Trauma von 1991 ist so groß, dass die Idee der »Veränderung« in Russland Misskredit geraten ist. In diesem Sinne ist Wladimir Putin die Verkörperung eben jener »Stabilität«, die es erlaubt, sich vor der Verantwortung zu drücken. Es besteht keine Notwendigkeit, etwas zu ändern. Es gibt keinen Grund, etwas neu zu gestalten. »Sie wissen es am besten«.

Und in der Ukraine ist genau das Gegenteil der Fall. Im nationalen Unbewussten liegen »Macht« und »Staatlichkeit« an unterschiedlichen Enden des Spektrums. Und für den ukrainischen Durchschnittsbürger gibt es nichts Beleidigenderes als die Aufforderung, »nicht aufzumucken«.

Es war die Entschlossenheit, bis zum Letzten zu gehen, die den Majdan möglich machte. Der Aufruf Janukowytschs »Astanawizza« (Stopp!) hatte keinen Einfluss auf die Ereignisse. Denn für den Durchschnittsbürger hatte der Gedanke, die »Macht« zu stürzen, nichts mit einer möglichen Bedrohung der Staatlichkeit zu tun. Am Ende hat die Straße gewonnen. Fairerweise muss man jedoch anmerken, dass auch die ukrainischen Institutionen, trotz ihrer Schwäche und ihres amorphen Charakters, überlebt haben.

Infolgedessen haben beide Majdan-Prozesse bei uns den gleichen Effekt der »Überlebenden-Verzerrung« hervorgerufen. Wir haben den Eindruck, dass jedwede interne politische Konfrontation nicht zum Zusammenbruch der Staatlichkeit führen wird.

Wir sind daran gewöhnt, dass bei egal welchem Umbruch kein Chaos droht. Die Erfahrung von vor einem Jahrhundert liegt zu weit zurück, und wir versuchen gar nicht erst, daraus irgendwelche Schlüsse zu ziehen. Deshalb spüren wir auch nicht die Grenzen des Erlaubten im Kampf um eine »leuchtende Zukunft«.

Der ukrainische Durchschnittsbürger ist überzeugt, dass im Kampf gegen die Macht alle Mittel recht sind. Auch solche, die die ukrainische Staatlichkeit selbst bedrohen. Deshalb wird im Kampf gegen den Präsidenten auch die Institution des Präsidenten angegriffen. Im Kampf gegen das Parlament ist die Institution des Parlaments in Gefahr. Und so geht es weiter in der Liste.

Die Ukraine stellt sich gerne gegen Russland. Vor allem in ihrer Bereitschaft, die Realität zu verändern, koste es, was es wolle. Während sie totale Stagnation haben, haben wir totale Freiheit. Wir haben uns zu sehr von den Extremen mitreißen lassen und dabei vergessen, dass das richtige Modell nicht unbedingt dasjenige ist, das sich am entgegengesetzten Pol zu Russland befindet.

Die Länder, denen die Ukraine nacheifern will, haben seit langem verstanden, dass Macht und Staat getrennt sind. Deshalb führt eine Veränderung des ersteren nicht zu einer Bedrohung für den zweiten. Gleichzeitig sind sie, anders als wir, nicht bereit, ihre Institutionen im Kampf um die Macht aufs Spiel zu setzen. Ganz einfach, weil diese Institutionen, trotz all ihrer Unzulänglichkeiten, einfach keine Alternativen haben.

Wir haben den Eindruck, dass wir in unserem Kampf um die Zukunft nur Nachteile riskieren. Dass die Vorteile eines komfortablen Lebensstils eine Konstante sind, die nicht verschwinden wird. Dass das Wasser aus dem Wasserhahn nicht aufhören wird zu fließen, die Züge ebenso weiterfahren und die Waren nicht aus den Geschäften verschwinden werden. Und wir vergessen, dass all dies nur möglich ist, weil die institutionelle Ukraine weiter existiert.

Memoiren aus der Zeit vor hundert Jahren sind ernüchternd. Was aus einem Land ohne Staat wird, zeigt Somalia. Wenn Waffen als sozialer Aufzug dienen und die einzig mögliche Institution die Institution der Gewalt ist.

In einem der Science-Fiction-Romane wurde den Piloten eines Flugzeugs verboten, Simulatoren zu spielen. Denn der Simulator vermittelte die Illusion, dass man jeden Fehler wiederholen kann. Man muss nur zum letzten gespeicherten Moment zurückgehen. Manchmal scheint es, als würden wir an unsere Fähigkeit glauben, jeden Fehler wiederholen zu können.

In diesem Sinne sind wir wie Leute, die Kriegsgranaten für Schrott demontieren. »Wir machen das schon seit dreißig Jahren und es ist nichts passiert.« Das Problem ist nur, dass man es niemandem erzählen kann, wenn man einen Fehler macht.

Wachstumskrankheiten

Manchmal möchte man sich am liebsten aus den sozialen Medien zurückziehen. Es gibt zu viele Emotionen. Jeder Streit artet in einen Kampf aus. Die Bewertungen sind zu kategorisch.

In solchen Momenten ist es nützlich, Nachrichten aus den postsowjetischen Ländern zu lesen. Über die Stadt Nursultan und die gleichnamigen Alleen. Über Gesetze, die es verbieten, die Regierung zu diskreditieren. Über die Einschränkung des Rechts auf Kundgebungen. Über das Verbot von Totholzsammlungen. Über die Abschottung des lokalen Internets vom globalen Internet.

Natürlich wird man mir sagen, dass es logischer ist, die ukrainischen Nachrichten mit den europäischen zu vergleichen. Das Problem ist nur, dass der größte Teil unseres Landes noch nicht allzu lange zu Europa gehört. Es war von ihm abgeschnitten, durch den Eisernen Vorhang und die jahrhundertelange Geschichte. Wenn wir das Jahr 1991 als Ausgangspunkt nehmen, dann haben wir uns die ganze Zeit über von Osten nach Westen bewegt. Und die Nachrichten von unseren ehemaligen Nachbarn in der Union sind ein gutes Beispiel für die Wege, die sie und die wir eingeschlagen haben.

Ja, die Ukraine ist eine junge und instabile Demokratie. Sie ist das Fleisch vom Fleisch unserer internen Streitigkeiten, Phobien und Illusionen. Ja, wir streiten miteinander, bis unsere Knöchel blau und unsere Wangenknochen weiß werden. Ja, unsere Gegenwart ist widersprüchlich, unsere Zukunft ist vage, aber unsere Vergangenheit ist es noch viel mehr. Denn in dieser Vergangenheit gibt es nichts, was wir im Gepäck mitnehmen wollten.

Wir haben keine Ahnung, wer die nächste Wahl gewinnen wird. Wir können nur raten, welche Parteien das Parlament erobern werden. Wir sind bereit, für Newcomer mit jugendlichem Maximalismus zu stimmen, aber auch das ist nur ein Versuch, eine neue Zukunft zu finden. Denn die »Vergangenheit« auf unseren Stimmzetteln hat ganz andere Namen.

Wir streiten miteinander über Prioritäten. Darüber, was schrecklicher ist – Korruption oder Krieg. Darüber, welche Agenda wichtiger ist – »Souveränität« oder »Wohlstand«. Aber unabhängig von unseren Meinungsverschiedenheiten sind wir es, die die Forderungen stellen, auf die die Politiker dann reagieren. Bei unseren ehemaligen Nachbarn ist dies genau umgekehrt.

Sie können unser Land so beschreiben, wie Sie wollen. Manche würden es Aufruhr nennen. Andere würden es eine blühende

Komplexität nennen. Aber auf jeden Fall sieht es sympathischer aus als das, was wir hinter uns gelassen haben. In all jenen Ländern, in denen die Medien auf die Beamten hören und nicht umgekehrt. In all den Ländern, in denen die Vertikale wie ein Pfahl wirkt, der vor Spannungen knackt.

Ja, die Korruption blüht in unserem Land. Ihr Wahrnehmungsindex ist ziemlich hoch. Aber der Punkt ist, dass dieser Index nur beweist, dass wir in der Lage sind, über sie zu diskutieren. Dass wir in der Lage sind, ihr Ausmaß und ihre Schädlichkeit einzuschätzen. Viele unserer ehemaligen Nachbarn aus der Zeit des Sowjetkommunismus sind ohne diese Möglichkeit.

Unsere ganze Vielstimmigkeit ist besser als ein harmonischer Chor. Unser ganzer abgehackter Rhythmus ist besser als ein einstimmiges Summen. All unsere Wachstumskrankheiten sind attraktiver als eine zubetonierte Einöde.

Wir sind sehr weit von den Ländern entfernt, die wir gerne als Vorbilder nehmen. Aber wir sind auch genauso weit entfernt von denen, mit denen wir früher unter einem Dach gelebt haben. Ihre ganze Stabilität beruht auf Kohlenwasserstoffen. Ihre ganze Einmütigkeit auf Propaganda. Ihre ganze Berechenbarkeit auf dem Monopol des Throns.

Alle unsere Unzulänglichkeiten sind eine direkte Erweiterung unserer Vorzüge. Eine Neurose ist besser als ein Koma. Streitigkeiten sind besser als Schweigen. Unsere Instabilität birgt erhebliche Risiken, aber absoluten Frieden gibt es nur auf dem Friedhof.

Ich weiß nicht, welches Szenario uns erwartet. Niemand hat den Krieg abgesagt, und niemand hat versprochen, dass wir ihn gewinnen werden. Wir streiten, zanken, stolpern – aber wahrscheinlich sieht Erwachsenwerden so aus. Die Adoleszenz ist immer problematisch, aber niemand hat es je geschafft, diese Phase zu überspringen.

Ich kenne unsere Zukunft nicht. Wir tasten uns in Echtzeit an sie heran, Tag für Tag, Jahr für Jahr. Aber manchmal ist der Prozess wichtiger als das Ergebnis, einfach, weil es noch nie jemandem gelungen ist, ohne Fehler zu leben. Und selbst wenn es in unserer Realität zu viel Politik gibt, so ist das immer noch besser, als wenn es in unserem Leben überhaupt keine Politik gäbe.

Das Leben nach dem Abspann

Seien wir ehrlich: Jeder Erfolg, den wir haben, ist mit Risiken behaftet.

Die Fortschritte bei den Reformen werden unsere Abhängigkeit von Europa verringern. Das Wirtschaftswachstum wird wieder anziehen und den Ungehorsam gegenüber den Behörden feiern. Die Erfolge des Landes werden zu einer nationalen Selbstgefälligkeit und damit zu einer »Orbanisierung« der ukrainischen Politik führen. Wo die Gewählten und Ernannten anfangen zu sagen, »wir sitzen selbst nicht im Dunkeln!« und »belehr mich nicht!«

Je reicher wir sind, desto mehr solcher Politiker und Beamte werden auftreten. Sie werden nicht unbedingt pro-russisch sein, aber sicherlich anti-Brüssel. Sie werden anfangen, das souveräne Recht auf Dummheit zu verteidigen, das »nicht weggegeben werden darf«. Sie werden anfangen, über nationale »Bande« und einen Sonderweg zu sprechen.

Eine lokale Kirche kann am Egoismus erkranken und so ihre eigenen Interessen über ethische stellen. Sie kann sich mit dem Staat verbünden und hochrangige Beamte mit Orden auszeichnen. Sie kann beginnen, ihre eigenen Fehler mit den Machenschaften anderer zu rechtfertigen.

Wir sind nicht vor zufälligen Menschen in Ornat gefeit. Sie werden in Verkehrsunfälle verwickelt und bauen Paläste. Sie werden den Autoritäten Gleichgültigkeit und Ehrerbietung zeigen. Sie werden Skandale und Diskussionen über eine neue Kaste der Unberührbaren hervorrufen.

Wir werden Geiseln der Geografie und der Geschichte bleiben. Die Ukraine ist ein Land Ost-Europas mit allen dazugehörigen Traditionen. Fremdenfeindlichkeit, Homophobie und Traditionalismus sind nichtloszuwerdende Begleiter der politischen Agenda unserer Nachbarn, und es ist unwahrscheinlich, dass wir eine kontrastreiche Ausnahme von der allgemeinen Regel bilden werden.

Die Beispiele Polens und Ungarns zeigen, dass die Sättigung manchmal eine Nachfrage nach den unerwartetsten Slogans schafft. Auch unser Land ist vor einer konservativen Kehrtwende nicht gefeit. Genauso wenig wie unsere Nachbarn auf der westlichen Seite der Grenze davor gefeit waren.

Unsere Vorbilder können zu Anti-Helden werden. Das Schicksal derer, die an der Front gekämpft haben, kann sich auf unterschiedliche Weise entfalten. Wir können ihre Namen in Strafregistern finden. In dubiosen politischen Projekten. In räuberischen Übernahmen. Und wir werden uns daran gewöhnen müssen, dass der Kriegsteilnehmer-Ausweis seinen Besitzer nicht gegen Fehler absichert.

Wir werden noch lange brauchen uns von den »Sowoks«, den Sowjetmenschen, zu heilen. Von der Gewohnheit, den Staat als Beschützer und Gönner zu sehen. Die Abneigung gegen die Reichen wird unser ständiger Begleiter bleiben, und die soziale Apathie wird durch die Rhetorik von Straßenaufständen ersetzt werden. Wir werden das »Gesetz« für unsere Nachbarn und »Gerechtigkeit« für uns selbst fordern.

Wir waren schon zu lange eine Kolonie, und sind daran gewöhnt, jede Macht als Besatzungsmacht zu betrachten. Wir werden von Robin Hoods träumen, Institutionen nicht schätzen, Regeln nicht respektieren und das Kollektiv zugunsten des Persönlichen zerstückeln. Jeder Verwalter einer kollektiven Ressource wird sofort zu unserem Feind. Denn im Laufe der Jahrhunderte haben wir uns daran gewöhnt, sie als Abgesandte aus fremden Hauptstädten zu sehen.

Selbst wenn alle unsere Träume morgen in Erfüllung gehen, wird uns das nicht vor Enttäuschungen bewahren. Unsere Sonnen werden Flecken haben. Unsere Fahnen werden ausfransen. Alles, was uns lieb und teuer ist, wird uns von Zeit zu Zeit entmutigen.

Und daran ist nichts auszusetzen.

Happy Ends gibt es nur im Kino. Nur die Helden von Melodramen halten Händchen und laufen der untergehenden Sonne entgegen. Das Leben nach dem Abspann ist immer mit dem Alltag gefüllt.

Es ist sinnlos, von der Utopie zu träumen. »Sun City« sieht immer nur von außen sorglos aus. Jedes erfolgreiche Land ist behaftet mit inneren Streitigkeiten.

Wir sind Kinder unserer Zeit. Unseres historischen Gedächtnisses. Unserer regionalen Erfahrung. Und wir sind gezwungen, Fehler zu machen, Unebenheiten aufzufüllen und Weggabelungen zu verwechseln.

Aber das hat nichts zu bedeuten.

Denn manche historische Weggabelung wird an den Alternativen gemessen, die Sie wählen. Daran, was das Land im Falle einer Niederlage erwartet. Wir kennen unsere Zukunft nach einem Sieg nicht, aber wir wissen, was uns im Falle eines Fiaskos erwartet. Das 20. Jahrhundert war ein grausamer Lehrmeister.

Das Gegenteil von unserer Vergangenheit ist nicht das Paradies auf Erden. Ein normales Land ist kein Kloster mit heiligen Ältesten. Das normale Leben ist eine ständige Debatte über die Zukunft und die Gegenwart.

Wenn wir siegen, werden wir nicht zu Deutschland oder den Vereinigten Staaten werden. Wir werden die Ukraine werden. Eine, die wir selbst aufbauen werden. In der es höchstwahrscheinlich Skandale, Niedertracht und Opportunismus geben wird. In der Populisten, Narren, patriotische Schurken und Strafregister ihren Platz haben werden. Alles, was es in jedem Land gibt, das wir uns zum Vorbild nehmen.

Manchmal wird das Leben leichter, wenn man erkennt, dass es nicht leichter wird.

Die Last der Elternschaft

Neun Monate Übelkeit. Stimmungsschwankungen. Schmerzhafte Entbindung. Die schlaflosen ersten Monate. Schwere Ausgaben. Unruhiger Schlaf. Übergewicht. Impfungen. Qualen der Anpassung.

Karrierepause. Entsozialisierung. Dann Zähne. Sie brechen durch – die Nachbarn können es hören und die Mutter spüren. Kinderkrankheiten. Weinen. Ratschläge von allen Seiten: manche hilfreich, manche nicht.

Erneute Ausgaben. Kinderkrippe. Kindergarten. Schule. Ein völlig neu gestalteter Zeitplan. Neue Familiengewohnheiten, und Aufgeben alter Gewohnheiten.

Und egal, wie sehr Sie Ihr Kind lieben, in vierzehn Jahren wird es in die Pubertät kommen. Es wird beginnen, sich von seiner Familie zu emanzipieren, seine Ohren piercen und verbotene Dinge ausprobieren. Und es ist gut, wenn es dabei nichts Irreversibles tut.

All dies leugnet nicht die Hauptsache: die Freude am Mutter- und Vatersein.

Wir betrachten die Familie als bedingungslos. Wir akzeptieren alle Konsequenzen im Voraus. Wir verstehen, dass wir die Biologie und das Soziale nicht überlisten können. Gute Eltern wissen zu unterscheiden zwischen dem, was korrigiert werden kann, und dem, was erlebt werden muss. Diese Formel funktioniert bei allen Neugeborenen. Staaten eingeschlossen.

Die meisten Ukrainer sind älter als ihr Staat. Er ist die Frucht des Majdans, der das Land aus der Anabiose herausgeholt hat. Und des Krieges, der uns der Illusion beraubt hat, dass das Private sich nicht mit dem Kollektiven überschneidet. Es stellte sich heraus, dass dem institutionellen »Anderen« nur das institutionelle »Eigene« widerstehen kann. Und nun stoßen wir auf dem Weg dorthin auf Unebenheiten.

In jeder Beziehung gibt es Universalharken. Zum Beispiel den Versuch, mit unserer eigenen Liebe zu handeln. Immer wieder konditionieren wir unsere eigene Loyalität. »Wenn er nicht unartig wird, werden wir ihn lieben.« Hinzu kommt, dass wir jedes Mal uns die Kinder unserer Nachbarn ansehen. Sie werden nicht nur schneller erwachsen, sondern scheinen manchmal auch wohlerzogener und problemloser zu sein als unsere eigenen. Aber hinter jedem vorbildlichen Exemplar stehen seine Eltern. Und all die Arbeit, die sie in ihr Kind stecken.

Die Erfahrung des Erwachsenwerdens ist universell. Ein eigenes Land kann man nicht von der Stange kaufen: zusammen mit perfekten Gesetzen und Steuersystem, guten Beamten und Spielregeln. Es kann nur gepflegt werden. Jeden Tag und jede Nacht muss man für ihn sein Bestes geben. Auf die Ratschläge derer hören, die es geschafft haben, und die Empfehlungen derer ablehnen, die es nicht geschafft haben.

All dies ist kein Aufruf, sich mit Unzulänglichkeiten abzufinden. Es ist nur ein Versuch, Sie daran zu erinnern, dass jeder am

Schicksal eines Neugeborenen teilhat. Einige durch eigenes Handeln. Andere durch Nichthandeln. Es ist auch ein Versuch, uns daran zu erinnern, dass manche Dinge und Prozesse so unvermeidlich sind wie der Niederschlag.

Krieg erzeugt unweigerlich eine Nachfrage nach einfachen Rezepten. Hinhaltende Justiz erzeugt Unterstützung für Lynchmorde. Armut gebiert Populisten. Und das ist überhaupt nicht überraschend, all dies könnte in einem Lehrbuch mit Rezepten für den Aufbau eines Staates stehen. Wenn sich jemand entschlossen hätte, eines zu verfassen.

Man käme nicht auf die Idee, von einem Einjährigen zu verlangen, zu erklären, wo es ihm wehtut. Man würde von einem Fünfjährigen nicht verlangen, dass er das Gewissen eines Erwachsenen hat. Ein Land, das erwachsen wird, kann durchaus infantil sein, und die Hauptaufgabe besteht darin, aus seinen eigenen Fehlern zu lernen. Manche Dinge muss man einfach durchmachen, wie Windpocken. Und viele Krankheiten erlebt man am besten in der Kindheit. Masern sind für einen Erwachsenen viel gefährlicher.

Natürlich möchten Sie, dass Ihr Kind wie auf dem Bild aus einer Werbebroschüre aussieht. Gehorsam, ohne Schrammen an den Knien und schlechte Angewohnheiten. Es soll nicht krank sein, unartig oder nerven. Es soll sportlich und ein ausgezeichneter Schüler sein. Es sollte Respekt vor den Älteren haben, den Schwächeren helfen und seinen Platz in der Straßenbahn freimachen. Aber seien wir ehrlich: Das ist nicht der Grund, warum wir es lieben.

Denn manchmal ist Liebe bedingungslos. Einfach eine Tatsache. Und deshalb gehst du hin, um es vor den Hooligans aus der Nachbarschaft zu beschützen. Und du wirfst nicht gleichgültig hin: »Das ist es, was du brauchst...«

Weil du möglicherweise kein anderes hast.

6   Die Zukunft

In gewisser Weise haben wir großes Glück.

Wir haben auf jeden Fall Glück, was die Geografie betrifft. Wer weiß, was mit uns geschehen wäre, hätten wir nicht am Schnittpunkt von Zivilisationsplatten gelebt. Hätten die Erfolgreicheren uns angeschaut, wenn sie uns nicht als Vorposten ihrer Interessen gesehen hätten? Würden sie es für nötig halten, uns zu helfen, wenn unser möglicher Zusammenbruch nicht ihre Grenzen und ihre Stabilität bedrohen würde?

Wir haben definitiv das Glück mit dem Gegner. Unsere Relevanz wird für viele durch die Figur des Aggressorlandes bestimmt. Sicherlich würden viele Menschen gerne vergessen, dass es uns gibt, aber Russland hält sie davon ab. Es spielt gerne die Sowjetunion, was in Europa und den Vereinigten Staaten Assoziationen mit der jüngsten Vergangenheit hervorruft. Wir sind »die Unsrigen«, denn der, der uns angreift, ist bereits zu sehr »nicht der Unsrige«. Wäre der Angreifer von geringerem Rang und einfacherem Hintergrund gewesen, hätten sich die Verbündeten vielleicht abgewandt.

Wir hatten offensichtlich Glück, die Geduld unserer Partner zu haben. Anders ist die Hartnäckigkeit, mit der sie sich mit den ukrainischen Eliten abgegeben haben, kaum zu erklären. Das dritte Jahrzehnt in Folge haben sie unsere Präsidenten dazu gebracht, sich vor dem Essen die Hände zu waschen, nicht vom Boden zu essen und sich vor dem Schlafengehen die Zähne zu putzen. Die Last des weißen Mannes, angepasst an das 21. Jahrhundert.

Wir haben definitiv Glück mit unserer Epoche. Vor ein paar Jahrhunderten hätten unsere Zersplitterung, unser Misstrauen und unsere Gleichgültigkeit zu einem Blitzkrieg geführt. Das Ausmaß unseres Krieges ist nicht mit der Intensität der Schlachten des 20. Jahrhunderts zu vergleichen. Wer weiß, ob wir überlebt hätten, wenn das Ausmaß der Invasion mit dem vergleichbar gewesen wäre, was die Finnen vor achtzig Jahren ertragen mussten.

Zum dritten Mal innerhalb eines Jahrhunderts versucht unser Land, seine Unabhängigkeit wiederzuerlangen. Und zum ersten

Mal tut es dies in einer so günstigen Situation. Davon konnten unsere Vorgänger nur träumen. Aber wir wollen uns auch jetzt nicht um die Möglichkeit bringen, unsere Chance zu verspielen.

Wer weiß, was aus der Ukraine geworden wäre, wenn Kyjiw in der Lage gewesen wäre, Schulden bei Moskau anzuhäufen. Wenn jede westliche Tranche nicht von einem Anhang mit westlichen Forderungen begleitet wäre. Wenn die Geber nicht bereit wären, den ukrainischen Politikern mit pädagogischer Geduld immer wieder dieselben Grundwahrheiten zu erklären: Über freien Wettbewerb, den Kampf gegen Monopole, transparentes öffentliches Beschaffungswesen und faire Personalauswahlverfahren.

Die westliche Hartnäckigkeit ist lobenswert. Vor nicht allzu langer Zeit hat Europa den ukrainischen Präsidenten überredet, die Oppositionsführerin aus dem Gefängnis zu entlassen. Im Gegenzug versprach es die EU-Assoziierung. Fast gestern empfahl es Rechtsvorschriften zur Korruptionsbekämpfung. Und es versprach als Belohnung eine visafreie Regelung. Heute fordert es eine Justizreform und bietet im Gegenzug finanzielle Unterstützung an. Manchmal hat es den Anschein, dass sie sich mehr um unsere Zukunft sorgen als wir selbst.

Sicherlich sind unsere Veränderungen für unsere Verbündeten von Vorteil. Unsere Stabilität schützt ihre Grenzen. Unsere Unverwüstlichkeit schützt sie vor Flüchtlingsinvasionen. Unsere Entwicklung schützt sie vor unkontrolliertem Schmuggel und dem Export von Kriminalität. Sie sind recht pragmatisch in ihren Bestrebungen. Der Punkt ist, dass auch wir von ihrer Rationalität profitieren.

Wir sind jedoch nicht das, was man fleißige Schüler nennt. Bei jeder passenden Gelegenheit fallen wir zurück. Anstatt kollektiver Interessen verfolgen wir persönliche Interessen. Wir denken an Rankings, nicht an Plätze in Lehrbüchern. Unsere Planungshorizonte gehen selten über den Wahlzyklus hinaus. Das Erstgeburtsrecht lässt sich leicht gegen ein Linsengericht eintauschen.

Die Geschichte war nachsichtig mit uns. Mannerheim könnte uns eine Menge über Panzerkeile erzählen. Golda Meir etwas über den Vernichtungskrieg. Edvard Beneš über die Verschwörung der Alliierten. Unser Krieg ist dreißig Kilometer von der Frontlinie entfernt nicht mehr zu spüren. Diejenigen, die gewohnheitsmäßig über unsere Zeit schimpfen, vergessen einfach, zurückzublicken.

Wir haben alle Chancen, nicht zu verlieren. Alle Gründe, um uns zu behaupten. Genug Zeit, um uns zu konzentrieren. Wir werden die Schuld nicht auf die Zeit und die Umstände schieben können. Beide sind uns bei unserem Versuch so treu wie möglich. Nach den Maßstäben des 20. Jahrhunderts haben wir in der Lotterie der Möglichkeiten den Jackpot geknackt.

Und wenn unsere Zukunft nicht wahr wird, haben wir niemanden, dem wir die Schuld geben können.

Nicht alles ist Schuld Moskaus

Im Jahr 2014 entdeckte die Ukraine den Namen des Bösen.

Die Krim war der Wendepunkt. In dem Moment tauschten die Freaks und die Seher die Plätze. Es stellte sich heraus, dass »russische Panzer« keine Stilfigur sind, dass Besatzung kein Lehrbuchbegriff ist und dass Krieg mit allen Sinnen erlebt werden kann. Die Ukraine entdeckte eine neue Realität und tauchte kopfüber in sie ein.

Der Krieg hat die Halbtöne entfernt. Er dämpfte die Farbpalette. Schuf Parolen und Rückrufe. Er hat das Land auch mit einer unmittelbaren Bedrohung konfrontiert. Das Böse bekam einen Namen und eine Geografie. Die Ukraine begann das gemeinsam erworbene Eigentum zu prüfen und versuchte, das Eigene von dem Fremden zu trennen.

Doch auf dem Weg dorthin gab es einige Versuchungen. Zum Beispiel die Versuchung, den Aggressor für alles verantwortlich zu machen, was einem nicht gefällt. Ihn zur Ursache und Natur von allem Rückständigen und Verkrusteten zu erklären. Ihm sogar jene Muttermale der Realität zuzuschreiben, mit denen er nur wenig zu tun hat.

Zur Hand des Kremls erklärte man die korrupten Beamten. Die Bestechungsgeldgeber. Die Populisten. Gut möglich, dass der Kreml wirklich in keiner der Gleichungen fehlt. Schließlich kommt alles, was die Ukraine schwächt, Moskau zugute. Alles, was die Institutionen zerstört, Misstrauen sät und den Fortschritt verlangsamt. Genauso falsch ist es aber, die Hand des Kremls zu einem universellen Ablass für uns selbst zu machen. Wenn wir unsere alltäglichen Verleumdungen mit Machenschaften rechtfertigen. Elementaren Analphabetismus mit Konspiration.

Wir können natürlich versuchen, uns das Recht zu schreiben, unfehlbar zu sein, indem wir alles, was uns nicht gefällt, als fremden Einfluss deklarieren. Mit der Realität hat dies jedoch wenig zu tun.

Der Grundsatz von »Hanlon's Razor« mahnt uns, nicht nach Bösartigkeit zu suchen, wenn alles durch Dummheit erklärt werden kann. Aber seien wir ehrlich: Die »Hand Moskaus« ist für uns eine sehr bequeme Erklärung. Schon allein deshalb, weil sie nicht nur eine Erklärung, sondern auch eine Entschuldigung ist. Wir sind nämlich nicht so. An allem ist der Feind schuld.

Niemand leugnet die Existenz des Feindes. Ebenso wenig leugnet jemand die hybride Form des Krieges, der nicht so sehr um die Realität, sondern um das, was wir über sie denken, geführt wird. Aber wir sollten uns nicht das weiße Gewand der Unfehlbarkeit anziehen. Genau so sehen die heutigen Versuche aus, alles, was uns nicht gefällt, durch eine Machenschaft des Feindes zu erklären.

Denn jede Gesellschaft ist zu Widersprüchen verurteilt. Kein Land ist vor Dummheit gefeit. Menschen können sich irren und in ihren eigenen Wahnvorstellungen verharren. Rückfälle ins Mittelalter kann man überall beobachten, das korreliert nicht immer mit dem Wohlstand eines Landes. Selbst wenn Russland plötzlich das Interesse an uns verlieren würde, wären damit nicht alle unsere Probleme gelöst. Denn ihre Wurzeln liegen nicht nur in der Politik des Aggressorlandes.

Der Krieg geht weiter. Die Konfrontation ist in vollem Gange. Wir sind in diese Realität des Jahres 2014 eingetaucht, und wir haben keine Ahnung, wann wir aus ihr herauskommen können. Aber es wäre falsch, den Krieg als universelle Selbstrechtfertigung zu nutzen. Schließlich haben wir all diese Jahre für unsere eigene Freiheit gekämpft. Und sie hat unter anderem auch Platz für Fehler.

Es wird sieben für jeden geben

Wissen Sie, was die rumänischen Straßen auszeichnet? Die einheimischen Fahrer blinken mit dem Fernlicht, um Sie vor der Polizei zu warnen. Und sie hupen auch, wenn Sie sich an die Geschwindigkeitsbegrenzung und die Regeln halten. Regeln, die sie selbst für ihr Land aufgestellt haben.

Von Kindheit an wurde uns beigebracht, nicht mit unseren eigenen Statuten in die Klöster anderer Leute zu gehen. Aber in einigen Ländern wird das Leben nach dem örtlichen Statut von denjenigen verurteilt, die es verabschiedet haben. Und das ist es, was die erfolgreicheren Länder von den weniger erfolgreichen unterscheidet.

Reisen ist eine Impfung gegen Illusionen. Jedes Land ist mit seinen Bewohnern von Bedeutung. Die Qualität der Straßen, die Sauberkeit der Straßenränder, die Pflege der Straßen – wir machen uns nicht nur ein Bild von dem Ort, sondern auch von den Menschen. Denn ihr öffentlicher Raum sagt viel über ihre Fähigkeit aus, zu verhandeln. Institutionen zu schaffen. Regeln aufzustellen. Regeln zu befolgen.

Der Blick eines Touristen ist unparteiisch. Du zeigst keine Nachsicht. Du suchst nicht nach Ausreden. Alles, was sich innerhalb der Staatsgrenzen abspielt, ist das Werk von Menschen mit Pässen dieses Landes. Und wenn ihre Solidarität mit fremden Autofahrern größer ist als ihre Solidarität mit ihrer eigenen Polizei, dann bedeutet das, dass sie Probleme haben.

Es bedeutet, dass sie es nicht geschafft haben, eine Institution von »Nachtwächtern« zu schaffen. Solchen, denen man vertrauen wird. Solchen, die als Beschützer angesehen werden. Also zahlen sie Gehälter an Leute, die sie nicht verdienen. Sonst hätten sie mich nicht mit dem Fernlicht angeblinkt.

Die Regeln der Polis werden von den Bürgern der Polis festgelegt. Sie wählen ihre Abgeordneten, stimmen für Politiker und unterstützen den Staat durch ihr Einkommen. Doch wenn sie sich nicht an ihre eigenen Regeln halten, bedeutet das, dass der Faden irgendwo gerissen ist.

Ein Erwachsener zeichnet sich durch die Fähigkeit aus, sein Wort zu halten. Sich an Vereinbarungen zu halten. Durch den Mut, Fehler zuzugeben. Aber die Sache ist die, dass Gesellschaften, genau wie Menschen, infantil sein können. Eine solche Gesellschaft zeichnet sich durch den Glauben aus, dass das Volk besser ist als die Eliten. Denn dieser Glaube erlaubt es, die Verantwortung abzuschieben.

Wenn Sie Ihrem Abgeordneten in den Ämtern kein angemessenes Gehalt zahlen wollen, dann betrachten Sie den Abgeordneten nicht als Ihren Repräsentanten. Wenn Sie ihm die Immunität entziehen, dass er Sie nicht vertritt. Wenn Sie den Gerichten, der Staatsanwaltschaft oder den Sicherheitsdiensten nicht trauen, bedeutet das, dass Sie weder das eine noch das andere schaffen konnten.

Und dies ist eine Geschichte über kollektive Verantwortung.

Die Verantwortung, die uns dazu bringt, über jedes Land, in das wir in den Urlaub fahren, zu verallgemeinern. Wir addieren die Vor- und Nachteile und wälzen das Ergebnis auf alle Bürger ab. Und wir machen jeden, den wir treffen, für die Zustände in seinem Heimatland verantwortlich.

Selbst die Usurpation von Macht ist nur dort möglich, wo die Menschen damit einverstanden sind. Oder wo ihre Bereitschaft, für andere Spielregeln zu kämpfen, geringer ist als der Wunsch eines anderen, sie durchzusetzen.

Und das trifft auch auf die Ukraine voll zu.

Im Gegensatz zu Israel wurde die Ukraine nicht von denen gegründet, die sie wollten. Sie wurde von denen gegründet, die Komfort wollten. Das veranlasste die Menschen auf der Krim 1991 für die Unabhängigkeit zu stimmen. Denn Unabhängigkeit bedeutete für sie, dass die Ressourcen des Landes nicht mehr für die Versorgung der subventionierten Republiken der Sowjetunion verwendet werden würden.

Aber der Wunsch nach Komfort in den Köpfen der Massen ging einher mit einem überraschenden Unwillen, irgendeine Verantwortung zu übernehmen. Und wenn Sie verstehen wollen, wer die Schuld an dem trägt, was draußen vor Ihrem Fenster geschieht, dann schauen Sie in den Spiegel.

Niemand hat uns Politiker von der Venus fallen lassen, wir haben sie selbst gewählt. Niemand zwingt mich, auf der anderen Straßenseite zu überholen, ich trete selbst das Pedal. Die einzigen, die aus dem Haushalt meines Landes stehlen, sind die, denen ich es erlaubt habe.

Schauen Sie sich um. Alles, was uns nicht gefällt, haben wir selbst gemacht. Die schlechten Gerichte, die oligarchische Wirtschaft, die unehrlichen Politiker – das alles haben wir zu verantworten. Wir denken, dass alles »ihnen« gehört. Aber es gibt kein »sie«. Es gibt nur ein »wir«. Sie sind ein Teil von uns.

Wir können uns selbst lange erklären, dass die Menschen unterschiedlich sind. Dass es begeisterte und gewöhnliche Menschen gibt. Dass es immer mehr von letzteren gibt. Aber diese Erklärungen funktionieren nur innerhalb des Landes. Für einen außenstehenden Beobachter gibt es keinen Unterschied. Für ihn gibt es nur seine Eindrücke.

Die Deutschen haben ihr Land nicht in einer Lotterie gewonnen. Sie haben es aufgebaut. Die Somalier haben ihr Land nicht in einem Pokerspiel verloren. Sie haben sich selbst eine soziale Hölle geschaffen.

Kollektive Verantwortung. Herzloser Schurke.

Ein Land voller hilfloser Menschen

Dreißig Jahre lang haben wir es geschafft, eine Menge Mythen über uns selbst zu schaffen. Die meisten von ihnen sollen erklären, warum wir an nichts schuld sind.

»Die Macht wurde usurpiert«. Diesem Argument kann man zustimmen, wenn es sich um eine externe Besetzung handelt. Wenn die eigene Architektur von einem fremden Staat gebaut wird. Wenn die Einheimischen nicht über die Gegenwart und Zukunft ihres Landes bestimmen. Aber seit 1991 ist die Ukraine ein Land mit umkämpften Wahlen. Jeder nachfolgende ukrainische Präsident hat gewonnen, indem er den vorherigen kritisiert hat. Jedes Mal wurde die Forderung der Bevölkerung nach einem Regierungswechsel erfüllt. Dies ist nicht möglich, wenn die Macht usurpiert ist.

»Die Oligarchen entscheiden alles«. Die Oligarchen sind nach der Unabhängigkeit der Ukraine entstanden. Sie sind das Werk der Ukrainer selbst. Unseres Handelns und unseres Nichthandelns. Unserer Naivität, Trägheit und unseres mangelnden Bewusstseins für die normalen Spielregeln. Schwache Institutionen, politische Korruption, »Deals« – all das wurde nur möglich, weil das Land von denjenigen privatisiert wurde, die von allen anderen dazu ermächtigt wurden. Das ist alles.

»Die Menschen sind besser als die Eliten«. Schauen Sie sich die soziologischen Analysen an. Wenn die Eliten so schlecht sind, warum wählen die Menschen sie dann noch? Manche würden sagen, dass es bei jeder Meinungsumfrage einen Anteil von Menschen gibt, die ihren eigenen Kandidaten nicht unter den vorgeschlagenen sehen. Aber warum schafft diese Nachfrage dann nicht auch einen Vorschlag? Wenn niemand in die Politik gehen will, dann sitzen Gauner im Parlament. Wenn die Ukrainer mit dem Herzen wählen, werden Populisten aus der Asche des Wahlkampfes auferstehen. Denn wer ist schuld daran, dass eine wirklich reformorientierte Agenda nur 10 % der Stimmen erhalten kann? Wer ist schuld daran, dass Reformen für den Durchschnittsbürger »Verstaatlichung«, »Preissenkungen« und »Rentenerhöhungen« sind?

»Ich habe nichts damit zu tun«. Jemand anderem die Schuld zu geben, ist sehr bequem. Nicht nur, weil man sich so einen weißen Umhang anziehen kann. Es ist auch deshalb bequem, weil es die Illusion erzeugt, dass einfache Lösungen funktionieren. Denn wenn das Problem nicht bei uns, sondern bei den anderen liegt, dann reicht es aus, »sie« zu ersetzen. Das ist viel einfacher, als sich selbst zu ändern, nicht wahr? Aber wer sagt denn, dass eine Rotation gegenüber der aktuellen Forderung der Bevölkerung einen radikal anderen politischen Vorschlag hervorbringen wird?

»Die Regierung hat mich nicht gefragt, als...« Ich möchte fragen, ob der Staat auch die Frage der Mobilisierung durch allgemeinen Konsens lösen sollte. Das System der repräsentativen Demokratie sieht vor, dass man bei Wahlen Befugnisse an jemanden delegiert und nicht live über jede spezifische Frage entscheidet. Ja, das bedeutet nicht, dass am Ende alle zufrieden sind. Aber Wahlzyklen sind dazu da, das Mandat derjenigen, die an der Macht sind, zu

verlängern oder es an jemand anderen weiterzugeben, wenn die Vorgänger versagt haben.

»Ich werde nicht die Verantwortung für andere übernehmen«. Ja, natürlich, jeder bestimmt seinen eigenen Bereich der Verantwortung. Manche beschränken sich auf ihre eigene Wohnung, andere bauen eine Treppe ein. Und manche engagieren sich freiwillig, melden sich als Freiwillige und werden zu Aktivisten. Zwischen den Extremen gibt es unzählige Zwischenvarianten. Jeder wählt für sich selbst. Aber das Boot wird trotzdem geteilt. Und die Folgen des Handelns und Nichthandelns werden proportional auf alle verteilt.

»Ich stehe außerhalb der Politik«. Es ist unmöglich, sich aus der Politik herauszuhalten. Selbst wenn Sie nicht zur Wahl gehen, bedeutet das nur, dass Sie Ihre Rechte an diejenigen abtreten, die es tun. Sie stellen sich nicht selbst außerhalb der Klammern, Sie übertragen lediglich Ihr Recht, die Zukunft zu bestimmen, an andere. Und Ihre Verantwortung verschwindet nicht durch Ihr Nichthandeln. Sie haben lediglich im Voraus zugestimmt, dass jemand anderes über Ihre Zukunft entscheidet.

»Wir haben einen schlechten Staat«. Ein Land ist ein Gebiet. Ein Staat ist ein System von Beziehungen zwischen den Menschen, die auf diesem Gebiet leben. Wenn die Beziehungen schlecht sind, wer ist daran schuld?

Einige Menschen zerstören also die Welt. Andere laufen daneben und schreien: »Mein Gott, wo soll das hinführen?«. Jedem das Seine.

Unbewusste Ukraine

Jeder Erwachsene ist das Ergebnis der Traumata seiner Kindheit, und jede Nation das ihrer historischen Erfahrungen. Unsere Vergangenheit diktiert die Verhaltensstandards und die Logik der Reaktionen. Die Art und Weise, wie wir wählen und jammern, erinnert an eine Sitzung mit einem Psychoanalytiker. Die letzten dreißig Jahre unseres Lebens sind wie eine Beichte auf einer Couch. Selbst wenn das ganze Land auf dieser Couch liegt.

Die Ukraine verändert sich, aber einige Dinge bleiben gleich. Zu unserem Gepäck gehört die fehlende Erfahrung unserer eigenen

Staatlichkeit. Die Angewohnheit, jeden Machthaber als einen aus der Metropole gesandten Fremden wahrzunehmen. All dies macht die Ukrainer zu Weltmeistern im Überleben in fremden Ländern. Und gleichzeitig wird es zum Ballast, wenn es darum geht, ihr eigenes Land aufzubauen.

So ist es dazu gekommen, dass die ukrainischen Bürger die Träger der verzweifeltsten Anti-Elite-Stimmung sind. Wir sind es gewohnt zu wiederholen, dass dies ein globaler Trend ist, aber im Falle unseres Landes ist es eher eine historische Tradition. Die ukrainischen Gebiete waren zu verschiedenen Zeiten Teil fremder Imperien, und daher wurden die Kategorien »Recht« und »Gesetz« hier als etwas Fremdes wahrgenommen – etwas, das den Interessen der Metropole diente. Jeder Beamte mit bestimmten Befugnissen wurde immer als Vertreter der Interessen eines jeweiligen »Unterdrückers« wahrgenommen.

Der Mangel an Erfahrung mit Staatlichkeit machte sich bemerkbar, als die unabhängige Ukraine auf der Landkarte erschien. Denn die Front gegen jeden Beamten ist nicht verschwunden. Und in den letzten dreißig Jahren ist sie nur noch stärker geworden. Wer sich entscheidet, aus der Kategorie »einer von uns« in den Status eines kollektiven Ressourcenverwalters – also eines Vertreters der »Eliten« – zu wechseln, findet sich sehr schnell in der Rolle eines Ausgestoßenen wieder.

Das koloniale Denken schätzt nur eine bestimmte Art von Dienstleistung. Wir sind bereit zu akzeptieren, dass ein Automechaniker, ein Arzt, ein Nachhilfelehrer teuer sein kann. Denn sie alle erbringen persönliche Dienstleistungen, und zwar solche, die dem Bürger in dem jeweiligen Moment zugutekommen. Und wir weigern uns kategorisch, den Wert jener Dienstleistungen anzuerkennen, von denen die Gesellschaft profitiert. Denn die Kolonie denkt nicht in solchen Begriffen, sie ist von Natur aus verurteilt, fragmentiert und abgeschottet zu sein. Das Gemeinsame gehört niemandem. Das Gemeinsame gehört jemand anderem. Das Gemeinsame gehört nicht uns.

Der Kolonie fehlt es an Subjektivität, weshalb sie den Wert der öffentlichen Verwaltung nicht erkennt. Der Verwaltungsdienst gehört nicht zum Existenzminimum. Das persönliche Interesse tritt an die Stelle des kollektiven Interesses, denn in der Kolonie gibt es kein »Wir«. Es gibt nur »Ich« und einen engen Kreis von Verwandten. Vetternwirtschaft ist eine Ethik des Überlebens.

Diese ganze Situation führt zu einer »negativen Selektion«. Wenn Sie nicht glauben, dass ein Beamter für Sie arbeitet, werden Sie ihm kein marktübliches Gehalt zahlen wollen. Es besteht also nicht einmal die theoretische Möglichkeit, dass Fachleute, die nicht stehlen wollen, in den öffentlichen Dienst eintreten.

Das Misstrauen gegenüber den Behörden und der Vertikalen ist jedoch nur ein Teil der Wahrheit. Das Hauptproblem besteht darin, dass die Ukrainer überhaupt nur wenigen Menschen vertrauen. In den nordischen Ländern liegt der Index des zwischenmenschlichen Vertrauens bei etwa 60 Prozent. In Mitteleuropa bei etwa 40 %. In der Ukraine schwankt er bei etwa 25 %. Bei diesem Index sind wir mit Bangladesch und Pakistan vergleichbar.

All dies war sehr nützlich, als es um die Logik des Überlebens ging. Als ein riesiger sozialer Ozean um einen Ukrainer herumschwappte, er nach den Regeln eines anderen existierte und von außen kontrolliert wurde. Die Verantwortung eines jeden beschränkte sich auf das eigene Haus und seine Angehörigen. Doch dann änderte sich die Situation, und die Gewohnheiten blieben dieselben.

Ein Koloniebewohner hat keine Kontrolle über den öffentlichen Raum. Er gehört ihm einfach nicht – was nützt es, einen Park einzurichten, wenn morgen eine Kompanie Soldaten eintrifft und dort stationiert wird? In der Ethik des kolonialen Überlebens sollte man nur das arrangieren, was sich innerhalb des eigenen Nahbereichs befindet. Was du irgendwie verteidigen kannst. Was du irgendwie bewahren kannst. Alles, was außerhalb dieses Bereichs liegt, gehört nicht dir, sondern jemand anderem. Es hat keinen Sinn, darin zu investieren. Im Gegenteil, es scheint ganz normal zu sein, etwas von diesem »Fremden« zugunsten des »Eigenen« abzuziehen.

Die Philosophie der sowjetischen »Träger«, die versuchten, alles, was in den Fabriken herumlag, mitzunehmen, entspricht ganz diesem Modell. Der Zustand von Straßen und Straßenrändern ist das beste Thermometer für Solidarität. Gemeinsame Verantwortung ist nur dort möglich, wo die Zukunft einem selbst gehört. Und

die Kolonie denkt nicht an Zukunft und Perspektive, weil sie beides
nicht definiert.

In einem demokratischen Land ist Macht eine Sache sozialer
Anstellung. Die Gesellschaft einigt sich darauf, diejenigen zu bezahlen, die die gemeinsamen Probleme lösen werden. Die Besonderheit der öffentlichen Verwaltung besteht jedoch darin, dass ihre
Resultate – selbst die effektivsten – allen gehören. Und die Versuchung ist immer groß, an eigenen Beiträgen zu sparen. Schließlich
liegt das Gemeinsame hinter dem Zaun, und das Eigene innerhalb
desselben.

Außerdem ist die sowjetische Ethik nicht über Nacht verschwunden. Wir leben nach wie vor in einer Gesellschaft, die seit
Jahrzehnten an eine Gleichberechtigung armer Leute gewöhnt ist.
Soziologen müssen erst noch herausfinden, worin genau die Forderung nach Korruptionsbekämpfung im Inland besteht. Ist es der
Wunsch nach gleichen Wettbewerbsbedingungen oder nur eine
aufgewärmte Geschichte des Klassenkampfes?

Unsere Gesellschaft applaudiert, wenn diejenigen, die sich
einschleichen, inhaftiert werden. Sie nickt China zu und droht denen, die alles verschlingen, mit Laternenpfählen. Aber gleichzeitig
wehrt sie sich vehement gegen jeden Versuch, die Gehälter der Beamten zu erhöhen. Obwohl gerade dieser Schritt all jenen, die nicht
stehlen wollen, den Weg in den Staatsdienst öffnen könnte. Auch
hier stellt sich die Frage, was der Durchschnittsbürger will. Keine
unehrlichen Menschen oder keine reichen Menschen?

Die ukrainische Gesellschaft ist daran gewöhnt, ohne Staat zu
leben. Sie hat gelernt, in einer Situation zu überleben, in der die Institutionen nicht zu ihr gehören. Sie hat freiheitsliebende Rebellen
und Aufständische auf die symbolischen Fahnen geschrieben.
Doch als es an der Zeit war, unsere eigenen Institutionen aufzubauen, anstatt die der anderen zu zerstören, wandte sich die gesamte historische Erfahrung gegen uns.

Die neunziger Jahre waren eine Periode des »Abstreifens« des sow-
jetischen Erbes. Der Unterschied bestand nur im Umfang. Jemand
»quetschte« dem Staat eine Fabrik heraus. Jemand baute auf einem
Kinderspielplatz eine Garage. Niemand fand es schändlich, ein »öffentliches Gut« in ein »privates« zu verwandeln. Private

Quadratmeter hatten stärker Vorrang, ein kollektives Gut wurde nur dann als wertvoll angesehen, wenn es privatisiert werden konnte.

Das Ergebnis dieses Prozesses war 2014. Der Majdan und die russische Invasion haben es geschafft, einen Teil der Gesellschaft aus ihrer Anabiose aufzurütteln. Es stellte sich heraus, dass nur das institutionelle »Andere« dem institutionellen »Eigenen« widerstehen kann. Infolgedessen sahen wir Freiwillige, Volontäre und Aktivisten. All jene, die beschlossen, ihr persönliches Vermögen in das Kollektiv zu investieren. Aber die Haltung der passiven Mehrheit gegenüber dem Staat blieb unverändert. Sie umfasst das Spektrum von »Nachttisch mit Geld« bis zu »ein Knechter und Unterdrücker«.

Manchmal scheint es, als hätten die Jahrhunderte des kolonialen Status beim ukrainischen Durchschnittsbürger ein Syndrom der erlernten Hilflosigkeit hervorgerufen. Der amerikanische Psychologe Martin Seligman beschrieb ihn 1967 als einen Zustand, in dem eine Person nicht versucht, ihre Situation zu verbessern. Sie ist passiv, weigert sich, etwas zu tun, verliert das Gefühl von Freiheit und Kontrolle und glaubt nicht an ihre eigene Stärke.

Darüber hinaus hängt viel von der Bereitschaft ab, Verantwortung zu übernehmen. In der Psychologie ist dafür das Konzept des »locus of control« verantwortlich. Menschen mit einem externen Kontrolltypus erklären ihre Erfolge und Misserfolge durch äußere Faktoren und Umstände. Umgekehrt schieben Menschen mit einem internen Kontrollzentrum die Verantwortung für die Umstände ihres Lebens auf sich selbst. Dieses Kriterium gilt nicht nur für die individuelle Ebene. Der Unterschied zwischen erfolgreichen Ländern und Outsidern liegt zu einem großen Teil daran, welcher Kategorie die Mehrheit ihrer Bürger angehört.

Die Ukraine ist es gewohnt, stolz auf ihre Regierungswechsel zu sein. Aber gleichzeitig unterscheidet sich der Wechsel von Spitzenbeamten in unserem Land in der Art und Weise, wie er in entwickelten Ländern stattfindet.

In stabilen Demokratien gibt es eine auf Solidarität basierende Legitimität. Sie verbindet die aktuelle Regierung mit ihren Vorgängern und Nachfolgern. Sie mögen unterschiedliche Ziele haben, aber der Hauptimpuls bleibt universell: Wir regieren, weil wir nicht weniger Anrechte auf die Macht haben als unser Vorgänger. In der ukrainischen Realität aber gibt es einen anderen Antrieb: Wir regieren, weil wir mehr Anrechte auf Macht haben als unser Vorgänger. All dies führt dazu, dass jeder Regierungswechsel im Lande in einem Krisenszenario stattfindet. Jede neue Regierung bestreitet die Legitimität der vorherigen. Und jeder neue Präsident bestreitet seinen Vorgänger und die von ihm geschaffene Version von Staatlichkeit. Fairerweise muss man sagen, dass dies nicht nur unsere Erbkrankheit ist, lateinamerikanische Länder finden sich regelmäßig in der gleichen Falle wieder. Das ändert jedoch nichts an der Toxizität des Ansatzes selbst. Im Gegenteil, es bestätigt sie.

Aus diesem Grund schlägt jede ukrainische Opposition jedes Mal vor, das Land »neu zu erfinden«. Außerdem nimmt der Wähler nur diejenigen als echte Opposition wahr, die vorschlagen, »die alte Welt bis auf die Grundmauern niederzureißen«. Alle, die das Neuerbaute nicht zerstören wollen, werden als Scheinopposition wahrgenommen.

Bis vor kurzem waren diese Schwankungen auch auf die zivilisatorische Unbeständigkeit der Ukraine erklärt. Die Verfechter einer pro-russischen Zukunftsvision konnten sich nicht mit ihren pro-europäischen Opponenten einigen und umgekehrt. Doch heute bedienen sich selbst die Kräfte, die sich untereinander in der Frage der zivilisatorischen Entscheidung für Europa solidarisch gezeigt haben, einer revolutionären Agenda. Und wenn Sie glauben, dies sei ein Problem für die Politiker, dann irren Sie sich. Denn sie reagieren nur auf die Forderung, die sich bei den Wählern gebildet hat.

Überlebenswerte stehen mit der Vorstellung von einem komfortablen Staat nicht nur im Widerspruch. Sie widersprechen der Idee des Staates als solchem. Denn sie lehnen die Idee eines gemeinsamen Schicksals ab. Warum Steuern zahlen, wenn sie für jemand anderen ausgegeben werden? Warum die Regeln befolgen, wenn dies mit Verlusten verbunden sein kann? Warum das Gemeinsame aufbauen, wenn man sich auf das Persönliche beschränken kann?

Das Problem ist, dass diese Matrix im Widerspruch zu der Aufgabe steht, vor der wir stehen. Um Russland zu entkommen, muss die Ukraine Europa werden. Aber die westlichen Werte

haben nichts mit denen gemein, die in unserem Land Wurzeln ge-
schlagen haben.

In der Logik der westlichen Werte ist ein Kompromiss keine
Niederlage, sondern eine für beide Seiten vorteilhafte Vereinbarung. Er ist die Grundlage für jede Zusammenarbeit, und Zusammenarbeit basiert auf Vertrauen. Wenn man sich weiterentwickeln
will, muss man seinem Gegenüber vertrauen. Auch wenn man
nicht mit ihm Kinder getauft hat und Pate ist, auf derselben Bühne
stand oder in der Armee gedient hat. Außerdem kann man durch
Vertrauen Geld sparen. Bei der Höhe von Zäunen und der Dicke
von Haustüren. An Sicherheitspersonal und juristischen Verfahren.
Misstrauen führt letztlich nur dazu, dass wir alle zu viel bezahlen.

Ein weiterer europäischer Wert ist die Freiheit. Sie wird notwendigerweise durch Verantwortung ergänzt. Staatlicher Zwang
erfolgt dann, wenn du dich entschließt, ihn abzulegen, aber nicht
vorher. Der Mensch ist dem Menschen nicht ein Wolf, sondern ein
Objekt der Fürsorge. Solidarität als Fähigkeit zur Zusammenarbeit.

*Die fehlende Erfahrung von Staatlichkeit war ein echtes Kindheits-
trauma. Im Erwachsenenalter führt sie zu den unerwartetsten Konsequenzen.*

Der Wert eines jeden Fehlers liegt in den Schlussfolgerungen.
Wenn du ihn nicht erkennst, wirst du keine Konsequenzen ziehen.
Infolgedessen hat sich die ukrainische Gesellschaft auf ein uner-
reichbares Podest gestellt. »Wir sind die Guten, und um uns herum
sind alle nur Schurken«.

Folglich ist die beliebteste Intonation die Skepsis. Rein psycho-
logisch gesehen ist dies verständlich: Es gibt wenig, was mit dem
Vergnügen vergleichbar wäre, in einem weißen Gewand dazustehen. Aber genau dieser Ansatz motiviert so jemanden, nichts zu
tun. Man steht bereits a priori an der Spitze der Moralpyramide
und blickt von dort aus auf alle anderen herab.

Die Ukrainer sind überzeugt, dass sie besser sind als die Politiker, obwohl sie diese wählen. Sie mögen die Erfolgreichen nicht,
obwohl sie davon träumen, reich zu werden. Sie träumen von Gerechtigkeit und sehen gleichzeitig auf das »Recht« herab. Sie fordern die Abschaffung der Korruption, obwohl sie selbst von ihr
profitieren.

Diese Situation schafft eine Gesellschaft des revolutionären Sprints. Die Ukrainer sind hervorragend darin, sich »gegen jemanden« zusammenzuschließen, und demonstrieren auf kurze Distanz eine außerordentliche Effektivität. Doch sobald es um Reformen im Treppenlauf geht, kommt es zu Massenabwanderungen.

Das ist verständlich. Die Idee der Reformen ist einfach: langanhaltende Arbeit und langsame Entwicklung. Du arbeitest an dir selbst, investierst in dich selbst, steigerst die eigene Kapitalisierung und die des Landes. Aber das funktioniert nur, wenn du deinen eigenen Ausgangswert richtig einschätzt. Und wenn du dich selbst überschätzt, erwartest du, dass alle anderen zu dir aufschließen, während du selbst stehen bleibst.

Das größte Defizit des Landes bleibt immer noch die Verantwortung. Eine solche, die jedem den »Komfort der Unbeteiligtheit« nimmt. Eine solche, die einen zwingt, Fehler zuzugeben und daraus Konsequenzen zu ziehen.

Eine solche, die niemandem erlaubt, sich hinter einer Formulierung »das läuft hier nun mal so« zu verstecken.

Das Problem des kleinen Mannes

Wissen Sie, was alle Arten von politischer Satire in unserem Land gemeinsam haben? Sie machen sich über Politiker lustig.

Jeder Sketch, jedes Stand-up, jedes YouTube-Video ist immer auf die gleiche Weise aufgebaut. Das Objekt der Satire ist eine Person, die nach Macht strebt. Wir sind aufgerufen, über die Völlerei, Dummheit und Heuchelei der Politiker zu lachen.

Man wird mir sagen, dass dies normal ist. Dass Satire dazu da ist, sich lustig zu machen. Den kleinen Mann vor der Welt der Großen und Mächtigen zu schützen. Die Macht zu entsakralisieren, um zu verhindern, dass sie bronziert wird.

Okay, kein Problem. Der einzige Haken ist nur, dass der kleine Mann es vollbracht hat, diese Macht überhaupt erst zu wählen.

Sich über Politiker lustig zu machen, ist so, als würde man den Schimmel und nicht die Feuchtigkeit beschuldigen. Die Folgen, nicht die Ursache. Jeder Abgeordnete wurde gewählt. Jeder

Bürgermeister hat die Unterstützung seiner Bürger erhalten. Jeder ukrainische Präsident kam dank der Wähler in die Bankowa-Straße.

Sie sind wir. Unser Spiegel. Unsere Wahl. Ein Abbild der ukrainischen Gesellschaft. Wenn wir über sie laut lachen, lachen wir über unser eigenes Spiegelbild. Und wir wollen nicht einmal zugeben, dass wir in diesem Moment vor dem Spiegel stehen.

Wir haben einfach einen Mythos für uns selbst geschaffen. Den Mythos vom »kleinen Mann«, charmant in seiner Naivität. Einer, der immer der Machenschaft eines anderen zum Opfer fällt. Der dazu verurteilt ist, über jeden Verdacht erhaben zu sein, wie die Frau von Cäsar. Und so sprechen wir ihn von jeder Verantwortung für sein eigenes Schicksal und das des Landes frei.

Jeder, der es wagt, sich der öffentlichen Meinung zu widersetzen, wird zum Ausgestoßenen. Es ist üblich, den Mann auf der Straße zu lieben, ihn als das Salz der Erde zu betrachten und ihm alle Exzesse zu verzeihen. Außerdem glaubt man, dass er in diese Exzesse nicht verwickelt ist. Und so wird sogar der Sieg der einen Kandidaten als Fehler der anderen Kandidaten angesehen. Sie haben nämlich die Kampagne falsch aufgebaut. Haben nicht die richtigen Worte gefunden. Haben nicht die richtigen Botschaften ausgewählt.

Es ist bezeichnend, dass wir mit anderen Ländern viel härter ins Gericht gehen. Wir sprechen über die Kurzsichtigkeit derjenigen, die für den Brexit gestimmt haben. Wir verstehen nicht die Beweggründe der Wähler von Donald Trump. Und wir schieben die Verantwortung für die Politik des Kremls auf die russischen einfachen Menschen, die sie unterstützen.

Aber in Bezug auf uns selbst nehmen wir die gegenteilige Haltung ein. Wir nähren Infantilismus und Verantwortungslosigkeit. Wir halten die Vorstellung für die größte Ketzerei, dass der Mann auf der Straße einen Fehler gemacht hat. Dass es ihm an Kompetenz und Bildung mangelt. Wer sagt, dass der ukrainische Wähler an den Problemen der Ukraine schuld ist, unterliegt der Verurteilung.

Aber die Sache ist die: Nur weil Sie keine Verantwortung übernehmen wollen, heißt das nicht, dass Sie frei von ihr sind. Die politische Elite eines Landes ist lediglich ein Zeugnis für die durchschnittliche Temperatur im Krankenhaus. Sie ist das Fleisch und Blut der Gesellschaft. Und wenn wir meinen, dass mit den ukrainischen Politikern etwas nicht stimmt, dann ist das keine Frage an die Politiker. Das ist eine Frage an uns.

Jede Behandlung beginnt mit einer korrekten Diagnose. Dennoch wehren wir uns verzweifelt gegen die Vorstellung, dass unsere Beschwerden durch unseren Lebensstil und unser Immunsystem verursacht werden. Es ist viel bequemer für uns, alles mit der Machenschaft und Verschwörung eines anderen zu erklären. Denn so müssen wir selbst nichts ändern. Schuld ist immer jemand anderes.

Deshalb ist jede Satire zum Thema des heimischen Wählers zum Scheitern verurteilt. Denn wir haben es geschafft, uns von allen Sünden freizusprechen. Kurzsichtigkeit, so sagt man, sei eine Eigenschaft von Politikern. Dummheit ist das Muttermal der Macht. Und der Wähler ist an nichts schuld. Er macht keine Fehler. Und so ist es nicht nötig, an Fehlern zu arbeiten.

In der Einfachheit liegt nichts Heiliges. Naivität muss nicht immer Mitleid erregen. Meistens ist die Quelle der Probleme des »kleinen Mannes« der kleine Mann selbst.

Schlimmer als ein Dieb

Das Einzige, was noch schlimmer ist als ein volksferner Politiker, ist ein Politiker, der sich nicht vom einfachen Bürger unterscheidet. In jeder Gesellschaft gibt es Menschen, die nach dem Prinzip »das Hemd ist näher am Leib« leben. Wenn ihre Prioritäten Egoismus und Emotionen sind. Solche Menschen sind leicht zu manipulieren, weil sie leicht an leere Versprechungen glauben.

Sie können das Strategische gegen das Unmittelbare eintauschen. Das Konzeptuelle gegen das Situative. Sie sind nicht bereit, über das kollektive Interesse nachzudenken und messen dem, was außerhalb ihres persönlichen Umfelds liegt, keine Bedeutung bei.

In jeder Gesellschaft gibt es Menschen, die verstehen, dass eine Behandlung manchmal unpopuläre Entscheidungen erfordert. Dass man in der Lage sein muss, im Rahmen seiner Möglichkeiten zu leben. Dass auf jedes Festmahl ein Kater kommt.

Der Hauptunterschied zwischen diesen beiden Lagern besteht in der Fähigkeit, die Folgen eines jeden Schrittes zu erkennen. Im Großen und Ganzen ist es diese Eigenschaft, die ein Kind von einem Erwachsenen unterscheidet.

Diese Unterscheidung hat nichts Demütigendes an sich. Von allen die gleiche Intelligenz und Weitsicht zu verlangen, wäre lächerlich und naiv. Deshalb spielen in jedem Land die Eliten – politische, soziale und intellektuelle – die Rolle einer Sicherung. Wenn es für unsere Instinkte natürlich ist, den Arm vor einer Injektion wegzuziehen, ist es die Aufgabe unserer »Ratio«, die Notwendigkeit zu erkennen, die Spritze in die soziale Ader zu setzen.

Wir sagen oft, dass Politiker in jedem Land für die Gesellschaft mehr oder weniger relevant sind. Dass die Nachfrage das Angebot schafft. Das stimmt, aber gleichzeitig muss die Lücke zwischen dem Durchschnittsbürger und dem Verwalter der kollektiven Ressource aufrechterhalten werden. Wenn sie verschwindet, entsteht Chaos.

Einfach deshalb, weil unsere Welt komplex ist. Jeder Bereich der staatlichen Administration erfordert Wissen. Und der Durchschnittsbürger – bei all unser Sympathie für ihn – ist nicht in der Lage, den Staat zu regieren.

Ein guter Politiker ist nicht jemand, der Menschenmengen auf Plätzen versammelt. Nicht jemand, der mitreißende Reden halten kann. Und nicht jemand, der es schafft, bei den Wählern Anklang zu finden. Ein guter Politiker ist jemand, der versteht, dass seine Aufgabe unter anderem darin besteht, vor Dummheit zu schützen.

Das einfachste Szenario für eine politische Karriere ist die Verschmelzung mit dem einfachen Mann bis zur völligen Ununterscheidbarkeit. Heute schon die Ressourcen von morgen aufzubrauchen. Das schwierigste Szenario besteht darin, denjenigen eine Agenda des Notwendigen und Komplexen zu verkaufen, die das Einfache wollen.

Wir sind dazu verurteilt, in einem Raum der Widersprüche zu leben. Einerseits hat unsere Welt die »Tendenz, komplexer zu werden«. Jedes neue Phänomen wird in seiner inneren Struktur komplexer und komplizierter als das vorherige. Um den neuen Herausforderungen gerecht zu werden, muss man sich an die pädagogischen und intellektuellen Standards halten.

Andererseits leben wir alle in einer Welt, in der sich die Massennachfrage auf einfache Rezepte konzentriert. In der die Fähigkeit, »dieselbe Sprache wie der Wähler zu sprechen«, als hinreichende Bedingung für den Erfolg bei Wahlen gilt. Wo der Durchschnittsbürger etwas Unmittelbares, Verständliches und Unkompliziertes will.

Und damit ist die Ukraine nicht allein. Wir leben in einer Welt, in der der Durchschnittsbürger, der einer immer komplexeren Realität überdrüssig ist, beginnt, für die Hausierer der Einfachheit zu stimmen. Und jedes Land, das diesem Trend folgt, beginnt einfach, die angesammelten Ressourcen aufzufressen.

Die Sache ist nur die, dass das nicht funktioniert. Die Welt ist kompliziert eingerichtet. Das ist genau das, worüber Hernando de Soto und Eric Berne geschrieben haben. Martin van Creveld und Benedict Anderson. Brian Green und Dick Swaab.

Experimente mit Dilettanten in der Politik unterscheiden sich nur durch den Preis, der dafür zu zahlen ist. Jemand wird mit Geld bezahlen. Jemand mit Zeit. Und jemand mit einer verlorenen historischen Chance.

Nur damit.

Ein Kampf mit der Gegenwart

Die ukrainische Opposition ist gespalten in diejenigen, die die Gegenwart auf der Seite der Vergangenheit bekämpfen, und diejenigen, die die Gegenwart auf der Seite der Zukunft bekämpfen.

Es gibt viele Gründe, die Gegenwart nicht zu mögen. Man kann den Präsidenten wegen seiner Politik nicht mögen. Die Werchowna Rada wegen ihres Populismus. Die Regierung wegen des Korporatismus. Alle zusammen wegen der Korruption.

Man kann das Autobahnsystem wegen der Straßen nicht mögen. Die Verwaltungsmitarbeiter wegen ihrer Schwerfälligkeit. Die Gerichte, weil sie ein »verfluchter Ort« sind. Letztendlich wäre es seltsam, alles zu mögen, was uns Nerven, Geld und Zeit raubt.

Die Frage ist nur, auf welche Seite man ihnen vorschlägt, gegen die Gegenwart zu spielen. Auf der Seite der Vergangenheit oder der Zukunft.

Die kollektive Vergangenheit kann sich Opposition nennen. Sie kann die Realität kritisieren. Sie kann bissige und richtige Worte finden, um den Status quo zu beschreiben. Aber das ändert nichts an der Tatsache, dass die gesamte Kohorte der »Ehemaligen« die Gegenwart verändern will, um die Vergangenheit zurückzuholen.

Wir leben seit einem Vierteljahrhundert in dieser Vergangenheit. Kolonialer Status: vom kulturellen Bereich bis zur Wirtschaft. Ein Puffer, dem das Recht genommen wurde, sich über seinen eigenen Status zu entrüsten. Nostalgie als Traum von der Zukunft. Die totale Zerstörung des Gemeinsamen zum Wohle einer kleinen Zahl von Auserwählten. »Gott hat uns die Ukraine gegeben, also lasst sie uns genießen.«

Erst nach dem Majdan und dem Beginn des Krieges haben wir begonnen, uns aus dem Sumpf zu befreien.

Gleichzeitig ist unsere Realität nicht sehr attraktiv. Sie muss verändert und umgestaltet, verbessert und optimiert werden. Aber all das macht nur dann Sinn, wenn Sie die Gegenwart auf der Seite der Zukunft bekämpfen.

Wenn man Ihnen Frieden um den Preis der Kapitulation anbietet, ist das die Vergangenheit. Wenn man Ihnen Schmerzmittel statt einer Behandlung anbietet, ist das Vergangenheit. Wenn man Ihnen anbietet, brüchig und nichtsubjektiv zu sein, ist das Vergangenheit. Mit dem gleichen Erfolg können Sie die Streifenpolizei kritisieren und stattdessen vorschlagen, die alte Verkehrspolizei DAI wiederzubeleben.

Die Vergangenheit versucht, den ontologischen Unterschied zwischen sich und der Zukunft zu verwischen. Sie versucht, so zu tun, als sei sie die Zukunft. Aber ihr Projekt ist es nicht, das Land in das Morgen zu führen, sondern es in das Gestern zurückzubringen. Und so bleibt sie dennoch Vergangenheit. Bar jedweder ethischen Grundlage.

Letztlich ist alles, was uns 2014 widerfahren ist, das Ergebnis und Resultat der Vergangenheit. Die Annexion der Krim, der Einmarsch in den Donbas, die Inflation und die Krise waren nicht der Beginn einer neuen Ära. Sie waren eine Folge der vorherigen, ihr natürliches Finale. Das Ergebnis der Herrschaft derjenigen, die nach Janukowytschs Flucht an den Flughafenschaltern wählten zwischen Moskau und Wien.

Die Vergangenheit kann viele Namen haben. Die Vergangenheit kann die »Ehemaligen« sein und jene, die sich von ihnen ernährten. Die Oligarchen. Die bürokratische Lobby. Die Justizkaste. Einfache Menschen, die von Stalin träumen. Einfache Menschen, die von der »Reinheit der Nation« träumen. Jeder von ihnen kann mit absoluter Genauigkeit Diagnosen stellen. Die Frage ist nur, welche Methoden der Behandlung sie vorschlagen.

Ein Urteil über die Gegenwart zu fällen, ist leicht. Vor allem, wenn sie es verdient hat. Viel wichtiger ist, welche Art von Realität der Urteilende für wünschenswert hält. In Russland zum Beispiel wird Wladimir Putin von denen kritisiert, die meinen, er sei »zu sehr Putin«, und von denen, die meinen, er sei »nicht Putin genug«. Zwischen ihnen besteht eine Kluft.

Der Kontext ist wichtig. In der Schlacht zwischen Vergangenheit und Gegenwart werde ich auf der Seite der Gegenwart stehen. Andernfalls wird die Zukunft nie kommen.

Das Gespenst der Konterrevolution

Das Gespenst der Konterrevolution geht um in Europa.

Das Motiv ist unverändert: Euroskepsis und der Wunsch, sich in einzelne nationale Wohnungen aufzulösen. Und dieses Phänomen ist nicht auf die Grenzen des Kontinents beschränkt. Russland hat sich diese Ideologie bereits vor zwanzig Jahren zu eigen gemacht und applaudiert heute freudig der neuen Welle der europäischen Veränderungsmüdigkeit. Vor diesem allgemeinen Hintergrund sticht nur ein Land besonders hervor: die Ukraine. Sie würde sich gerne in ihr eigenes erfundenes »goldenes Zeitalter« flüchten, aber Tatsache ist ja gerade, dass sie nirgendwo hinlaufen kann.

Von Anfang an beschränkte sich die Agenda einer jeden Revolution auf zwei Punkte: das Potenzial zur Umgestaltung und den Appell an die Zukunft. Doch in der zweiten Hälfte des 20. Jahrhunderts kam es zu einem Wandel. Anstelle der revolutionären Agenda trat die konterrevolutionäre Agenda. Ihr Bild von der Zukunft verweist zurück auf die Vergangenheit. Sie schlägt nicht so sehr vor, sich vorwärtszubewegen, sondern rückwärtszukehren, zu einer Art idealer »Vergangenheit«.

Der Grund ist wahrscheinlich, dass gegen Ende des 20. Jahrhunderts die Zukunft zu unvorhersehbar wurde, um sie zu modellieren. Das jeweilige »Morgen« war nicht mehr klar, und die Menschen begannen, die Zukunft durch die Vergangenheit zu ersetzen. Das Konzept »Heute ist ein unvollkommenes Morgen« wurde durch die Idee »Heute ist ein verdorbenes Gestern« ersetzt. Antidemokratie, Antisystemdenken und Konservatismus wurden zu den Bannern des neuen Trends.

Natürlich kann man diese Zitadelle der Vorurteile stürmen. Man kann argumentieren, dass der Glaube an die »leuchtende Vergangenheit« fehlerhaft ist. Man kann Statistiken zur Lebenserwartung anführen. Besiegte Krankheiten und abgewendete Epidemien. Man könnte erklären, dass das Leben eines jeden »sich an geistliche Bande Klammernden« schwierig und elend gewesen wäre, wenn er nicht das Glück gehabt hätte, zu den fünf Prozent der Elite zu gehören.

All das könnte man sagen. Aber ohne Ergebnis.

Denn der Hauptinhalt des Mythos der »geistlichen Banden« und der »Vergangenheit« ist die Flucht vor dem Wandel. Vor Veränderungen, die erst im Laufe des letzten Jahrhunderts an Dynamik gewonnen haben.

Jahrhundertelang konnte die Realität des täglichen Lebens unverändert bleiben. Die Arbeitsmittel, die tägliche Routine, die Vorstellung von der Welt und der Normen waren für einen großen Zeitraum der Geschichte dieselben. Und dann beginnt sich die Welt so schnell zu verändern, dass die Menschen keine Zeit mehr haben, sich anzupassen.

»Der sich an geistliche Bande Klammernde« gibt seinem Publikum eine Art Ablass. Er erlaubt ihm, sich zur Norm zu erheben. Seine mangelnde Bereitschaft, etwas Neues zu lernen. Seine mangelnde Bereitschaft, seine Wahrnehmung der Welt zu ändern. Intelligenz ist die Fähigkeit, sich an Veränderungen anzupassen. Eine »Klammernder« rechtfertigt Dummheit und Rückständigkeit.

Er verkauft dem Publikum einen Mythos. Dass sie die Erben und Träger der Wahrheit sind. Dass der Wandel an ihren

Problemen schuld ist und nicht ihre eigene mangelnde Bereitschaft zur Veränderung. Er geht mit der Einfachheit hausieren, was schlimmer ist als Diebstahl. Er gibt seinen Schäfchen ein Gefühl der Sündlosigkeit und des Ressentiments – die stärksten mentalen Drogen, die es gibt.

In der Vergangenheit gibt es keine Rezepte. Um sie dort zu finden, muss man um sich herum das Mittelalter wieder errichten. Jeder Versuch, ins »Gestern« zu flüchten, ist von vornherein zum Scheitern verurteilt. Man kann nach Herzenslust Webstühle zerbrechen, aber das wird die industrielle Revolution nicht aufhalten. Man kann sich weigern, sein Kind zu impfen, aber das wird ihm nur schaden, wenn eine Epidemie ausbricht.

Das Problem ist jedoch, dass der Mythos nicht durch Fakten besiegt werden kann. Er ist immer selbstgenügsam, hüllt seinen Träger in einen starken Panzer aus Vorurteilen und Selbstrechtfertigung. Einen Mythos abzulehnen ist gleichbedeutend mit dem Verlassen der eigenen Komfortzone. Denn es verlangt von seinem Träger aktive Anstrengungen. Es beraubt ihn seines Wahrheitsmonopols.

Der Trend zu Gegenrevolutionen entspringt der Angst des einfachen Menschen vor Veränderungen. Die Zukunft ist unvorhersehbar, die Veränderungen sind rasant, und die neue Realität zwingt die Menschen dazu, »so schnell wie möglich zu rennen, um nur an Ort und Stelle zu bleiben«. Jeder, der versucht, auf dieser Stimmungswelle zu reiten, bietet einfache Antworten auf komplexe Fragen. All dies kann durch Anti-Elite-Stimmungen noch verstärkt werden. In jedem konkreten Fall wird vorgeschlagen, das Land an seine Bürger zurückzugeben, die nationalen Produzenten vor dem Weltmarkt zu schützen, das Globale zugunsten des Lokalen aufzugeben.

Es ist schon oft gesagt worden: Die Welt verändert sich schneller als die Menschen. Die zweite Hälfte des 20. Jahrhunderts war eine Zeit des Kampfes zwischen Liberalen und alten Eliten. Die Ersteren wollten die Zukunft, die zweiten träumten vom Bewahren. Die Tradition wurde durch Slogans über eine Welt der Chancengleichheit und der positiven Diskriminierung an den Rand gedrängt. 1968 setzte sich durch.

Und dann stellte sich heraus, dass das ganze »gereifte Wood-stock« selbst zum Establishment geworden war. Es wurde zur neuen Normalität, und all jene, die ein paar Jahrzehnte zuvor noch Trendsetter waren, fanden sich in der Rolle der »Verletzer« und »Rebellen« wieder.

Die Akteure haben die Rollen getauscht. Und nun erklären sich die Konservativen zu einer neuen Minderheit, die sich der Dominanz der Mehrheit entgegenstellt. Politische Unkorrektheit wird aus genau demselben Grund zum Trend, aus dem vor einigen Jahrzehnten ihr Gegenteil im Trend war. Weil es ein Kampf zwischen der »Norm« und dem »Neuen« ist. Und wenn das »Neue« das »Alte« ist, was ist daran unerwartet?

Und in dieser neuen Realität erlangt Russland die Rolle des Trendsetters. Denn Wladimir Putin hat die konservative Wende bereits damals zu seiner Programmthese gemacht, als der Westen noch nichts von seiner eigenen politischen Zukunft ahnte. Seitdem erklärt der Kreml jeden Politiker, der bereit ist, sich mit Antiglobalisierungsparolen zu Wort zu melden, zu seinem Verbündeten.

Bei dieser Suche nach Verbündeten übersieht der Kreml jedoch ein wichtiges Detail: Für viele Euroskeptiker und Globalisierungsgegner ist die Freundschaft mit Moskau lediglich eine Ableitung ihrer öffentlichen Agenda. Sie ist situativ und soll als öffentliches Zeichen dienen: Wenn unsere politischen Gegner Russland verurteilen, werden wir das Gegenteil tun. Aber nachdem der nächste europäische »Konservative« die Wahl gewonnen hat, bleiben die Interessen Moskaus selten in seinem politischen Blickfeld. Ganz einfach, weil der siegreiche Politiker seiner eigenen Agenda und seinen eigenen Interessen folgt.

Es gibt jedoch einen Grund zu vorsichtigem Optimismus. Denn die Ukraine ist dazu bestimmt, aus diesem Trend herauszufallen. Im Gegensatz zu ihren westlichen und östlichen Nachbarn hat sie keine Vision von der Vergangenheit, zu der zurückzukehren sie sich vorstellen könnte. Im Gegensatz zu Warschau, Budapest oder Moskau hat sie einfach keinen Grund, weswegen sie nostalgisch sein könnte.

Fast unsere gesamte historische Vergangenheit ist kolonialer Status. Die kurze Zeit der Unabhängigkeit zu Beginn des 20.

Jahrhunderts war zu kurzlebig und tragisch, um sich darauf zu berufen. Und die Befreiungskriege aus der Zeit von Bohdan Chmelnyzkyj sind zu weit von uns entfernt. Die Andersartigkeit dieser Vergangenheit liegt auf der Hand: Sie kann nur als rhetorischer Mythos herangezogen werden, nicht aber als Rezept für den Aufbau eines Staates.

Unter diesen Umständen ist die Ukraine dazu gehalten, an ein geeintes Europa zu glauben, manchmal sogar mehr als Europa an sich selbst glaubt. Sie ist dazu verurteilt, vorwärtszugehen, selbst wenn ihre EU-Nachbarn bereit sind, ein paar Schritte zurückzugehen. Manche mögen sagen, dass dies ein Nolens-Volens-Euro-Optimismus ist, gut. Aber er ist weiterhin Euro-Optimismus.

Eine strahlende Zukunft

Die Menschen neigen dazu, Angst vor der Zukunft zu haben. Vor allem dann, wenn sie alles, was sie gewohnt sind, umstößt. Anti-LGBT-Proteste sind nur eine weitere Bestätigung dafür.

Die Zeit fließt mit unterschiedlicher Geschwindigkeit. Ein Jahrzehnt des 20. Jahrhunderts enthielt mehr Umwälzungen als einige Jahrhunderte des frühen Mittelalters. Wir denken nach wie vor in »Generationen«, die wir in einen Zeitraum von zwanzig Jahren einordnen, aber auch das ist eine Illusion. Zwischen uns zur Zeit der »Revolution auf Granit« und uns zur Zeit der »Revolution der Würde« liegen Kilotonnen des Erwachsenwerden und Kilometer an Zynismus, Kabeltelefonen und Videokassetten.

Die Veränderungen vollziehen sich so schnell, dass die neuen Revolutionäre nicht mehr mit einem Bild von der Zukunft hausieren gehen, sondern mit einem Bild von der Vergangenheit. Und die Menschen sind bereit, es zu kaufen – auf beiden Seiten der ukrainischen Grenze. In einem ontologischen Sinne sind sich Orban und Kaczyński, Lukaschenko und Putin recht ähnlich – sie alle verkaufen Nostalgie und historisches Formalin.

Und als Teil dieses Gesamtpakets ist Homophobie ein obligatorischer Beipack.

Das ist nicht verwunderlich. Die neue Welt radiert mit einem Radiergummi Industrien und Berufe fort. Sie beseitigt soziale

Architekturen und Traditionen. Es wird nicht lange dauern, bis der Fortschritt Autofahrer, Rechtsanwälte und Buchhalter in Vergessenheit geraten lässt. Künstliche Intelligenz wird aufhören, eine Abstraktion zu sein. Die Institution der Ehe wird eine Krise erleben, da sie ihre wirtschaftliche Rechtfertigung verliert. Das Bevölkerungswachstum, multipliziert mit der Robotisierung von Prozessen, wird die Arbeit in ein Defizit verwandeln.

Der Lebensstil und die Tradition – die Liste der Mauern, auf die sich die Menschen verlassen haben, um nicht im Wind der Geschichte unterzugehen – sind unverändert geblieben. Und nun zerstört die Zukunft auch sie. Und um nicht verloren zu gehen, klammern sich die Menschen an ihr eigenes Gender als Rettungsanker.

Der Mensch klammert sich an ihr Geschlecht wie an einen Rettungsring. Das wenige Unbedingte, das von Natur aus zu ihm gehört, wird zur Grundlage der Selbstidentifikation. Und die Verteidigung dieser Identität scheint ihm das letzte Bollwerk zum Schutz des eigenen Selbst zu sein.

»Schwule bringen keine Kinder zur Welt.« »LGBT ist der Weg zum Aussterben.« »Sie müssen behandelt werden.« »Sie sollen für sich keine Werbung machen.« Das sind nicht einmal Slogans, es sind Klagelieder. Jammern und Geschrei um das letzte Unbedingte, das der Durchschnittsmensch noch hat: das Kinderkriegen und die Fortpflanzungsfunktion.

Und an diesem Punkt wird es sogar ein wenig unangenehm. Denn ultimative Ehrlichkeit wird für sie enttäuschend klingen.

Man wird ihnen sagen müssen, dass Sex und Fortpflanzung in der Zukunft wahrscheinlich getrennt sein werden.

Dass wir in dreißig Jahren wohl darüber streiten werden, ob man sofort nach der Geburt einem Kind einen Chip implantieren soll, damit es sich mit dem Netz verbinden kann, oder ob man warten soll, bis es zwölf ist.

Dass in etwa fünfzig Jahren ein neuer Traditionalist predigen wird, die Ehe sei eine heilige Verbindung zwischen einem Mann und einem Mann, einer Frau und einer Frau oder einer Frau und einem Mann, aber nicht zwischen einem Menschen und einem Androiden.

Diejenigen, die heute gegen LGBT-Märsche protestieren, werden sich in einem halben Jahrhundert mit Nostalgie an sie erinnern. Als eine warme, leuchtende Realität ihrer Kindheit. Als einen komischen Atavismus aus einer Zeit, in der das Recht eines Erwachsenen, über seinen eigenen Körper zu bestimmen, noch in Frage gestellt wurde.

Wir lesen einfach nicht genug.

Sonst wüssten wir, dass Homosexualität 1992 aus der Internationalen Klassifikation der Krankheiten ICD-10 gestrichen wurde.

Wir wüssten, dass eine Reihe von Wissenschaftlern die Auffassung vertritt, dass sich die sexuelle Identität im zweiten Trimester der Schwangerschaft herausbildet. Dass die Präferenzen durch Hormone und Chemikalien beeinflusst werden können. Dass ein hoher Testosteronspiegel bei einer schwangeren Mutter (z. B. aufgrund eines Syndroms der Hyperplasiesyndroms der Nebennierenrinden) zu Bi- oder Homosexualität bei den geborenen Mädchen führen kann.

Es ist schon komisch, aber als der niederländische Neurowissenschaftler Dick Swaab zum ersten Mal seine Forschungsergebnisse veröffentlichte, wurde er sogar beschuldigt, ein Nazi zu sein. Er argumentierte, dass sexuelle Orientierungen nichts mit der Erziehung zu tun haben. Sie können nicht »korrigiert« werden, weil sie im fötalen Stadium gebildet werden. Swaab schrieb, dass sogar die Funktionskreise des Gehirns von Menschen mit verschiedenen Orientierungen unterschiedlich funktionieren. Aus diesem Grund wurde der Biologe lange Zeit der Eugenik bezichtigt.

Schließlich wurde die gesamte zweite Hälfte des 20. Jahrhunderts zu einer Ära der Entlarvung von Mythen. Es stellte sich heraus, dass homosexuelles Verhalten bei 1 500 Tierarten vorkommt, von Insekten bis zu Säugetieren.

Es stellte sich heraus, dass die sexuelle Identität eines Kindes nicht dadurch bestimmt wird, dass es in einer homosexuellen Familie aufwächst.

Es stellte sich heraus, dass Versuche, Homosexualität zu behandeln, erfolglos sind. Sie führen bestenfalls dazu, dass Menschen ihre Gefühle verbergen. Dies wiederum kann zu Depressionen und

Selbstmord führen. Im Jahr 2009 setzte ein Bericht der American Psychological Association (APA) zu diesem Thema einen Punkt.

Die schonungsloseste Wahrheit für einen Homophobiker ist jedoch, dass die Geschichte bereits alles für alle entschieden hat. Und dass Angleichung der Bürgerrechte für die LGBT-Gemeinschaft nur noch eine Frage der Zeit ist.

Vor hundert Jahren wurde die gleiche Debatte darüber geführt, ob man Frauen die Bürgerrechte zugestehen sollte. In Dänemark durften Frauen bis 1915 nicht wählen, in Großbritannien bis 1928, in Griechenland bis 1952 und in Spanien beispielsweise bis 1977. Und damals wurde der Kampf um die Gleichberechtigung von Frauenbewegungen angeführt, die gleiche Rechte für Frauen und Männer forderten.

Vor hundert Jahren ähnelten die Argumente der Verfechter des »traditionellen Systems« denen, die wir heute hören. Dass die Bestimmung der Frau Kinder, Küche, Kirche sei. Dass außerhalb von Kinderzimmer, Küche und Kirche die Entscheidungen von Männern getroffen werden müssen. Dass die »uralte Tradition« nicht ausgehöhlt werden dürfe, sonst stürze die Welt in den Abgrund, und ihre Grundlagen versänken ins Nichts.

Aber irgendwie hat die Welt widerstanden.

Außerdem klingt heute jede Diskussion darüber, ob Frauen wählen und gewählt werden dürfen, wie Ketzerei. Jeder, der dieses Thema anschneidet, wirkt wie ein vorsintflutliches Wesen, das sein Scheitern in dem Wunsch versteckt, stolz auf seine Geschlechtsmerkmale zu sein. Und die Frage der Gleichstellung der Geschlechter ist in den allermeisten Ländern von der Tagesordnung verschwunden.

Das Gleiche wird mit LGBT-Menschen geschehen.

Denn sobald die Frage der Gleichberechtigung auf der allgemeinen Tagesordnung steht, bedeutet dies nur, dass sie sehr schnell in Richtung Liberalisierung gelöst wird. Feministinnen konnten nicht im 18. Jahrhundert auftauchen, sie tauchten in der zweiten Hälfte des 19. auf. Und innerhalb weniger Jahrzehnte wurden alle ihre Forderungen erfüllt. Genauso war es mit den Rechten der schwarzen Amerikaner. Zwischen Martin Luther King und seinem »I have a dream« (1963) und dem Amtsantritt von Barack Obama

(2009) liegen 46 Jahre. Insgesamt nur etwas mehr als zwei Generationen.

Leugnen, Wut, Feilschen, Depression, Akzeptanz. In jedem
Fall durchläuft die Gesellschaft diese klassischen Phasen der An-
passung an eine neue Realität. Das war der Fall bei der Geschlech-
terfrage, dann bei der sozialen Frage, dann bei der Rassenfrage.
Und heute macht die Welt dieselben Phasen durch in Bezug auf die
LGBT-Rechte.

Der einzige Unterschied zwischen den Ländern besteht darin,
dass sie in unterschiedlichen Stadien leben. In einigen Ländern, wie
den Vereinigten Staaten, geht es um das Endstadium der »Akzeptanz«. In anderen, wie der Ukraine, geht es um das Zwischenstadium der »Wut«. Manche Menschen bleiben am Ausgangspunkt
stehen und versuchen, das Unvermeidliche zu leugnen. Aber jedes
Jahr ist die Gesellschaft gezwungen, von einem Stadium zum anderen zu wechseln. Bis die Frage, wie Erwachsene ihr Privatleben
regeln, niemanden mehr interessiert.

Und deshalb ist die LGBT-Debatte nicht einmal eine Geschichte über europäische Werte. Es ist ein Streit zwischen Vergangenheit und Zukunft. Zwischen Vorurteilen und Wissen. Zwischen
Obskurantismus und der Logik der menschlichen Entwicklung.
Auf der einen Seite dieser Barrikaden steht die »Partei der Vergangenheit«, auf der anderen Seite die »Partei der Zukunft«.

Und wir alle wissen, welches dieser beiden Lager siegen wird.

Eine Falle für die Rechtsextremen

Das Erste, was mir nach meinem Umzug nach Kyjiw auffiel, war
die Homogenität der Stadt. Das Leben auf der Krim hatte mich gelehrt, verschiedene Augenschnitte zu sehen. Unterschiedliche
Wangenknochen und Phänotypen. Und schließlich auch unterschiedliche Namen. In der Schule saß man an derselben Schulbank
wie Dilyaver. An der Universität hast du mit Emine und Server stu-
diert. Hast mit Osman und Mustafa gearbeitet.

Und Kyjiw zeichnete sich durch Homogenität aus. Man
konnte natürlich auf den Trojeschyna-Markt gehen und Vietname-
sen treffen. Oder man konnte ins Tatarka-Viertel gehen und eine

Moschee sehen. Aber man musste hier nach dieser Andersartigkeit suchen, sie war in der alltäglichen Wahrnehmung der Stadt fast nicht gegeben.

Aber all diese Homogenität war nur aufgrund unserer Armut möglich. Die Arbeitsmigranten kamen nur nicht in die Ukraine, weil die benachbarten Hauptstädte mehr Möglichkeiten boten. So blieb die ukrainische Realität äußerst homogen.

Sobald die Ukraine anfängt, reich zu werden, wird sich alles ändern.

Sobald es eine Nachfrage nach Arbeitskräften gibt, wird die Arbeitsmigration einsetzen. Sobald die Löhne steigen, werden die Menschen hierherkommen. Und sie werden Träger anderer Traditionen sein. Anderer Gewohnheiten. Eines anderen Aussehens.

Sie werden sich nebenan niederlassen. Werden Geld für das tägliche Leben sparen. Werden sparen und Geld nach Hause schicken. Sie werden sich von der üblichen sozio-ethnischen Landschaft abheben.

Sie werden zu anderen Göttern beten. Ihre eigenen Feiertage feiern. Sie werden nicht so sein wie wir, und wir werden nicht so sein wie sie.

Auch Kriminelle wird es unter ihnen geben. Alkoholiker. Drogensüchtige. Und jeder Nachrichtenredakteur wird versucht sein, die Nationalität der Person zu notieren, die in einem Polizeibericht auftaucht.

Je reicher das Land ist, desto mehr solcher Menschen werden auf den Straßen der ukrainischen Städte auftauchen. Das ist die einfache Logik der Arbeitsmigration. Die Ukrainer selbst gehen zum Arbeiten nach Polen oder in die Tschechische Republik. Es ist nur so, dass Nachbarn aus ärmeren Ländern in die Ukraine kommen werden, um ihren Platz einzunehmen.

Haben die Rechtsextremen das verstanden?

Verstehen sie, dass unsere Homogenität eine Folge unserer Armut ist? Dass wirtschaftliches Wachstum unweigerlich zu Arbeitsmigration führt? Und dass, je reicher wir leben, desto mehr Akzente auf unseren Straßen zu hören sein werden?

Der Traum von einem slawischen Meer von Donezk bis Uschhorod ist ein Traum der Armut, weshalb der Migrationsvektor immer in eine Richtung geht. Jedes Wirtschaftswachstum wird in der Ukraine eine Arbeitsdiaspora schaffen.

Wenn Ihr Homogenität wollt, müsst Ihr Euch auf Armut einstellen. Wenn Ihr Homogenität wollt, verlangt nicht nach Wohlstand. Wenn Ihr von Homogenität träumt, bedenkt, dass sie mit Elend einhergeht.

Ein neues Heidentum

Verschwörungstheorien sind ein guter Lackmustest für archaisches Denken.

In der vorwissenschaftlichen Weltanschauung wurde alles, was geschah, mit göttlicher Vorsehung erklärt. In einem Teil der Welt wurde der Donner damit erklärt, dass der Prophet Elija in einem Wagen über den Himmel fuhr. In einem anderen Teil der Welt legte man den Blitz in die Hände der höchsten Gottheit, die ihn nach eigenem Ermessen donnern ließ.

Das religiöse Bewusstsein lässt keine Zufälle zu. Jedes Naturphänomen ist das Werk einer höheren Macht. Jedes Ereignis ist eine Folge des Willens eines anderen. Um zu überleben, erfand die Menschheit Zeichen und Amulette. Sie ernannte Verantwortliche für die Elemente und brachte ihnen Opfer, um sie zu besänftigen. Und alle letzten Jahrhunderte waren ein Kampffeld zwischen wissenschaftlichem und mythologischem Bewusstsein.

Die Zeit verging, und die Wissenschaft erklärte die Wirklichkeit. Der Blitz war kein himmlisches Zeichen mehr, sondern nur noch eine elektrische Entladung. Die Medizin ließ Epidemien im Nichts verschwinden, die Biologie verlängerte das Leben, und die Botanik bekämpfte Missernten. Physik und Chemie beantworteten die meisten Fragen, die zuvor dem religiösen Bewusstsein vorbehalten waren. Aber das Verlangen der einfachen Menschen nach »Göttern« ist nicht verschwunden. Sie haben sich lediglich vom Himmel auf die Erde verlagert.

Es ist kein Zufall, dass wir in der Blütezeit der Verschwörungstheorien leben.

Denn in den Köpfen der Verschwörungstheoretiker wird die Welt von denselben allmächtigen Wesen regiert. Diese lassen zudem den Menschen auch nicht das Recht auf einen freien Willen. Alles geschieht nur dank einer geheimnisvollen Welt hinter den Kulissen, von der aus ein Puppenspieler die Fäden der einfachen Menschen zieht.

»Die Rockefellers«, »die Rothschilds«, »das Washingtoner Obkom« – man gibt den neuen Göttern verschiedene Namen, aber das Wesen bleibt dasselbe. Der Verschwörungstheoretiker verleiht all diesen Figuren unbegrenzte Macht und die Fähigkeit, die Welt zu kontrollieren. Einen freien Willen gibt es nicht. Genauso wenig wie Zufall. Zufälle werden als Teil eines groß angelegten Plans erklärt, in dem es keine Fehler gibt.

Götter wurden gebraucht, um das Natürliche zu erklären. Als die Wissenschaft das Natürliche erklärte, brauchte man Götter, um das Soziale zu erklären. Soziologie, Politikwissenschaft, Wirtschaft oder Geschichte bieten viel zu langweilige und zu komplizierte Erklärungen. Viel verlockender ist es, ein allmächtiges Wesen zu erfinden, es vom Himmel auf die Erde zu holen, ihm einen freien Willen zu geben und ihm das Recht einzuräumen, über eine versprengte Schar einfacher Menschen zu urteilen.

Es hat keinen Sinn, einem mittelalterlichen Bauern die Ursachen eines Erdbebens zu erklären – sein Wissen würde nicht ausreichen, um die Logik des Vorgangs zu verstehen. Genauso wenig ist es sinnvoll, einem Verschwörungstheoretiker die Gründe für das katalanische Referendum oder das Wesen des islamischen Fundamentalismus zu erklären. Er wird ohnehin jemanden finden, den er zum Architekten erklärt. Jemanden, den er mit einer unbegreiflichen, einsichtsvollen und höheren Macht ausstatten wird. Und an den er tief glauben wird.

Eine Verschwörung ist praktisch. Wenn du von mächtigen Göttern umgeben bist, was kannst du tun? Du bist nur ein Rädchen in ihrem Spiel: lebe dein Leben, genieße das Einfache und denke nicht über das schwierige Dinge nach, denn sie hängen nicht von dir ab. Die sozialen Götter haben die himmlischen Götter ersetzt, denn die Natur duldet keine Leere. Und die Forderung nach Verantwortungslosigkeit ist nicht abzuschütteln und ewig.

Die Menschen ändern sich nicht. Die »Piqué-Westen« sind die neuen religiösen Fanatiker. Inkompetenz, die das

Erklärungsmonopol an sich gerissen hat. In ihren Gleichungen gibt es immer nur sehr wenige Unbekannte. Wenn die Realität nicht in ihr Weltbild passt, desto so schlimmer für die Realität. Teilweise haben wir diese Weltanschauung von unserem eigenen 20. Jahrhundert geerbt. Siebzig Jahre Leben unter den Bedingungen sozialer Experimente und sklavischer Entmündigung, jahrzehntelanges Gerede über »hinter den Kulissen«, drei Generationen des Glaubens an Feinde, die »böse Unterdrücker« sind, haben ihre Wirkung gezeigt. Es fiel uns leicht, an das neue Mystische zu glauben, weil wir lange Zeit des Rationalen entwöhnt worden waren.

Der Punkt ist: Unterm Strich leugnet niemand die Existenz der großen Akteure. Wir leben in einer Welt, in der die Schwachen die Interessen der Starken berücksichtigen. Wo Einflussnehmer eine Realität sind und keine Fiktion. In der Kompromisse auf Kosten derjenigen geschlossen werden, deren spezifisches Gewicht geringer ist.

Gleichzeitig leben wir aber auch in einer komplexen Welt. In dieser Welt wird die Politik manchmal von der Wirtschaft bestimmt. Und manchmal, umgekehrt, ordnet sich die Politik die Wirtschaft unter. Und manchmal werden beide zu Geiseln der persönlichen Ambitionen irgendeines Menschen. Oder von Emotionen. Oder von Phantomschmerzen. Oder einer historischen Tradition.

Die Welt mit Unwissenheit vereinfachen, sich das Recht auf Erklärung aneignen, alles in Schwarz und Weiß unterteilen: Jeder Verschwörungstheoretiker ist wie ein Magier, der Omen deuten will. Wissen wird durch Glauben ersetzt. Zweifel durch Unbestreitbarkeit. Rationalität durch Unwissenheit.

Willkommen im neuen Heidentum.

Sklavenlogik

Die weltweite Pandemie ist zu einem idealen Labor für die Untersuchung von Verschwörungstheorien geworden.

Das ist nicht überraschend. Jedes außergewöhnliche Ereignis schafft eine Herde zum Predigen. Nur merken die neuen Apostel nicht, dass sie diesmal nicht predigen, sondern bekennen.

Die Pandemie hat wieder einmal Tribünen für Verschwörungstheoretiker errichtet. Sie besteigen sie, um uns über den globalen Plan zu informieren. Über das »hinter den Kulissen«. Über die Weltregierung und die neue Ordnung. Sie glauben, dass sie den Schleier lüften, aber wenn sie es tun, dann nur den von sich selbst. Denn was wir hier sehen, ist nur ein weiterer Sklave in der Beichte.

Ein Sklave nimmt nichts und niemanden anderen außer seinem Herrn wahr. Es ist der »Herr«, der für diese Welt verantwortlich ist. Der Sklave ist abhängig, er nimmt alles, was geschieht, als den bösen Willen eines anderen wahr. Er spürt seine Unfreiheit und vermutet, dass es irgendwo ein Übermaß davon geben muss.

Wenn ein Verschwörungstheoretiker Anschuldigungen erhebt, weist er lediglich auf seinen eigenen Herrn hin. Auf denjenigen, den er als das A und O zu betrachten gewohnt ist. Auf denjenigen, dem er die Verantwortung für sein eigenes Schicksal übertragen hat. Für die einen ist es Soros. Für die anderen sind es die Freimaurer. Für manche sind es die Juden. Jedes Mal beklagt sich der primitive Mensch darüber, wie die Götter über sein Schicksal entschieden haben, und von Geschichte zu Geschichte ändert sich nur der Name der höheren Macht.

Und jetzt gehen die freiwilligen Sklaven mit ihren Enthüllungen hausieren. Das Coronavirus wurde von Milliardären erfunden. Von Umweltschützern. Von Impfstoffherstellern. Jeder neue Prediger fragt feierlich: »Wer profitiert davon?« und zieht dann sein eigenes chthonisches Monster aus dem Hut.

Der Verschwörungstheoretiker lebt immer in einer Verschwörung. Außerdem ist eine unentdeckte Verschwörung wichtig. Wenn die Verschwörung aufgedeckt wird, glaubt er nicht an diese Erklärung. Höhere Mächte machen keine Fehler – wenn sie getarnt werden, dann sind sie entweder nicht »höher« oder jemand, der nicht weniger groß und mächtig ist, macht ihnen Konkurrenz. Die Rothschilds gegen die Rockefellers, die Illuminaten gegen die Freimaurer, die Ältesten von Zion gegen den Bilderberg Club.

Der Verschwörungstheoretiker ist stolz auf seine Version. Darin gibt es keine Zufälligkeiten, Zufälle oder Fehler. Ein Adept der Verschwörungstheorie hat die Welt von vornherein ihres freien Willens beraubt und sie zu einem Spielzeug in jemandes Händen gemacht. Und danach schwelgt er wie Pygmalion von der Schönheit der fiktiven Galatea. Und beschützt sie vor allen, die sich darüber amüsieren.

Nichts ist Zufälligkeit. Nichts ist einfach so. Zeitliche Nähe ist ein Zeichen von Kausalität. Wenn es einen Monat vor dem Ereignis eine Konferenz über Demografie gab, dann hatte das einen Grund. Wenn die Aktien eines Unternehmens eine Woche vor dem Ereignis gekauft wurden, gibt es ein Motiv dafür. Ein Verschwörungstheoretiker ist meist dumm, versteht die Welt nicht, in der er lebt, und erfindet deshalb für sie eine Interpretation.

Er hat einfach Angst. Eine Welt ohne Drehbuch scheint gefährlich zu sein. Unberechenbar. Sie lässt dich glauben, dass jeder verantwortlich ist. Dass man durch sein Handeln oder Nichthandeln das Endergebnis beeinflusst. Es ist viel einfacher, die Verantwortung auf eine andere Gottheit zu schieben und allen um einen herum stolz zuzuzwinkern, um anzudeuten, dass man ihren Plan durchschaut hat.

Das Coronavirus wird »zur totalen Kontrolle« benötigt. Zur »Senkung der Geburtenrate«. Zur »Neuverteilung der Märkte«. Ein Verschwörungstheoretiker wird Ihnen ein Dutzend Versionen anbieten und für jede einen Beweis finden. Er wird die Fäden der Motive anderer Leute zusammenknüpfen und Leute, die einander nicht kennen, miteinander in Kontakt bringen. Er hat unbewusst Angst vor dem Chaos und versucht deshalb, ihm einen Namen zu geben. Er sieht sich selbst als Priester und deutet die Phänomene. Der göttliche Wille gibt der Verantwortungslosigkeit Frieden. Wer sind wir, dass wir uns ihm widersetzen?

Außerdem kann der Glaube an soziale Götter manchmal mit dem Glauben an traditionelle Götter koexistieren. So liegen beispielsweise die Motive vieler Impfgegner im Bereich des Religiös-Mystischen. Für Menschen mit dieser Einstellung ist eine Pandemie das Werk einer höheren Macht. Sie haben das Gefühl, an einem Scheideweg zu stehen. Man kann sich dem Schicksal fügen und krank werden. Oder man kann sich impfen lassen, was der Himmel vielleicht als Rebellion betrachtet.

Jemand, der sich wie ein Spielzeug in den Händen der Vorsehung fühlt, hat manchmal mehr Angst vor dem zweiten Szenario als vor der Intensivstation. Für ihn ist eine Zwangsimpfung wie das Anspucken einer Ikone. Eine Rebellion gegen die Götter, die nicht ohne Folgen bleiben wird. Ihr Weltbild ist auf eine Lehrbuchformulierung reduziert: »Was sein muss, muss sein.«

Welchen Sinn hat es, einem Verschwörungstheoretiker die Komplexität der umgebenden Realität zu erklären? Er wird das alles als Ketzerei auffassen. Der Projektionsmechanismus wird dazu führen, dass er Ihnen vorwirft, rückständig und dumm zu sein. Er wird Sie in die Verschwörungstheorie einordnen und Ihren Platz im Bestiarium bestimmen. Sektierer sind unverwundbar.

Wir haben es schwer – Verschwörungstheoretiker haben kluge Worte gelernt und wissen, wie man eine Krawatte bindet. Wir haben es leicht, weil sie keine wirkliche Macht mehr haben. Die freiwilligen Sklaven konkurrieren um den Titel des verkannten Propheten. Sie erkennen das Recht der Welt auf Freiheit nicht an und ordnen ihre Ängste. Doch ihr Monopol auf Versionen ist längst zerstört. Die Priester der neuen Kulte sind zu den urbanen Verrückten geworden.

Und selbst ihre eigenen Götter kümmern sich nicht um sie.

Fakten und Sekten

Eine Epidemie ist wie ein Krieg. Vor dem Beginn kann man an alles glauben. Aber dann bricht eine Katastrophe herein und macht einen Strich durch die Rechnung.

Vor dem Krieg mag die Armee auf uns wie ein Anachronismus gewirkt haben. Menschen in Uniformen waren nur Schmarotzer. Diejenigen, die von der drohenden Besatzung sprachen, waren Panikmacher. Wir konnten uns von der Friedfertigkeit unserer Zeit überzeugen. An die Unverletzlichkeit der Grenzen glauben. Uns auf Verträge und Vereinbarungen verlassen.

Wir hätten die NATO ignorieren können. Wir hätten Sewastopol gegen Gasrabatte eintauschen können. Pro-russische Parteien als Teil der innenpolitischen Landschaft betrachten können. Doch dann kam die Invasion, und alle unsere Strohhäuser wurden vom Wind der Geschichte weggeweht.

Sieben Jahre später war alles wieder so weit.

Vor der Epidemie konnten wir an die Homöopathie glauben. Konnten glauben, dass Impfungen unnötig sind. Hellseher den Ärzten vorziehen. Heiler sprachen über Medizin und Wahrsager über die Zukunft. Wir hatten vierhundert relativ ehrliche Möglichkeiten parat, uns zu beruhigen, und dann kam die Pandemie, und das Häuschen aus Zweigen hielt der Prüfung nicht stand.

Wir leben schon zu lange in einer Welt der Post-Wahrheit. Wir haben uns selbst davon überzeugt, dass alle Standpunkte ein Recht auf Existenz haben. Wir haben uns an den Gedanken gewöhnt, dass »die Wahrheit irgendwo in der Mitte liegt«. Die Wahrheit ist jedoch nur dort, wo sie ist, und das Auftauchen alternativer Versionen ändert ihre Koordinaten überhaupt nicht.

Das Problem ist, dass die Menschen emotional sind und dazu neigen, müde zu werden. Dies gilt um so mehr, als Fakten eine schwache PR haben: Die üblichen Wahrheiten haben längst ihre Frische und ihr Strahlen verloren. Und irgendwann ist das Publikum der langweiligen Logik überdrüssig und sehnt sich wieder nach Emotionen. Und dann betreten falsche Propheten die Arena und beginnen mit ihren Lehren hausieren zu gehen.

Aber dieses ganze Festival der Dummheit hat ein Verfallsdatum. Der Krieg und die Pandemie aktivieren den Modus von Ursache und Wirkung. Sie lassen alle für ihre Illusionen bezahlen.

Dabei spielt es keine Rolle, aus welchen Motiven Sie an sie geglaubt haben. Naivität und Dummheit unterscheiden sich selten in ihren Folgen. Es gibt keine alternativen Fakten, und für militante Ignoranz muss man den festgelegten Preis bezahlen.

Fakten sind langweilig, aber sie ermöglichen es uns, Risiken abzuschätzen, Anstrengungen zu vergleichen und Konsequenzen abzuwägen. Sie halten davon ab, den Kontakt mit der Realität zu verlieren und prüfen Alternativen. Sie helfen, die Größe der Meise in der Hand und das Potenzial des Kranichs am Himmel zu verstehen. An manchen Punkten in der Geschichte kann dies verdammt wichtig sein. Denn manchmal ist die natürliche Auslese zurück auf der Bühne der Geschichte.

Ursache-Wirkung-Zusammenhänge durchdringen unsere Realität auf Schritt und Tritt. Wenn du nicht an Impfungen glaubst, solltest du dich nicht auf Immunität verlassen. Wenn du deine Krankheit nicht behandelst, musst du mit einer Verschlimmerung rechnen. Wenn du Hellseher vorziehst, solltest du dich später nicht beschweren.

Denn ein hölzernes Idol kann eine Katastrophe überleben. Aber seine Herde nicht immer.

Gott im Reagenzglas

2015 schrieb Yuval Noah Harari darüber, dass die Menschheit in der Lage wäre, Hungersnöte, Kriege und Epidemien zu überwinden.

Als die Coronavirus-Pandemie über die Welt hereinbrach, wurden diese Worte des israelischen Autors oft mit einigem Sarkasmus zitiert. Wie kann man denn von einem Sieg sprechen, wenn die Epidemie die Welt beherrscht?

Plötzlich betraten die Skeptiker das Podium. Jeder von ihnen konnte den technischen Fortschritt geißeln. Schließlich war es die Technik, die die Ausbreitung der Mutation auf der ganzen Welt ermöglichte. Und die ganze gepriesene Zivilisation, so die neuen Ludditen, kapitulierte vor dem Virus. Ist dies nicht eine Strafe für den Hochmut der Menschheit? Und ist dies nicht eine Erinnerung daran, wie schwach der Mensch ist und wie lächerlich seine Versuche sind, als Krone der Schöpfung zu gelten?

Aber das ist es ja: Das Kurzzeitgedächtnis ist das Los dieser apokalyptischen Herolde, die immer in Zeiten des Umbruchs auftreten. In Wirklichkeit haben wir im Laufe unserer Geschichte aber immer wieder mit Epidemien gelebt, und der einzige Unterschied ist der Preis, den wir dafür zahlen.

Die derzeitige Epidemie ist in der Tat schwerwiegend. Häufig wird behauptet, dass sich so etwas zum letzten Mal vor hundert Jahren ereignet hat, als auf dem Höhepunkt des Ersten Weltkriegs ein Drittel der Weltbevölkerung an der »Spanischen Grippe«

erkrankte und die Krankheit selbst 50 bis 100 Millionen Menschen das Leben kostete (etwa 5 % der Weltbevölkerung). Trotz ihres tragischen Ausmaßes sind die Epidemien des 20. Jahrhunderts ihren Vorgängern in Bezug auf die Sterblichkeit unterlegen. Und die Krankheiten selbst werden allmählich von der Kategorie »Strafe Gottes« in jene von medizinischen und sozialen Problemen verschoben. Wir brauchen nicht lange nach Beispielen zu suchen.

14. Jahrhundert. Das Bakterium Yersinia pestis, das auf Flöhen lebt, beginnt, Menschen zu infizieren, die von ihnen gebissen werden. Die Seuche begann in Asien und breitete sich langsam nach Westen aus. In der Folge tötete sie ein Viertel der Bevölkerung Eurasiens – zwischen 75 und 200 Millionen Menschen.

16. Jahrhundert. Eine spanische Flottille bringt die schwarzen Pocken nach Mexiko. Nach neun Monaten sind von 22 Millionen Einheimischen nur noch 14 am Leben. Andere von den Konquistadoren eingeschleppte Infektionskrankheiten vervollständigten die Verwüstung, und am Ende des Jahrhunderts waren nur noch zwei Millionen Eingeborene übrig.

Zwei Jahrhunderte später geschah etwas Ähnliches auf Hawaii, wo James Cook eine ganze Reihe von europäischen Infektionen einschleppte. Nach 75 Jahren waren von der halben Million Einwohner nur noch 70.000 übrig.

Vor diesem Hintergrund erscheinen alle Epidemien des letzten Jahrhunderts viel vegetarischer. Die absoluten Zahlen der Todesopfer von Cholera, Typhus und Tuberkulose erschrecken uns mit ihren vielen Nullen. Aber in Relation zur Weltbevölkerung wirken sie nicht mehr wie eine biblische Strafe. Die Überbevölkerung und die Entwicklung des Verkehrsnetzes hätten dazu beitragen müssen, dass neue Krankheiten die Rekorde der mittelalterlichen Pandemien wiederholen. Aber das ist nicht geschehen.

Der Menschheit ist es gelungen, die Krankheiten zu besiegen, an der sie im Laufe ihrer Geschichte immer wieder gestorben ist. Die Pocken wurden 1979 besiegt – dank der Impfung. Pestausbrüche kommen von Zeit zu Zeit in verschiedenen Regionen der Welt vor, aber die Zahl der Todesopfer liegt bei einigen Dutzend Menschen, und die Sterblichkeitsrate der Erkrankten übersteigt nicht 5–

10 %. Die Menschheit hat sich mit Medikamenten, Antibiotika und Desinfektionsmitteln gewappnet. Und sie hat gesiegt.

Die moderne Medizin ist in der Lage, unsere Probleme zu lösen. Das Gleiche kann man von den Maya-Indianern nicht behaupten, die glaubten, dass die Pocken von den bösen Göttern Ekpetz, Uzannkak und Sojakak] übertragen wurden, die von Dorf zu Dorf flogen. Die Azteken versuchten, sich gegen die Krankheit zu wehren, aber ihr medizinisches Protokoll bestand darin, die Wunden mit Harz einzureiben und mit einem Brei aus zermahlenen schwarzen Käfern zu beschmieren.

Die Wehrlosigkeit der Menschheit wird oft von Menschen zum Thema gemacht, die nicht viel über Geschichte wissen. Oder von denen, für die magisches Denken näher und verständlicher ist als das wissenschaftliche. Das ändert aber nichts an der Tatsache, dass magisches Denken meist ein Zeichen von Primitivismus, Schizophrenie oder einer Anpassungsstörung ist.

COVID-19 ist nicht der erste Ausbruch eines neuen Virus in diesem Jahrhundert. Im Jahr 2002 haben wir die Ausbreitung von SARS erlebt, 2005 die Vogelgrippe, 2009 die Schweinegrippe und 2013 Ebola. Im Vergleich zu seinen Vorgängern droht das aktuelle Coronavirus definitiv der schwerste Test zu werden (davor war das tödlichste das Ebola-Virus, das elftausend Menschen tötete). Aber es gibt eine Tatsache, die zu berücksichtigen ist. Moderne Epidemien haben viel mehr mit Infrastruktur und Wirtschaft zu tun als mit der Medizin an sich.

Um eine Krankheit zu »zähmen«, braucht die Menschheit bis zu zwei Jahre. In dieser Zeit kann in der Regel ein neues Virus identifiziert und erforscht werden. Es ist nicht immer möglich, es auszurotten, die Grippe (an der jährlich 300 000 bis 600 000 Menschen sterben) und AIDS sind Beispiele dafür. Mit Grippeimpfstoffen lassen sich jedoch Krankheitsausbrüche eindämmen, und die medizinische Therapie kann AIDS von einem Todesurteil in eine chronische Krankheit verwandeln.

Die Medizin wird eine Antwort auf den derzeitigen Ausbruch des Coronavirus finden. Die Pandemie ist also kein Vorbote der Apokalypse, sondern droht zu einer Bewährungsprobe für die Infrastruktur des Gesundheitssystems zu werden. Sie wird

Spitzenreiter und Außenseiter entlarven. Sie wird wirksame von unwirksamen Präventionsmethoden unterscheiden. Sie wird im Nachhinein die Kompetenz von Politikern und internationalen Institutionen bewerten. Sie wird wirksame medizinische Systeme identifizieren und die, die sie nachahmen. Und schließlich wird sie zu einem Stresstest für jedes Land werden, bei dem ausnahmslos alle auf ihre Stärke und Kompetenz geprüft werden.

Sie wird auch ein Stresstest für die Wirtschaftssysteme sein. Und dabei geht es nicht nur um die Größe der Wirtschaft und die Höhe der Reserven. Die Pandemie kann auch ein Test für die Angemessenheit der getroffenen Maßnahmen sein. Genauso wie der Terrorismus jedes Mal als Test für die Angemessenheit dient.

Entgegen der landläufigen Meinung stellt der Terrorismus selbst keine direkte und offensichtliche Bedrohung dar. Die Arithmetik ist zynisch: 2012 forderte er 15 500 Menschenleben. Gleichzeitig sterben bei Verkehrsunfällen jedes Jahr bis zu eineinhalb Millionen Menschen. Deshalb zeigt sich die verheerende Wirkung des Terrorismus nicht so sehr im Moment des Anschlags als vielmehr in der Reaktion darauf. Eine unverhältnismäßig brutale Reaktion kann zu weitaus größeren Zerstörungen führen. Dies war nach den Anschlägen vom 11. September 2001 der Fall, als der Krieg im Irak zur Destabilisierung des Nahen Ostens und zum Entstehen des IS führte.

In den vergangenen Jahrzehnten haben wir immer wieder erlebt, wie Politiker mit der Angst vor Terroristen hausieren gegangen sind. Sie verschaffen sich Macht, beginnen Kriege, ziehen die Schrauben an und heben die Freiheiten auf. Max Brooks schrieb, dass Angst das grundlegendste Gefühl ist, weil es uns alles verkaufen kann. Deshalb verkaufen uns diejenigen, die uns die Angst vor Fanatikern verkaufen, ihr politisches Monopol und erhalten unsere eigene Zustimmung zur Kastration unserer Freiheiten.

Die aktuelle Pandemie birgt genau das gleiche Risiko. Sie ängstigt uns durch ihre Plötzlichkeit und Allgegenwärtigkeit. Durch ihre Unerforschtheit und Unaufhaltsamkeit. Es besteht die Gefahr, dass uns Methoden zu ihrer Bekämpfung verkauft werden, die wenig mit gesundem Menschenverstand zu tun haben. Viele Menschen sind versucht zu glauben, dass die Epidemie – wie der

Krieg – alles auslöschen wird. Und sie werden so lange mit Neurosen hausieren gehen, bis sie von uns bekommen, was sie wollen.

Die Pandemie kann für jedes Land eine grausame »Hamburger Rechnung« sein. Sie wird Effizienz und Korruption, Vertrauen und Zusammenarbeit, Widerstandsfähigkeit und Solidarität auf die Probe stellen. Vielleicht wird sie den Glauben an falsche Götter erschüttern, und es wird infolgedessen weniger Impfgegner in der Welt geben. Und gleich aus zwei Gründen.

Wer ist schuld an der Pandemie?

Vielleicht hätte es keine Pandemie gegeben. Der Fortschritt ist an allem schuld.

Wenn es die Zivilisation nicht gäbe, würden wir nicht unter Viren und Infektionen leiden. Wir würden die Grippe und die Pocken nicht kennen. Wir würden nicht an Tuberkulose und Coronaviren sterben.

In der primitiven Gesellschaft waren Epidemien unmöglich. Man brauchte einen Quadratkilometer, um eine Person zu ernähren, daher versammelten sich Jäger und Sammler selten in großen Gruppen. Die geringe Bevölkerungsdichte machte eine Pandemie unmöglich.

Mehr noch: Infektionen und Viren waren das Ergebnis der agrarischen Revolution. Als die Menschheit das Vieh domestizierte, erwarb sie auch Krankheiten. Tiere sind die Überträger der meisten Infektionen. Mutationen ermöglichen die Übertragung von Krankheitserregern vom Tier auf den Menschen. Hätte die Menschheit Kühe, Ziegen und Schafe nicht domestiziert, hätte es das Problem nicht gegeben.

Würden die Menschen den Fortschritt aufgegeben, würden wir nicht in Städten leben. Wir würden das Gedränge vermeiden. Wir würden nicht Fremden über den Weg laufen. Wir bräuchten uns nicht gegen Krankheiten impfen zu lassen, weil sie keine Chance hätten, uns anzustecken. Alles Böse kommt von Revolutionen. Zuallererst von der neolithischen Revolution.

Die Kritiker des modernen Lebensstils haben völlig Recht. Der Fortschritt hat wirklich alles durcheinandergebracht. Hätten wir

nicht schon vor zehntausend Jahren Gerste, Weizen und Reis ge-
züchtet, wären wir vor vielen Krankheiten verschont geblieben.
Hätten wir uns nicht an die Landwirtschaft gebunden, wäre unsere
Abhängigkeit von Naturkatastrophen wesentlich geringer.
Wir wären stark und widerstandsfähig. Lebendig und auf-
merksam. Wir würden uns abwechslungsreicher ernähren und
nicht zu viele Kohlenhydrate zu uns nehmen. Wir müssten uns seltener gegenseitig bekämpfen, einfach weil die Wahrscheinlichkeit,
dass ein Stamm mit einem anderen zusammenstößt, statistisch gesehen unwahrscheinlich ist.

Schließlich lehren uns die heiligen Bücher genau das. Selbst
die Vertreibung von Adam und Eva aus dem Garten Eden erinnert
an den Übergang vom Sammeln zum Ackerbau. Die Folgen des
Sündenfalls liegen auf der Hand: Die Ration wurde knapp, die Infektionen wurden vielfältiger und die Arbeit wurde schwieriger.
Dazu kommt das Coronavirus.

Daran denke ich jedes Mal, wenn ich mit Anhängern der hel-
len Vergangenheit zusammentreffe. Sie sind leicht zu erkennen. Sie
schimpfen über die moderne Zivilisation und versuchen herauszufinden, wer hinter all dem steckt.

Ich habe eine Antwort für sie. Das Neolithikum ist an allem
schuld. Es hat uns den Ackerbau und die Metallverarbeitung gebracht. Die sesshafte Lebensweise und die Städte. Die soziale
Schichtung und die theistischen Religionen.

Ohne sie hätten wir keine Keramiken und Äxte. Keine Fischer-
netze und keinen Austausch zwischen den Stämmen. Keine Schrift
und Malerei. Keine Verstopfung und Viren. Wir würden nicht an
den heutigen Diagnosen sterben, einfach weil wir sie nicht erlebt
hätten.

Diese Leute haben völlig Recht. Der Fortschritt hat uns zu Privateigentum und Kriegen verdammt. Er hat Eigentum und soziale
Ungleichheit geschaffen. Er hat Gewalt und Hierarchien hervorgebracht. Er hat die Menschheit auch zur dominanten Spezies auf
dem Planeten gemacht und uns ermöglicht, unsere Zeit mit sozialen Medien zu verschwenden.

Es ist der Fortschritt, der letztlich zu einer Welt geführt hat, in
der Fettleibigkeit dreimal so viele Menschen tötet wie

Unterernährung. In der Gewalt ein Prozent aller Todesfälle aus-macht. In der Diabetes mehr Menschenleben fordert als Kriege und Verbrechen.

Wir leben in der besten aller Welten, auch wenn wir uns etwas anderes eingeredet haben. Alle unsere Beschwerden sind das Er-gebnis unseres kurzen Gedächtnisses, und wir wollen uns nicht mehr daran erinnern, dass das Rezept unserer Großmutter gegen Erkältungen (warme Milch und Honig) nur ein Echo des Lebens unter den Bedingungen der Unterernährung ist, als der Patient das kalorienreichste Essen bekam, das im Bauernhaus erhältlich war.

Das sorgenfreie Leben ist vor uns nicht in den Tiefen der Jahr-hunderte verborgen. Die Volksmedizin war nur bis zur Erfindung des Penicillins von Bedeutung. Aber diejenigen, die mit Ängsten hausieren gehen, erwähnen dies normalerweise nicht.

Seien wir ehrlich. Unsere Realität ist bequem und sicher. Und wenn Sie sich unglücklich fühlen, hat das nichts damit zu tun.

Tatsache ist, dass nur Oxytocin, Dopamin und Serotonin uns glücklich machen können. Unser Glücksniveau ist ein Produkt der Biochemie, nicht der Lebensumstände. Es ist nur so, dass zu ver-schiedenen Zeiten unterschiedliche Faktoren für die Ausschüttung dieser Hormone in den Blutkreislauf verantwortlich waren. Vor dreihundert Jahren bestand die einzige Möglichkeit, subjektives Glück zu erfahren, darin, nach Herzenslust zu essen. Heute ist es der Gewinn einer Million im Lotto.

Dank des Fortschritts haben wir die unteren Ebenen der Maslowschen Pyramide (die der Sicherheit) befriedigt, und nun versuchen wir auf der Suche nach Glück, die oberen Ebenen (die der Selbstverwirklichung) zu stürmen. Dabei vergessen wir, diese Aufgabe war noch nie einfach.

Der Fortschritt hat uns nicht glücklicher gemacht, das ist wahr. Aber er hat uns die wichtigsten Voraussetzungen für Un-glücklichsein genommen. Und er hat uns Zeit gegeben, darüber nachzudenken, warum genau wir unglücklich sind.

Doch diese Worte werden die neuen Propheten nicht aufhal-ten. Sie werden weiterhin Impfstoffe und Technologie, Fortschritt und wissenschaftliche Erkenntnisse bekämpfen. Die Welt ist ihnen zu kompliziert, und sie versuchen, sie zu vereinfachen.

Dabei ist es gerade die Komplexität unserer Realität, die es jedem von ihnen ermöglicht hat, das Erwachsenenalter zu erreichen.

Dank der Quarantäne

Als ich klein war, war die Zeit keinen Pfifferling wert. Ein Tag dauerte eine Woche. Wochenenden einen Monat. Ferien eine Ewigkeit.

Wir hatten das Universum für uns allein, und wir tauschten es gegen Bonbonverpackungen ein. Dir gehörte nichts, und deshalb gehörte dir alles. Es gab viel Zeit, und deshalb war sie auch billig. Daran erinnerte ich mich, als der Lockdown uns in die Selbstisolation stürzte. Die Welt um dich herum beschloss, ein bisschen langsamer zu werden, und du kannst Schritt gehen, anstatt so schnell wie möglich zu rennen, um auf der Stelle zu bleiben. Hallo, Alice. Möchtest du, dass ich dir zeige, wie tief der Kaninchenbau ist?

Je älter man wird, desto wertvoller wird die Zeit. Früher oder später wird einem klar, dass es nur zwei Währungen auf der Welt gibt, Zeit und Geld. Und dass dein ganzes Leben darin besteht, den günstigsten Wechselkurs zu finden. Die Menschen eilen aus den Provinzen in die Hauptstädte, um ihre überschüssige Zeit in der Provinz gegen überschüssiges Geld in der Hauptstadt einzutauschen. Und sie kommen zurück, wenn sie merken, dass ihre Zeit viel mehr wert ist, als die Hauptstadt dafür bezahlen kann.

Aber diese Erkenntnis wird erst später kommen. Ungefähr zu der Zeit, wenn jeder von uns – wie der Rumpf eines Schiffes – mit Polypen von Verpflichtungen und Muscheln von Gewohnheiten bedeckt ist. Wenn unsere Tage im Stundenrhythmus verplant sind und unsere Wochenenden auf mehrere Personen aufgeteilt werden. Wenn wir einen Vorschlag an seinen Folgen und eine Idee an ihren Kosten messen. Wenn unsere Zeit von anderen verwaltet wird. Im besten Fall von unserer Familie. Im schlimmsten Fall von unserem Arbeitgeber.

Wir sind zu Soziophobikern geworden. Wir haben alles in unserem Haus, was uns helfen könnte, Freunde zu finden. Wir haben etwas zu trinken, etwas zu essen und einen Platz, wo wir sie unterbringen können. Das einzige Problem ist, dass wir keine Zeit haben, um Freunde zu sein.

»Nach dem Residualprinzip« – in diese Formulierung schließen wir Kinder, Eltern, Spaziergänge und uns selbst ein. Denn wir
sehen uns selbst auch als Variable in der Gleichung – wir werden
nur gebraucht, um X in Y zu verwandeln und einen Mehrwert zu
schaffen. Wir denken, dass Familie und Freunde das zu schätzen
wissen. Die meisten von ihnen brauchen jedoch etwas anderes von
uns.

Wir setzen uns selbst in die Waagschale. Wir messen uns an
den Beträgen im Kontoauszug und an den Zahlen auf dem Konto.
Unsere Beschwerden über Geschäftsreisen sind wie Angeberei. In-
stagram-Konten sind ein Jahrmarkt der Eitelkeiten. Wir versuchen,
die Anzahl der Meetings mit den Kosten für Getränke zu kompen-
sieren. Unser Selbstwertgefühl ist wie ein blutdürstiger Gott. Wir
opfern ihm unsere Familie, unsere Freunde und uns selbst.

Wir glauben, dass all dieser Weihrauch früher oder später eine
Wirkung haben wird. Dass der Rauch des Lebens, das wir verbren-
nen, hundertfach zurückkommen wird – und wir das Recht auf
Wiedergeburt erhalten werden. Dass nach dem jetzigen Entwurf jeder das Recht auf einen endgültigen Entwurf haben wird. Es hat
sich aber herausgestellt, dass wir die ganze Zeit getäuscht worden
sind.

Der Lockdown hat mich nicht des Reisens beraubt. Er hat mich
meiner Arbeit und meines Einkommens beraubt. Er hat mich des
Zeitgefühls beraubt. Die Welt stand für lange Zeit still, und du
siehst dich um und verstehst nicht, warum Wochentage wie Wochenenden aussehen.

Ich habe noch nie mitten an einem Arbeitstag auf einer leeren
Allee gestanden. Ich habe noch nie ein menschenleeres Stadtzent-
rum zur Hauptverkehrszeit gesehen. Ich habe noch nie die klin-
gende Stille auf den Straßen der Hauptstadt gehört.

Dank des Lockdowns kehrte ich wieder zurück in meine
Kindheit. Ich konnte die Umstände nicht ändern, sie sind universell. Ich konnte die Situation nicht beeinflussen, sie hing nicht von
mir ab. Ich konnte nur die Spielregeln akzeptieren und hoffen, dass
sie sich früher oder später ändern würden. Aber in diesem Augen-
blick erhielt ich das Recht, ein Verschwender zu sein. Meine Tage

zu verbringen, wie ich wollte. Die Wechselstube, in der ich Zeit gegen Geld eintauschen konnte, war geschlossen.

Ich wurde auf die Werkseinstellungen zurückgesetzt. Ich konnte auf den Bänken sitzen und über unnötige Dinge plaudern. Mit Butterbroten im Rucksack Fahrrad fahren. Jemanden auf den Platz einladen, weil man sonst nirgendwo hingehen konnte.

Und du fühltest dich nicht mehr wie ein Deserteur. So wie man sich früher gefühlt hat, wenn man sich am Mittwoch einen zusätzlichen Tag frei genommen hat – trotz des Samstags. Die Welt um uns herum war voller Farben, nicht voller Staus auf den Straßen, und du konntest dich nicht daran sattsehen. Eure gemeinsame Auszeit war ein gegenseitiges Vergnügen. Und es kommt dir nicht mehr so vor, als würden die anderen den Abstand vergrößern, während du versuchst, zu Atem zu kommen.

Es war ein unglaubliches Gefühl. Du bist wieder zwölf, und die Zeit kostet nichts. Dein Leben besteht aus Büchern, Filmen und Spaziergängen. All die Dinge, auf die du in den letzten Jahren gespart hast. All die Dinge, die du dir in den letzten zehn Jahren nicht mehr leisten konntest. Du bist wieder im Urlaub, und die Welt um dich herum hält inne – und du umkreist nicht mehr sie, sondern andersherum. Und alles wird maximal ehrlich, was sich nicht mehr durch die Schminke des Erfolgs, des Status oder der Möglichkeit, ein Restaurant auszuwählen, verbergen lässt.

Denn damals gab es noch keine Restaurants, keine Kinos, keine Reisen. Ein Reisepass für das Ausland hatte seine Bedeutung verloren. Dein Auto konnte dich bestenfalls in den Park bringen, und so klang die einzige Frage, die nach einem monatelang aufgeschobenen Date Sinn machte, sehr einfach.

»Zu dir oder zu mir?«

Trump, Impfstoffe und der Antichrist

Die wichtigste Voraussetzung für jede Auseinandersetzung ist der Grundsatz der intellektuellen Redlichkeit. Das bedeutet, dass du bereit bist, dir die Argumente der anderen Seite anzuhören und deinen eigenen Standpunkt unter deren Einfluss zu korrigieren. Ja mehr noch, wenn die Argumente der anderen Seite überzeugend genug sind, bereit zu sein zuzugeben, dass dein Gegenüber gewonnen hat.

Häufig weicht die Auseinandersetzung jedoch der Debatte. Der Unterschied ist, dass in einer Debatte Fakten, Argumente und Beweise zweitrangig sind. Die Teilnehmer setzen ein ganzes Arsenal an unkonventionellen Mitteln ein, darunter Emotionen und Abwertung. Schließlich besteht die Hauptaufgabe der Debattenteilnehmer darin, nicht zu verlieren.

Denn nur wenige Menschen sind bereit, die Rechnung einer Niederlage zu bezahlen.

Der Journalist Stanislaw Assejew schrieb, dass im Donezker Konzentrationslager »Isoljazija« etwa die Hälfte aller Gefangenen Militante waren. »Gefreite« und »Generäle«, die aus dem einen oder anderen Grund bei ihren Komplizen in Ungnade gefallen waren, wurden in den »Keller« geschickt. Aber selbst dort weigerten sich viele von ihnen zuzugeben, dass der Weg, den sie 2014 eingeschlagen hatten, falsch war. Stattdessen versicherten sie, »ich habe vielleicht einen Fehler gemacht «, dafür aber »andere werden enttäuscht sein«.

Und dies ist kein Einzelfall von selektivem Irrsinn. Im Gegenteil, es ist ein völlig rationales Verhalten der menschlichen Psyche. Jeder dieser Aktivisten befindet sich an einer Weggabelung. Auf der einen Seite der Skala steht dein persönliches Schicksal. Auf der anderen Seite steht das Schicksal dessen, woran du einmal geglaubt hast.

Entweder du gibst zu, dass du die ganze Zeit über getötet hast, um den hässlichen Anschein einer Lumpen-Diktatur zu erwecken, die kein Recht auf Leben verdient hat. Oder du sprichst über den Wert von Pseudorepubliken und erklären dein eigenes Schicksal mit dem Satz: »Wenn man Holz macht, fliegen Späne.« Die Wahl, die man trifft, kann viel über eine Person aussagen. Aber Ihr glaubt, dass es in dieser Geschichte nur um die Befürworter der »LDVR« geht, irrt Ihr Euch.

Wir leben in einer Welt, in der die Realität um uns herum nicht immer die Kraft hat, mit uns zu reden. Die Menschen sind bereit, ihre Überzeugungen gegen die Fakten zu verteidigen. Die Anhänger von Donald Trump glauben weiterhin, dass ihm der Sieg gestohlen wurde. Impfgegner werden weiterhin die Fallmedizin missachten. Anhänger traditioneller Werte werden sich treu an die Idee einer »wunderschönen Vergangenheit« klammern.

Formal gibt es zwischen diesen Gruppen keine Gemeinsamkeiten. Faktisch existiert jede Kapsel nach denselben Regeln. Jede von ihnen präsentiert sich als das archetypische Gute, das sich dem Chaos und der Zerstörung entgegenstellt. Nur kämpfen die einen gegen satanische Pädophile, die anderen gegen die Zerschlagung der Menschheit und wieder andere gegen die liberale Ordnung, die die Grundlagen und Traditionen zerstört.

Der Umfang der Aufgaben macht alle diese Gruppen nahezu unverwundbar. Jedes ihrer Mitglieder kämpft nicht für sich selbst, sondern für alle. Nicht für eine private Sache, sondern für eine gemeinsame. Jede echte Sekte gibt ihren Anhängern einen zusätzlichen Wert. Der Raum seines Privatlebens wird von einer Aufgabe kosmischen Ausmaßes eingenommen. Und sie macht ihn glücklich.

Letztlich ist es eine große Illusion, die Kategorie des Glücks als die Verringerung unangenehmer Dinge und die Vermehrung angenehmer Dinge im Leben zu verstehen. In der Tat ist die kognitiv-ethische Komponente des Glücks sehr wichtig. Wer eine Antwort auf die Frage »Warum?« hat, kann auch die Frage »Wie?« lösen. Die Überzeugungen solcher Menschen zu ändern, ist fast unmöglich, denn die Zustimmung zu Gegenargumenten würde für sie den Verlust des Glücks und den Verlust des Ziels bedeuten. Und nicht viele Menschen sind bereit, sich auf so etwas einzulassen.

Das ist die Besonderheit unserer Realität. Der Satz »Die Zeit wird es richten« kann nur über einen sehr langen Zeitraum funktionieren. Wenn die Bewertungen der Vergangenheit die persönlichen Überzeugungen desjenigen, der die Schlussfolgerung zieht, nicht beeinflussen. Wenn die Anerkennung der Verdienste oder Nicht-Verdienste anderer nicht mit dem Bedürfnis einhergeht, einen persönlichen Wertverlust zu erleben.

Aber all das funktioniert nicht, wenn es um die Urteile über die Gegenwart geht. Menschen sind keine Rechenmaschinen. Viele situative und persönliche Faktoren beeinträchtigen ihre Einschätzungen. Wir werden nicht selten zu Geiseln dessen, was gesagt wurde. Situativ gesprochen wurde. Wir werden von unserer

Umgebung und unserem sozialen Umfeld gehalten. Eine Neube-
wertung von Werten ist mit dem Vorwurf des Verrats seitens der
anderen behaftet. Die Revision von Überzeugungen kehrt zurück
als Bumerang in Form einer persönlichen Krise.

Wir sprechen hier über die sozialen Medien, die Donald
Trump geächtet haben. Aber fairerweise muss man hinzufügen,
dass sie ihn geschaffen haben. Nicht den konkreten 45. US-Präsidenten, sondern ein ganzes Phänomen, in Anführungszeichen und
kleingeschrieben.

Es waren die sozialen Medien, die es Freaks ermöglichten, sich
zu vereinen. Die Anhänger der Theorie der flachen Erde, QANON
und die Impfgegner haben dank des Internets an Einfluss gewonnen. Die sozialen Medien haben es den Trägern extravaganter
Ideen ermöglicht, Gleichgesinnte zu finden, eine politische Forderung aufzustellen und ein politisches Angebot zu erhalten. Und
nun debattiert die ganze Welt darüber, ob die Redefreiheit Grenzen
hat, und wenn ja, wo diese liegen sollten.

Diejenigen, die glauben, dass es keine Grenzen gibt, müssen
die Frage beantworten: Ist es möglich, die Überzeugungen der Anhänger von Donald Trump zu ändern? Gibt es Argumente, die sie
aus dem Raum der Debatte in den Raum des Disputs zurückbringen können? Gibt es Beweise, die ihren Standpunkt erschüttern
könnten?

Diejenigen, die glauben, dass es Grenzen gibt, müssen herausfinden, wo genau diese liegen. Wo liegt die Grenze des Akzeptablen, jenseits derer das gesellschaftlich Gefährliche beginnt? Wer definiert den Rahmen der Normalität und Who watches the Watch-
men?

Vor zwanzig Jahren wurde das Medienumfeld von einer kleinen Gruppe von Gatekeepern in Form der Medien bestimmt. Dies
war die Ära der Medienlandschaft ohne Vermittler. Und nun, zu
Beginn des neuen Jahrzehnts, befinden wir uns erneut inmitten einer Transformation. Es ist gut möglich, dass die Auseinandersetzung um Freiheit und Verantwortung wieder zum Inhalt unserer
Zukunftsdiskussionen wird.

Es sei denn, sie gleitet ab in den Raum der Debatten.

Der Wilde Westen Ost-Europas

Wissen Sie, ich wünsche mir wirklich langweilige Politiker. Ohne Extreme und Hysterie. Ohne Kunstgriffe und Épatage. Bürokraten in Anzügen, die in Zahlen und Prozenten sprechen.

Ich bin sehr für langweilige politische Talkshows. Die sich niemand ansehen wird, weil sie sich auf dem Bildschirm über komplizierte Details streiten werden. Keiner wird Stand-up machen. Keiner wird mit einer Mistgabel kommen. Keiner wird kommen, um sich zu prügeln. Diese Sendungen werden minimale Einschaltquoten haben, weil sie nicht nach Unterhaltung aussehen werden. Und das Gespräch über die Zukunft wird nicht wie eine Arena aussehen.

Ich bin sehr für Inhalte, nicht Persönlichkeiten. Denn jetzt setzen wir die Ersteren mit dem Zweiten gleich. Wir streiten nicht über Ansätze, sondern über Namen. Wir halten die Neuheit für ein Qualitätskriterium und die Jugend für ein Synonym für Fortschrittlichkeit.

Ich bin sehr für Reputation und Nachtragendsein. Wenn letztere vor ersterer auf der Hut ist. Damit Ermittlungen nicht nur in den sozialen Medien wahrgenommen werden. Damit das Recht nicht nur ein Repressalieninstrument gegen Konkurrenten wird. Ich will Grenzen und Rahmenbedingungen, deren Überschreitung fatal wird.

Ich möchte Vertrauen und Solidarität erleben. Synergie und Zusammenarbeit. Unsere ganze Vetternwirtschaft ist ein Echo des Misstrauens. Sie kostet uns viel, und ich bin es leid, zu viel zu bezahlen.

Ich habe noch nie in langweiligen Ländern gelebt. Ich habe sie immer nur als Tourist gesehen. Sehr oft machen wir uns über ihre Lebensweise lustig, aber all diese gekünstelte häusliche Angeberei ist bestenfalls Neid. Im schlimmsten Fall Engstirnigkeit.

Wir nennen uns den Wilden Westen Ost-Europas. Das Land der sozialen Rolltreppen. Und es ist wahr. Unsere Fenster der Möglichkeiten sind so geöffnet, dass jeder einsteigen kann. Unsere Berühmtheiten sind berühmt, weil sie berühmt sind.

Wir sind ein Land unberechenbarer Biografien. Unsere Helden und Schurken wechseln regelmäßig die Rollen. Unsere Arbeitsnachweisbücher sind voll von widersprüchlichen Einträgen. Wir werden von Direktoren im Taxi gefahren. Wir werden von Taxifahrern gefahren, die Firmen leiten.

Wir sind Empathen. Wir gehen zur Wahl, als würden wir zum Standesamt gehen. Ein Häkchen auf unserem Wahlzettel führt zu hohem Dopamin- und Noradrenalinspiegel und niedrigem Serotoninspiegel. Neurophysiologen bezeichnen diesen Cocktail als Liebe. Er lässt keinen Platz für einen trockenen Verstand.

Bei Auseinandersetzungen kämpfen wir nicht um die Wahrheit, sondern um unseren eigenen Heiligenschein. Wir schließen uns leicht gegen etwas zusammen und fast nie für etwas. Wir überleben sehr gut ohne den Staat, weil wir ihn nicht als unseren betrachten. Aber unsere gesamte Geschichte ist ein Beweis, was für ein Blutvergießen aus seinem Fehlen resultieren kann.

Jeden Tag erfinden wir für uns selbst tausendjährige Traditionen. Wir glauben an Scharlatane und an Magie. Unser heiliger Gral ist der Glücksschalter. Alle fünf Jahre suchen wir auf dem Wahlzettel die Person, die Zugang zu diesem Schalter hat.

Das magische Denken ist tief verwurzelt. Wir fühlen uns wie kleine Menschen im Lauf der Geschichte. Wir leben umgeben von Göttern und haben Angst, von ihren Wagen überfahren zu werden. Manche Menschen weigern sich, sich impfen zu lassen, um zu verhindern, dass die sozialen Götter die Kontrolle über sie erlangen. Andere tun das Gleiche, um eine Konfrontation mit dem Himmel und dem Schicksal zu vermeiden.

Wir sind es gewohnt, andere für unsere Probleme verantwortlich zu machen. Unsere Biografien sind kristallklar. Der kleine Mann hat es geschafft, heiliggesprochen zu werden. Der Erfolg eines anderen ist kein Grund, ihm nachzueifern, sondern ein Grund, ihn zu verurteilen. Unser Traum von Gleichheit ist nur eine überarbeitete Version des Klassenkampfes.

Wir sind es gewohnt, uns selbst zu überschätzen. Wir glauben, dass die Geschichte uns etwas schuldig ist. Wir glauben, dass der Komfort der anderen auf unsere Kosten ging. Wir warten darauf, dass unsere Schulden beglichen werden.

Unser Traum vom Westen gründet sich auf dem Glauben an ein Wunder. Wir sehnen uns nach dem dortigen Komfort und sozialen Garantien. Nach dem Lebensstandard und nach dem Wohlstand. Aber niemand weiß genau, ob wir bereit sind, den Preis dafür zu zahlen. Mit Steuern und Verantwortung. Mit Gesetzestreue und Solidarität.

Unser ganzer Fortschritt ist wie das Drehen eines viereckigen Rades. Wir drehen es von einer Seite zur anderen und unternehmen dabei außerordentliche Anstrengungen. Wir könnten die Kanten abschlagen, aber wir lassen uns überreden, dass sie unser nationaler Schatz sind. Also zögern wir, während andere das Tempo erhöhen.

Man kann uns um unser Glück nur beneiden. Wir sehen aus wie eine Chaplin-Figur aus dem Stummfilmkino. Aus Versehen treten wir über offene Luken und bücken uns, um unsere Schuhe zu binden, als ein Balken über uns schwingt.

Die Geschichte verzeiht solche Unachtsamkeiten normalerweise nicht. Aber bisher haben wir Glück gehabt.

Es scheint, als würde sich das Schicksal über unsere Unverschämtheit amüsieren. Über unsere Unbeständigkeit, unsere Naivität und unseren Wunsch, auf Null zu setzen. Wir tun so, als könnten wir jeden Fehler wiederholen, und schrecken deshalb auch vor den verzweifeltsten Experimenten nicht zurück. Nichts anderes als die Gnade der Vorsehung kann unser Glück erklären.

Ich möchte sehr in einem langweiligen Land leben. Aber es ist unwahrscheinlich, dass dies in meinem Leben geschehen wird. Das Einzige, was unserer Generation zufiel, ist eine ganz einfache Weggabelung. Wird man all das oben Genannte als Ursache für unsere Katastrophe bezeichnen? Oder wird sie es als Voraussetzung für den Sieg betrachten?

Weder gegen das erste noch gegen das zweite sind wir gefeit.

EPILOG

Ich wurde 1983 geboren. Die Ukraine 1991. Das Land wurde unabhängig, als ich eingeschult wurde.

Manche Phasen können nicht übersprungen, manche Prozesse nicht beschleunigt werden. Das Erwachsenwerden ist immer mit Ausgaben verbunden. Die meisten Ukrainer sind älter als ihr Land, und alles um uns herum ist unser eigenes Werk. »Versuchen Sie nicht, Ihr Land zu erziehen – es wird immer noch so sein wie Sie«.

Die Versuchung ist groß, sich das Leben der anderen anzusehen. Zumal es sich uns immer mit einer großen Fassade zuwendet, hinter der Familienskandale und gegenseitige Ressentiments nicht sichtbar sind. Das ist der Fehler der Optik: Von außen betrachtet mag es so aussehen, als ob andere Familien frei sind von Streit und Problemen. In Wirklichkeit sind sie es aber nicht.

Die Versuchung ist groß, die Ukraine um tausend Jahre älter zu machen, aber das wäre nur teilweise wahr. Unsere Vergangenheit ist zu fragmentiert. Unser Stammbaum ist zu lückenhaft. Im Gegensatz zu den meisten unserer Nachbarn hatten wir nicht einmal unser eigenes »goldenes Zeitalter«, in das wir zurückkehren könnten. Vor allem heute, wo der Handel mit der Nostalgie der Vergangenheit zur Hauptbeschäftigung der Politiker in verschiedenen Ländern wird.

Unsere Staatsexperimente von vor einem Jahrhundert waren zu kurzlebig. Ihr dramatisches Ende kann uns nur lehren, wie wir die Dinge nicht tun sollten. Und die früheren Perioden der subjektiven Existenz sind zu weit von uns entfernt, um dort nach Rezepten zu suchen. Und erst recht, um von einer Rückkehr dorthin zu träumen.

Viele unserer Nachbarn sind schon vor uns erwachsen geworden. Ich spreche von all jenen, denen es vor hundert Jahren gelang, sich gegen das Imperium zu wehren und die Unabhängigkeit zumindest für eine Generation ihrer Bürger zu bewahren. Dann wurden sie vom Imperium wieder vereinnahmt, aber die Erfahrung der unabhängigen Existenz wurde zu einer Art Impfung. Diese Länder lernten, wie es ist, ohne eine Metropole zu leben, und trugen dieses

Wissen durch die Jahrzehnte der Besatzung. Im Jahr 1991 kam es uns sehr gelegen.

Doch wir erfanden uns von Grund auf neu. Wir stritten über Offensichtliches. Einigten uns über Ursprüngliches. Unsere Diskussionen waren nicht ausgesprochen, und wir mussten sie täglich führen. Manche mögen sagen, dass wir viel Zeit verschwendet haben. Wahrscheinlich mussten wir dies tun. Manchmal muss man die Kinderkrankheiten einfach durchmachen.

Es scheint, dass wir irgendwann Immunität erlangt haben. Sonst hätten wir 2014 nicht überlebt. Das Imperium glaubte nicht an die Ukraine, aber es stellte sich heraus, dass seine eigenen Bürger an die Ukraine glauben. Flaggen und Worte gewannen an Bedeutung, Symbole an Macht. Der Wert wird durch Opfer bestimmt – und unser Land hat die Kraftprobe bestanden.

Die Geschichte anderer Länder wird in Lehrbüchern beschrieben. Die Geschichte unseres Landes wird hier und jetzt geschaffen. Uns fiel es zu, in der subjektivsten Periode der ukrainischen Geschichte zu leben, und es hat in unserer Vergangenheit nie etwas Gehaltvolleres gegeben. Alle früheren Versuche endeten in einer Niederlage, und erst jetzt leben wir in einer Situation mit offenem Ausgang. Was in den Enzyklopädien über die Ukraine stehen wird, hängt ab von unserer Generation.

Jedes unserer Endspiele wird im Nachhinein für natürlich erklärt werden. Wenn wir gewinnen, wird dies durch die historische Logik, die Entwicklung der Prozesse und den Zustand des Geistes erklärt. Wenn wir verlieren, wird es auf die gleiche Weise erklärt werden. In beiden Fällen werden die Kanten abgeschlagen, Zickzacklinien korrigiert und Straßen begradigt. Es ist nur so, dass in einem Szenario die Beschreibung unseres Weges ganz natürlich zu einem Happy End führen wird. Und umgekehrt.

Wir können uns nach Herzenslust über die letzten drei Jahrzehnte beschweren. Wir können sie als zeitlos und stagnierend betrachten. Aber in Wirklichkeit sind diese Jahre bereits zu unserem eigenen historischen »Safe« geworden. Selbst wenn das Schlimmste eintritt, werden künftige Generationen auf diese Phase als »Ausgangspunkt« zurückblicken. So wie die baltischen Staaten in der zweiten Hälfte des 20. Jahrhunderts ihre eigene Zwischenkriegszeit der Unabhängigkeit nicht vergessen haben.

Uns fiel es zu, in der Geschichte zu leben. Unsere Zeitgenossen werden auf Banknoten gedruckt und Straßen werden nach ihnen benannt werden. Bekannte Namen werden auf Denkmälern und Gedenktafeln eingraviert sein. Wir werden unseren Enkeln von der heutigen Realität erzählen, denn das wird ihre Hausaufgabe in der Schule sein. Es liegt an uns, zu entscheiden, wo ihre Schulbücher gedruckt werden.

Wir gestalten unsere eigene Zukunft. Vierundzwanzig Stunden am Tag, sieben Tage die Woche. Autoren sind wir alle – niemand wird sich für unbeteiligt erklären können.

Das Schicksal wollte, dass ich älter bin als mein Land. Aber ich werde alles dafür tun, dass meine Enkelkinder jünger sind als es.

POSTSCRIPTUM

Ich habe einen Traum. Ich möchte, dass dieses Buch sich überlebt.

All unsere Streitigkeiten sind Wachstumskrankheiten. Sie werden ihre Aktualität verlieren, wenn die Ukraine zur Ukraine wird. Wenn ein neues Gleichgewicht gefunden wird. Wenn wir uns selbst erklären – uns selbst.

Wenn dies geschieht, werden alle Generationen der heutigen Autoren ihre Aktualität verlieren. Denn die Diskussionen, in denen wir rhetorische Spieße brechen, werden in Vergessenheit geraten. Denn was nützen Texte, die das Recht der baltischen Staaten auf Unabhängigkeit rechtfertigen, wenn sie es bereits erlangt haben?

Wir alle müssen uns überleben. In dem Maße, wie die deutschen Publizisten, die für den Fall der Berliner Mauer gekämpft haben, sich überlebt haben. Was sie geschrieben haben, ist nun Gegenstand von Archivaren und Historikern, die den Kalten Krieg studieren und ihre Dissertationen über die Geschichte des Kampfes um die Wiedervereinigung verteidigen.

Die ideale ukrainische Zukunft ist eine, in der ein ähnliches Schicksal auf dieses Buch wartet. In der es keinen Raum für Auseinandersetzungen über Souveränität und Unabhängigkeit gibt. In der das Thema der imperialen Rache nicht zu Irritationen, sondern zu Unverständnis führen wird. Wegen seiner völligen Irrelevanz.

Unser gesamter aktueller Journalismus ist eine Auseinandersetzung darüber, wo »sie« aufhören und wo »wir« anfangen. Darüber, wo die Grenze zwischen Europa und der »russischen Welt« verläuft. Darüber, warum die Ukraine nicht Russland ist. Die Frage erschöpft sich nicht, solange wir uns streiten. Wenn meine Texte in zwanzig Jahren noch relevant sind, bedeutet das, dass der Krieg immer noch andauert.

Deshalb sollte dieses Buch in Vergessenheit geraten. Es sollte seine Aktualität und seinen Einklang mit der Zeit verlieren. Alles, was ich geschrieben habe, sollte zur Binsenweisheit werden. Offensichtlich und selbstverständlich.

Manchmal bedeutet sich zu überleben zu siegen.

Die Ukraine ist das neue »West-Berlin« Ost-Europas. Die Annexion der Krim und die russische Invasion im Donbas zwangen Kyjiw zu rasantem Wandel. Vor zehn Jahren war die Ukraine noch ein postsowjetisches Land mit gespaltener Identität – heute ist sie ein Vorposten Europas, der nun bereits das dritte Jahr in Folge dem Ansturm der russischen Armee trotzt. *Der Wilde Westen Ost-Europas* ist ein Buch darüber, wie diese Transformation möglich wurde.

Pavlo Kazarin ist ein ukrainischer Journalist, TV- und Radiomoderator und leistet maßgebliche Beiträge zur Meinungsbildung in der Ukraine. Geboren und aufgewachsen auf der Krim, zog er 2014, nach der Annexion, nach Kyjiw.

Er forschte zu Fragen der Identität und der Evolution postkolonialer Gesellschaften. Nach Ausbruch des Krieges trat er in die Streitkräfte der Ukraine ein. Er ist gegenwärtig Sergeant einer Kampfdrohnen-Kompanie.

UKRAINIAN VOICES

Collected by Andreas Umland

Sergiy Korsunsky, Kobe Gakuin University, Japan

Nadiia Koval, Kyiv School of Economics, Ukraine

Volodymyr Kravchenko, University of Alberta, Edmonton

Oleksiy Kresin, NAS Koretskiy Institute of State and Law, Kyiv

Anatoliy Kruglashov, Fedkovych National University, Chernivtsi

Andrey Kurkov, PEN Ukraine, Kyiv

Ostap Kushnir, Lazarski University, Warsaw

Taras Kuzio, National University of Kyiv-Mohyla Academy

Serhii Kvit, National University of Kyiv-Mohyla Academy

Yuliya Ladygina, The Pennsylvania State University, USA

Yevhen Mahda, Institute of World Policy, Kyiv

Victoria Malko, California State University, Fresno, USA

Yulia Marushevska, Security and Defense Center (SAND), Kyiv

Myroslav Marynovych, Ukrainian Catholic University, Lviv

Oleksandra Matviichuk, Center for Civil Liberties, Kyiv

Mykhailo Minakov, Kennan Institute, Washington, USA

Anton Moiseienko, The Australian National University, Canberra

Alexander Motyl, Rutgers University-Newark, USA

Vlad Mykhnenko, University of Oxford, United Kingdom

Vitalii Ogiienko, Ukrainian Institute of National Remembrance, Kyiv

Olga Onuch, University of Manchester, United Kingdom

Olesya Ostrovska, Museum "Mystetskyi Arsenal," Kyiv

Anna Osypchuk, National University of Kyiv-Mohyla Academy

Oleksandr Pankieiev, University of Alberta, Edmonton

Oleksiy Panych, Publishing House "Dukh i Litera," Kyiv

Valerii Pekar, Kyiv-Mohyla Business School, Ukraine

Yohanan Petrovsky-Shtern, Northwestern University, Chicago

Serhii Plokhy, Harvard University, Cambridge, USA

Andrii Portnov, Viadrina University, Frankfurt-Oder, Germany

Maryna Rabinovych, Kyiv School of Economics, Ukraine

Valentyna Romanova, Institute of Developing Economies, Tokyo

Natalya Ryabinska, Collegium Civitas, Warsaw, Poland

Darya Tsymbalyk, University of Oxford, United Kingdom

Vsevolod Samokhvalov, University of Liege, Belgium

Orest Semotiuk, Franko National University, Lviv

Viktoriya Sereda, NAS Institute of Ethnology, Lviv

Anton Shekhovtsov, University of Vienna, Austria

Andriy Shevchenko, Media Center Ukraine, Kyiv

Oxana Shevel, Tufts University, Medford, USA

Pavlo Shopin, National Pedagogical Dragomanov University, Kyiv

Karina Shyrokykh, Stockholm University, Sweden

Nadja Simon, freelance interpreter, Cologne, Germany

Olena Snigova, NAS Institute for Economics and Forecasting, Kyiv

Ilona Solohub, Analytical Platform "VoxUkraine," Kyiv

Iryna Solonenko, LibMod - Center for Liberal Modernity, Berlin

Galyna Solovei, National University of Kyiv-Mohyla Academy

Sergiy Stelmakh, NAS Institute of World History, Kyiv

Olena Stiazhkina, NAS Institute of the History of Ukraine, Kyiv

Dmitri Stratievski, Osteuropa Zentrum (OEZB), Berlin

Dmytro Stus, National Taras Shevchenko Museum, Kyiv

Frank Sysyn, University of Toronto, Canada

Olha Tokariuk, Center for European Policy Analysis, Washington

Olena Tregub, Independent Anti-Corruption Commission, Kyiv

Hlib Vyshlinsky, Centre for Economic Strategy, Kyiv

Mychailo Wynnyckyj, National University of Kyiv-Mohyla Academy

Yelyzaveta Yasko, NGO "Yellow Blue Strategy," Kyiv

Serhy Yekelchyk, University of Victoria, Canada

Victor Yushchenko, President of Ukraine 2005-2010, Kyiv

Oleksandr Zaitsev, Ukrainian Catholic University, Lviv

Kateryna Zarembo, National University of Kyiv-Mohyla Academy

Yaroslav Zhalilo, National Institute for Strategic Studies, Kyiv

Sergei Zhuk, Ball State University at Muncie, USA

Alina Zubkovych, Nordic Ukraine Forum, Stockholm

Liudmyla Zubrytska, National University of Kyiv-Mohyla Academy